拝啓 人事部長殿

サイボウズ
人事労務部
髙木一史

サイボウズ式ブックス

拝啓
トヨタ自動車 人事部長殿

ご無沙汰しております。髙木です。

時が過ぎるのは早いもので、ぼくがトヨタを辞めてから、もう3年が経ちました。いまでもよく、トヨタの人事部にいたころ、先輩たちと幾度となく議論したことを思い出します。

「どうすれば、社員が閉塞感を覚えず、幸せに働ける会社をつくることができるのか」

そんなぼくの青臭い理想を真正面から受け止め、向き合ってくれたことをいまでも覚えています。

ぼくがいま、この手紙を書いているのは、どうしてもトヨタの人事部長であるあなたにお伝えしたいことがあるからです。「一度会社を辞めた人間がなにをいまさら」と思われるかもしれませんが、どうかそう言わず、もう少しだけお付き合いください。

あれから3年間、ぼくはサイボウズというITの会社で人事をしながら、たくさんのことを学び、たくさんの人と出会い、たくさんのことを考えてきました。

そして、ある1つの結論にたどり着きました。それはぼくなりの仮説であり、そしてまた、あなたと一緒にやっていきたいことの提案でもあります。

この手紙を読み終えたとき、あなたがどんな感想を抱かれるか、正直言ってとても不安です。もしかすると「髙木はまったく成長していないじゃないか」と思われるかもしれません。「メッセージは紙1枚にまとめなさい」とあれほど指導を受けてきたのに、こんなに分厚い手紙をあなたに送っている時点で、すでにお叱りの声が聞こえてきそうです。

最初に、これだけはお伝えしておきます。

それは、この手紙を読めばおわかりいただけるかと思いますが、ぼくはトヨタ自動車という会社を批判するつもりはまったくない、ということです。

ぼくがトヨタに在籍していた期間で見えている部分など、ごく一部にしか過ぎませんし、ぼくがトヨタを辞めてからの3年間、すでにトヨタも大きく変革に乗り出していることをお聞きしています。この手紙で提案する内容のなかには、すでに取り組まれていることもあるかと思います。

そもそも、ぼくはトヨタのことが嫌いになって辞めたわけではありません。ぼくは、日本企業で働く人が抱える閉塞感を打ち壊したくて、一度トヨタを辞める、という選択をしました。人事部の先輩たちに「いつか、かならず自分なりの答えを見つけて報告します」という約束をして。

もくじ

序章 ぼくはなぜ、トヨタの人事を3年で辞めたのか

第1章 会社を成り立たせている10のしくみ
「一律平等」と「多様な個性」のあいだで

第4章　なぜ「会社の変革」はむずかしいのか？

——1990年代〜現在「3つの社会問題」と、日本社会の「会社依存」

第5章　現地現物レポート　あたらしい競争力の獲得を目指す12企業

第6章 サイボウズ人事制度の変遷レポート
情報の民主化が、しくみと風土を変えていく

第7章 会社を「インターネット的」にする
デジタルネイティブからの提案

終章　ぼくはなぜ、この手紙を書いたのか

序章

ぼくはなぜ、トヨタの人事を3年で辞めたのか

第一志望、トヨタ自動車株式会社

2016年4月、ぼくは総合職約700名の新卒社員の1人として、第一志望だったトヨタ自動車株式会社に入社しました。泥臭く、「現地現物」でものづくりを支える、そんなかっこいい先輩たちに憧れていました。

配属の第一志望は調達部でした。就職活動でお世話になった先輩のほとんどが調達部で、サプライヤー（仕入れ先）と一緒に原価低減に取り組んでWin-Winの関係を築いてゆく、そんな社会人にぼくもなりたいと思いました。第二志望、第三志望も、どちらも工場の生産に関わる部署にしました。とにかく現場の近くでものづくりを学びたい、という気持ちがあったからです。

全体の集合研修を終え、工場実習前の研修最終日、待ちに待った配属発表がありました。大ホールに同期があつめられ、1人ずつ名前と配属が読みあげられていきます。

「高木一史　人事部」

自分の耳を疑いました。毎年10人程度が新卒から人事部に配属されていることは耳にしていましたが、まったく志望していなかった自分が配属されるとは思ってもみませんでした。

就職活動でお世話になっていた先輩たちからは、「腐らずに仕事を続けていればかならず異動の機会はある。まずは目の前の仕事をがんばろう」と励まされました。

「花よりも花を咲かせる土になれ」

たしかに、ぼくの会社人生は始まったばかりでした。同じく人事部になった同期も気が合いそうでしたし、「スタートとしては上々だ」何度もそう自分に言い聞かせました。

　配属初日、当時の人事部長からこんな言葉をもらいました。

「採用、配置・異動、賃金、評価、時間管理、研修教育……。こうした人事労務管理のしくみはすべて、トヨタという会社が理想を実現し、また社員がいきいきと幸せに働いていくうえで必要不可欠なものです。『花よりも花を咲かせる土になれ』この言葉を胸に一生懸命、会社の理想実現と社員の幸せのために頑張ってください」

　社員が元気に、幸せに働くサポートをする。

　とてもすてきな仕事だと思いました。まだ調達部で働くことをあきらめきれない自分もいましたが、人の幸せをサポートできるというのはとても誇らしい仕事だと思いました。

「まあ、サラリーマンなんて、そんなもんだよ」

人事部での最初の仕事は、給与計算や福利厚生制度の企画・運用を委託している子会社に出向して、税務や社会保険、資産形成に関する制度を運用・改善することでした。

配属後、同じくトヨタから出向している上司に言われました。「まずはここで4年、しっかりと人事パーソンとしての基礎を固めよう」

長期的な視点で育成体制が組まれていることに安心する一方、「調達へ異動する可能性はない」暗にそう宣言されたようで、少しだけ悲しい気持ちになりました。

業務が始まると、先輩たちからいろいろなことを教えてもらい、仕事の進め方や知識も徐々に身につき、成長している実感も持てるようになりました。社員からの直接の電話に応え、感謝の言葉をもらうことは素直にうれしくもありました。いつの間にか、ぼくは人事の役割を楽しむようになっていました。

次第に、大きめのプロジェクトにもアサインされるようになりました。もっと労務の知識をつけたいと思い、社会保険労務士の勉強も始めました。

少しずつやりがいを感じてきた2年目の12月、突然、当時の上司に呼び出されました。

「来月から本社の労政室に異動してもらうから」

いま持っている仕事も、やっと形になりはじめたところでした。「まずはここで4年、しっかりと人事パーソンとしての基礎を固めよう」という方針は、いつ変わったのだろう。そんな疑問を持ちながらも、仲の良かった先輩たちに相談すると「まあ、サラリーマンなんて、そんなもんだよ」と言われました。

もちろん、日本の大企業で正社員として雇用された時点で、会社都合の人事異動があることは頭では理解していました。この配置転換もぼくのためを思ってのことなのかもしれません。それでも、希望もしていない部署への異動にはある種の無力感がありました。自分の人生を自分で決められない一抹の寂しさを感じました。

7万人のコミュニケーションをサポートする仕事

異動後の新天地は、社内のコミュニケーションを通じて、トヨタに約7万人いる従業員に一体感を持ってもらったり、会社トップの思いを伝えていくための制度・施策を考えたりする部署でした。具体的には、社内イベントや有志団体の運営サポート、コミュニケーションに関わる人事制度の企画・改善など、業務内容は多岐に渡りました。

業務の特性上、役員や管理職、工場で働く技能職から研究開発などを担う技術職まで、トヨタのほぼすべての年代・役割の方と話す機会があり、あらゆる職場の問題意識を聞くことができました。なにより、ものづくりの現場で働く人たちから直接、どんな困りごとがあるのかヒアリングして制度の企画にフィードバックすることは、もともとやりたかった現場のサポートに近いところもありました。

いつしかぼくは、希望していた調達部ではなく人事のなかでやりたいことを叶えよう、そう思いはじめていました。

はたらく、に個性はいらない？

入社3年目になると徐々に余裕が出てきたこともあり、ぼくは自分の働く環境に目が向くようになっていました。

最初に疑問を持ったのは「場所」と「時間」の柔軟性についてです。

新型コロナウイルスの影響もなかった当時、ぼくには在宅勤務が許されていませんでした。全社的に見ても、制度を使えるのは一部の人にかぎられていました。基本的にパソコンしか使わない事務系の仕事でもかならず愛知県豊田市の本社で勤務しなければならず、東京や地元で働きたいががまんしている、という同僚や先輩はたくさんいました。

働く時間についてはフレックスタイム制が導入されており比較的柔軟でしたが、同期・先輩たちを見ると、みんな一律でしっかりと残業している（もちろん法定の範囲内ではありますが）ことに違和感を覚えました。人によっては早く家に帰って勉強したいだろうし、プライベートな時間を大切にしたいという人もいます。給与が減っても週4日や3日の勤務でいい、という人だっていると思います。当時、すでに時短勤務制度はありましたが、対象となる理由が育児に限定されていました。

働く場所と時間、いちばん基本的な労働条件なのに選択肢が少ないのはなぜだろう。働く人が持つ多様な個性を重視することは、会社に必要ないのだろうか。

上司や先輩に聞いてみると、「コミュニケーションがとりづらくなるとか、安全配慮の観点とか、評価とか、リソースとか、いろいろ理由があるんだよ。おまえももっと知識や経験をつけていけば、いずれわかるよ」と言われました。

たしかに、なにもわかっていないのに愚痴を言うだけの若手にはなりたくありませんでした。「問題意識は一旦、胸にしまって、目の前の仕事を誠実にこなそう」そう心に誓って、働き続けました。

うまく言葉にはできないけれど、会社の「風土」に違和感があった

しかし、それから1つひとつ任された仕事に取り組んでいくなかで、今度は社内の「コミュニケーション」や「風土」とも呼べるものに対して、もやもやを感じるようになっていきました。ぼくは全社のコミュニケーション施策を担当していたこともあり、日頃から、本当にさまざまな部署の人たちと話をする機会がありました。

もちろん日本一巨大な会社ですから、部署ごとに、あるいは、そこを束ねる上司によって職場の雰囲気は違ってきます。しかし、会社にすべてを捧げることがよしとされ、会社や上司の命令には絶対に逆らえない、という空気感は、おおむねどの職場にも共通しているように思いました。そして、それが仕方のないものとして、どちらかといえばデフォルトな考え方として据えられているように感じました。すべての力を会社のために注ぐ、というのもすばらしいことですが、それ以外の距離

感が許されない、選択できる余地が少ない、ということを息苦しく感じている、あるいはそのことによって職場の輪に入りにくそうにしている人が、特に若手層には多くいるように見受けられました。

また、単純に雰囲気としてやりにくいことはもちろん、それにくわえて重要な情報を知る機会が失われている、というのが大きな要素としてあるように思いました。役職ごとに知ることができる情報が厳しく統制されている、それを知るには上の人の承認が必要、話が順番に降りてくるのを待たなければならない。重要な会議体での議事録や制度の背景が載っている決裁書を見ることができず、手戻りが発生することもありました。

例を挙げればキリがありませんが、このような雰囲気のなかで、ぼくたちの手元にある情報はいつもかぎられていました。そして、欲しい情報を得るために最も効果的な方法は、部の飲み会や社内のイベントに出る、あるいは残業して、長く会社に残っている先輩たちと直接話すことでした。それでは、時短で帰る人や飲み会が苦手な人、あるいはオフィスに出社しない人たちとの間に情報格差が生まれることになります。

結果、重要な情報を知っている一部の人だけで物事が進んでいく、ということが起きます。

時間的にもフルコミットで働き、出社するのが前提のぼくでさえ、その情報を先に知っていたらこんな資料つくらなかったのに、ということがあったくらいなので、そうではない人からすれば、さらに疎外感は強かったかもしれません。

働く時間や場所の選択肢を増やす、さらにはコミュニケーションの仕方を変えることで、もっともっと社員が幸せに働ける環境をつくりたい。そうした思いは日に日に増していくばかりでした。しかし、それができるようになるには組織のなかで信頼され、またその変革を実行できるだけのスキルが必要になってきます。

ぼくはどんどん目の前の仕事に没頭するようになりました。情報を得るために社内の飲み会やイベントにはできるだけ参加し、たまの休みも労働法やビジネススキルの勉強に費やしました。

「そうじゃないんです！」と心で叫びながら、結局、駅伝の練習をした日

そんな矢先のことでした。

ある尊敬する先輩がメンタル不調で休職されました。ものすごく仕事ができる、精神的にもタフだと思っていた先輩でした。

ふと、ぼくは自分の働き方を振り返りました。

ぼくはいま、元気に働けているだろうか、と。

かなり根を詰めていたせいか、「顔色が悪い」と言われることも増えていました。飲みすぎで睡眠時間も減ったからか、食欲も以前より減退していました。少し疲れていることを先輩たちに伝えると、「社内駅伝大会もあるし、一緒に明日から会社の周りを走るか！」と言われました（「そうじゃないんです！　先輩！」と心のなかで叫びながら、結局走りました）。

しんどいなと思ったとき、気軽に自分の精神状態について相談できたり、心身のアラートが出ていないかセルフチェックできたりすればいいのですが、会社の「健康」施策といえば、つまづいて転んだ事例の展開など、工場勤務を前提としたものや、残業制限といった一律の規制がほとんどです（もちろん、それも大事なことは承知しています）。

役割や個性によって健康に必要な情報・支援はさまざまなはずなのに、どうして一律の規制ばかりなのだろう。ふと、そんな疑問も頭をよぎりました。

閉塞感①

「1人の人間として重視されている感覚の薄さ」

採用、配置・異動、時間、場所、コミュニケーション、健康管理……。ぼくは薄々気がついていました。こうした会社のしくみにおいて、個性が重視されていいないことが、じわじわとぼくの「1人の人間として重視されている感覚」を奪っている、ということに。

同期、また他社にいる大学時代の同級生と話しても、みんな似たような働きづらさを抱えていて、すでに辞めている人もいました。「これは決してトヨタだけの問題ではなく、日本の会社のしくみが引き起こす問題ではないのか」いつからか、そんな考えが頭をよぎるようになりました。

それでは、こうした会社のしくみはだれが改善するのか。

それはまさに、いまぼくが所属している人事部であるはずでした。ぼくはふと、人事部に配属された日にもらった言葉を思い出しました。

「人事の仕事は、社員が幸せに、いきいきと働ける環境をつくることだ」

人事の仕事が、むしろ社員を不幸にしているのではないか

人事の仕事は、社員が幸せに働ける環境をつくること。しかし、少なくともぼくの周りには、いきいきと働けていない人たちがいました。

ぼくは、この矛盾をどう受け止めればよかったのでしょうか。

「社員が幸せに働けるように、ぼくたち人事が一生懸命につくってきたはずの会社のしくみが、むしろ社員を不幸にしているのではないか」

そんな疑念が、ぼくの頭のなかに広がっていきました。

もやもやが最高潮に達したころ、四半期に一度の評価面談がありました。

上司からのフィードバックは、「現場の声を聴いてよくがんばっている、これからも『現地現物』でがんばってくれ」というものでした。

せっかくの機会だと思い、未熟な知識と経験をかきあつめ、ぼくは思いきって理

想を話してみました。「もっと1人ひとりの個性を大事にする、主体性をもって働ける会社に変えていけないか」すると、当時の上司はこう言いました。

「いつか高木が偉くなれば、そういうのもできるようになるから」

「はい、これからもがんばります」

それだけ返事をして、ぼくは静かに部屋を出ました。

閉塞感②
「1人ではなにも変えられない、という無力感」

当時の上司を悪く言うつもりはまったくありません。事実、そうなのです。それだけの変革を進めるには肩書きが必要です。

売上も、従業員数も、日本一の企業であるトヨタを変える、ということの影響力は計り知れません。それは、日本の働き方を変える、ということともはや同義かもしれません。想いだけではなにもできません。つべこべ言わずに偉くなることが大事なのはわかっていました。

しかし、ぼくは知っていました。年功要素の強い評価制度の下では、偉くなるまでにあと10年、いや20年はかかることを。

ぼくは知っていました。10年、20年後、偉くなった先に待つのは、中間管理職としてさらに上の上司とメンバーの間を取り持ち、本当に自分が挑戦したいと思っていたことをぐっとがまんして働く姿であることを。

ぼくは知っていました。会社の人事制度にメスを入れようとすれば、それだけの専門性が必要になります。制度全体のコンセプトづくりはもちろん、労働組合との協議や不利益変更が発生する場合の移行措置、人事システム刷新も含むオペレーション業務の設計……。勉強することは山のようにありました。しかし、ジョブローテーションでどこに異動させられるかわからず、社内政治も多分に絡んでくる環境では、それらを学び、人事のプロフェッショナルとして生きていくことはとてもむずかしい。

そもそも何十年も待っていたら、この変化の激しい時代において事業環境も、組織内部の環境だって大きく変わっているかもしれません。想いを胸に20年待って、それをその時代に実行しようとすれば、20年ずれた感覚で変革を実行することになってしまいます。

変えられない、という現実を変えるすべをぼくは持っていませんでした。

3年目も後半に差しかかってきて、ふと周りを見渡すと10人いたはずの人事同期は、すでに半分以上が辞めていました。

「閉塞感に耐えられなくなった」

そう言って辞めていく同期たちに、ぼくはなにも言えませんでした。それでも、ぼくはあきらめたくありませんでした。なぜなら、トヨタという会社の目指す理想や大切にしていることに共感していたからです。モビリティ（移動）を通じて社会に価値を、幸せを提供していくこと。そのために、「現地現物」で物事の原因を見極め、改善を続けていくこと。ぼくの好きなトヨタと1人ひとりの個性を重視することは、決して矛盾しないはずでした。

うだうだ言っても、自分が力をつけるしかない。そう思って、ぼくはがむしゃらに、ほかの会社の人事制度や労働関連の法律を学びました。また、大組織の変革を考えるなら統計や財務の知識もつけたいと思い、勉強を始めました。

ふと、なにかを自分が学びたいと思ったとき、トヨタの考え方もわかっている人からナレッジを共有してもらえるしくみがあったなら……。そんなことも考えましたが、社内の研修は、偉くなるために必要な階層別研修がほとんどでした。

「一律平等」でないことは、悪か？

ちょうどこのころ、ぼくは工場で働く約4万人を対象とするコミュニケーション制度の改善にアサインされました。

ぼくは夢中になって制度の改善に取り組みました。アンケートにくわえて11工場を回り、現場をよく知る部門人事の方や実際に生産ラインで働く250人以上の社員にヒアリングして、困りごとをなくすための改善策をいくつか起案しました。

ぼくは充実していました。現場の人から「ありがとう」と言われると、本当にうれしい気持ちになりました。

もう、ぼくや同期、ほかの会社の同級生たちが感じている閉塞感なんてどうでもいい。そんなのは、きっとほかのだれかが改善してくれる。このもやもやも慣れてしまえばじきに感じなくなるし、流された方がきっと楽だろう。しかし、そう自分に言い聞かせている間にも、同期や先輩は1人またひとりと辞めていきます。


「自分の人生を生きている感じがしない」

「自分1人ではなにも変えられない」


みんな最初は、トヨタのなかでやりたいことや希望を持っていた人たちばかりでした。なかには、将来的に副業も考えているから、という人もいました。ほかにも話を聞いてみると、先輩のなかには、実はすでに本業以外にやりたいことを見つけている、という人もいました。

「みんな、会社のなかでは本当の自分を隠している」

そう思うと、やり切れない気持ちになりました。どうして一社終身雇用を前提とした契約の形しかないのだろう。副業、業務委託、あるいは雇用でも週3正社員など、もっと多様な契約の形があれば、こんな苦しみを味わわなくてすむのではないか。

もちろん例外として、イレギュラーな働き方が許容されるケースはありました。しかし、それを会社全体のしくみとして選択できるようにする、となると途端にハードルが高くなりました。選択できる人とできない人の間で不公平感が生まれる、一律平等が崩れてしまう、という理由から進まない施策を目にしたのも、1回や2回ではありませんでした。

トヨタは7万人のチームです。当然、役割に応じて事情も違えば困りごとも違います。

いいクルマをつくるために、多様な人たちが活躍できる組織になることは、そんなに悪いことなのでしょうか。十把一絡げではなく、1人ひとりの個性に合わせたしくみが選べるようになれば。気づけばまた、どうすればトヨタで多様な人がいきいきと働けるのか考えはじめていました。

しかし、ぼくの目の前には、とてつもなく大きな壁が立ちはだかっていました。

時間や場所の自由は利かず、コミュニケーションは一方通行で限定的。健康管理の支援は期待できず、突然、想像もしていなかった部署に異動させられてしまうかもしれません。数多ある一律の研修を潜りぬけてうん十年と年齢を重ねてもなお、気づけば専門性はなく、そのころには評価の軸が変わっている可能性だってあります。「いまの時代、すべてを会社に捧げるのがリスクだ」と言っても、副業や個人の事情に合わせた多様な契約が認められていない会社では、もはやしがみつくしか道はありません。

ぼくは本当にいまの思いを持ち続けたまま、いつかトヨタの会社のしくみを改善することはできるのだろうか。あまりの壁の巨大さにひどい無力感を覚えました。

「退職」

いつしか、ぼくの頭のなかにもそんな言葉が浮かんでいました。
冗談で口にすることはあっても、本気で選択肢に入ることはなかった言葉です。
なんだかんだ言ってもトヨタが好きでしたし、なんとかして、社員が閉塞感を感じない組織に改善したいと思っていました。

そもそも、退職するにもかなりの勇気が必要です。当時、基本的に出戻りはNGで、一度辞めてしまえば、もう内部からその変革をサポートすることはできません。正直、その理屈もよくわかっていませんでした。むしろ、「外の世界を見て新しい知見を持ち帰り、かつトヨタの内部事情もわかっている人こそが、社長の言う『100年に一度の大変革期』を支える人材になり得るんじゃないか」そんなことも考えましたが、もう、それを言うだけの気力も残っていませんでした。

それでもぼくは、閉塞感のない会社をつくりたい

起業を呼びかけてくれる仲間もいましたが、ピンと来ませんでした。

大企業が変革するにあたって、日本社会の構造そのものがネックになっている部分があるかもしれないと感じていたので、法律に影響を及ぼせる仕事も考えました。政

治家？　国家公務員試験を受けなおして官僚になる？　これもしっくりきませんでした。

ぼくがやりたいことは、会社の閉塞感をなくすことです。

イチから自分でそのための組織をつくることも考えましたが、すでに同じ理想を持った組織があるのであればそこに参加するのがいちばん早いと思い、転職活動を始めました。

そんななかで、ぼくはサイボウズというＩＴの会社に出会いました。

多様な個性を重視することを企業理念の１つに掲げ、自社で開発するソフトウェアを駆使しながら「１００人１００通りの働き方」に挑戦している、とインターネットの記事や本に書いてありました。

本当にそんなことが可能なのでしょうか。

最初は正直、疑いの気持ちしかありませんでした。しかし、やらない後悔より、やる後悔です。思いきって応募してみると、ありがたいことにご縁がありました。

もしかするとこの会社なら、閉塞感を破るヒントを発見できるかもしれない。トヨタが創業した約90年前にはなかったテクノロジーを使って、１人ひとりの個性を重視できる会社のしくみをつくることができるかもしれない。そんな希望を胸に、ぼくは転職を決めました。

転職の決意を上司に報告すると、「心から応援しているよ」と言ってくれました。「ただし、かならずこれまでお世話になった人に挨拶すること。そして、あのとき辞めたのは正解だったと言える人生にしてほしい」とも。

いまでもよく連絡をとりますが、この人が最後の上司で本当によかったと思います。

人事の先輩たちがくれた3つの問い

辞めることが決まったあと、人事部全体でオープンになる前に、ぼくはお世話になった先輩たちに自分の感じている問題意識をぶつけにいきました。

いま若手を中心に感じている閉塞感とは、「1人の人間として重視されている感覚の薄さ」であり、また、その状態を「1人ではなにも変えられないという無力感」だということ。それを変えないかぎり社員が幸せに働ける会社はつくれない、ということ。だから、もっと1人ひとりの従業員が「1人の人間として重視されている」と感じられるしくみに変えていかないとダメだ、ということ。

先輩たちは、ぼくのつたない説明を真剣に、否定することなく聞いてくれました。そして、「自分たちも社員が生き生きと幸せに働ける会社をつくっていきたいと思っている」と仰ってくれました。

そこで同時に先輩たちは、ぼくにいくつかの問いを投げかけてくれました。それぞれバラバラにもらった問いかけでしたが、共通している部分をまとめてみると、それらは次の3つの質問に集約されました。

- 「なぜ会社の平等は重んじられてきたと思うか?」
- 「なぜ会社の成長が続いてきたのか知っているか?」
- 「なぜ会社の変革はむずかしいのか理解できているか?」

どれも、返答に窮するものでした。

恥ずかしながら、当時のぼくには人事の先輩たちの質問に答えられるだけの知識もなければ経験もありませんでした。さらには、そんな回りくどい質問をするくらいなら早く答えを教えてくれればいいのに、とさえ思っていました。

ぼくは、先輩たちにこう言いました。

「転職したあとも、どうすれば日本の会社で働く人たちが閉塞感を感じないですむのか、1人の人間として重視されている感覚を持って幸せに働けるのか考え続けます。そして、いつか答えが出たら、会社の外からそれをみなさんに届けます」

先輩たちはうれしそうに微笑みながら、「楽しみにしているよ」と言ってくれました。

嫌いになって辞めるなら、もっと話はかんたんだった

部内でぼくの退職がオープンになったあとも、人事部のみなさんはこれまでどおり、いや、それ以上に温かく接してくれました。

現場でお世話になった工長さん・組長さんたちに挨拶にいくと、「馬鹿野郎！」と羽交い締めにされながらも、「つらかったらいつでも戻ってこい。うちの組で面倒見てやる」と言ってくださりました。

本当に、涙が出るくらいうれしかったことを覚えています。

12月の出社最終日前日。その日は100人近くがあつまる人事部の大忘年会でした。そして、幹事はぼくでした。もう退職することが決まっていたので、できるだけ裏方に徹する予定でした。しかし、最後の異動者挨拶の段になって突然、上司が「髙木、壇上に上がれ」と呼び出してくれました。

人事部全員の前で、上司からはなむけの言葉をもらいました。最後の最後まで、本当に温かくてすてきな会社だと思いました。

だからこそ、つらかったのです。

嫌いになって辞めるのなら話はかんたんです。むしろ、合わない組織なら辞めた方が両者にとって幸せです。しかし、そうではありません。

ぼくはいまでもトヨタの掲げる理想や大切にしていることに共感しています。また、当時一緒に働いていた、そしていまもトヨタで働かれている人たちのことを尊敬もしています。しかし、日本の大企業の閉塞感を変えるためには、一度トヨタの外に出る必要がある。少なくとも、当時のぼくはそんなふうに考えたのです。

この手紙に書いたこと

——これが、ぼくがトヨタの人事部を辞めるまでのすべてです。

ぼくはいま、先輩たちとの約束を、この手紙をあなたに送ることで果たしたいと思っています。いまの人事部でいちばん偉いあなたに、ぼくの報告を聞いてもらうことによって。

この手紙には、転職してからの3年間で、ぼくが見てきたすべてを詰め込みました。

・サイボウズに転職して、人事の仕事に取り組むなかで気づいたこと
・日本企業のしくみができた歴史を学び直して思い知った、ぼくの主張の浅はかさ
・サイボウズも含め13社の人事担当者に話を聞いて見つけた、新しい会社のしくみ

・それを実現するために必要だと思うこと

あなたにこの手紙を届けることが、閉塞感、つまり「1人の人間として重視されているという感覚の薄さ」と「1人ではなにも変えられないという無力感」を打ち壊すためのファーストステップだと思っています。そして、あのとき答えることができなかった先輩たちからの質問にも、自分なりにしっかりと回答したつもりです。

ずいぶんと長い手紙となってしまいましたが、この手紙を読み終えたとき、あなたが思わずぼくと議論したくなるような、あるいは、この手紙を片手に現・人事部のメンバーと会社のこれからを話したくなるような、そんな内容になっていればこれ以上の喜びはありません。

大変おそれいりますが、どうか最後まで読んでいただけると幸いです。

第1章

会社を成り立たせている10のしくみ

「一律平等」と「多様な個性」のあいだで

トヨタでも、サイボウズでも、人事のやりがいは変わらなかった

トヨタを退職したぼくは、2019年1月からサイボウズ株式会社で働きはじめました。サイボウズは、グループウェアの開発・販売を主な事業とするITの会社です。創業25年、従業員数は連結1000人程度で、アメリカや中国、ベトナム、オーストラリアなど、グローバルに拠点を持ち、いまのところは順調に業績を伸ばしています。

所属は、トヨタにいたころと同じく人事部に決まりました。

キャリア採用で応募する際、サイボウズにはポテンシャル採用（当時はU－29採用と呼称）という年齢・職務経験を問わない入り口があり、ぼくはその枠で、人事という職種まで約束した形で入社しました。もともと人事への配属を嫌がっていたぼくが、転職して選んだ職種も人事というのは不思議な気もしますが、会社の閉塞

感をなくしたい、という理想を叶えようと思ったとき、最も直接的にアプローチできるのはやはり人事の仕事だ、と考えたのです。

入社して最初に任されたのは、採用・育成の仕事でした。

具体的な担当業務は、キャリア採用の書類選考や面接、新人研修やキャリア入社研修の企画・運用で、時にはアメリカや中国など海外の拠点に出張し、サイボウズの文化理解の促進を目的としたワークショップを実施することもありました。

半年ほど経って、会社の雰囲気にも慣れてきたころ、ぼくは「徐々に採用の仕事の割合を減らして労務の仕事を兼務したい」と上司に相談しました。トヨタ時代、給与計算の実務を担当していたこともあり、改めて労務管理の仕事にも興味が湧いてきたのです。

ちょうど人事労務部側で入社手続きの担当者を増やしたいと思っていたこと、また採用育成部側のリソースに少し余裕が出ていたこともあり、「3割だけ兼務」という形で人事労務部に異動させてもらえることになりました。自らの意思で主体的に仕事を選択する余地がある、ということをとても新鮮に感じました。

久々に担当した労務の仕事は、人事としてたくさんの学びがありました。

入社前に行う内定者とのコミュニケーションに始まり、機材の手配や社員名簿への反映、入社オリエンテーションの実施、そして、とにかくたくさんの雇用契約書を作成しました。

「100人100通りの働き方」という言葉を掲げているとおり、サイボウズの雇用契約の内容は個人によってさまざまです。そこでぼくは、どんな人たちがどのような条件で働いているのか、あるいはそれを可能にしている制度がどのように運用されているのかを体系的に知る機会を得ました。

社内には本当に多様な働き方の人がいました。無期雇用社員（正社員）のなかにも、週4勤務や週3勤務の人、ある特定の曜日の所定労働時間だけを短くしている人もいました。あるいは、テレワーク中心の人や他社でいくつも副業しているという人。なかには、本業の仕事を別に持ちながら週2日のみサイボウズを副業として無期雇用され、かつ新潟からリモートで働いている、というメンバーもいました。

ぼくと同じ、人事労務部内にもこんなケースがありました。人事規程や就業規則の改定、グローバルも含む拠点の人事制度の整備などを担当している人が、都度チームと合意しながら、育児や子どもの受験といったライフイベントに合わせて「週3日9時～15時」→「週4日9時～16時」→「週5日9時～18時（水曜はAMのみ）」と、働き方を変えながら仕事を続けられていました。その人はぼくに「もしサイボウズにそういう選択肢がなければ、そもそも入社すらしていなかったと思う」と話してくれました。

ほかにも、「会社との距離感を選べなければ辞めるしかなかった」あるいは「入社すらできなかった」という人が社内で活躍しているのを見るたびに、多様な働き方を受け入れるための基盤づくりの一端を自分が担えている、という実感から、心の底からうれしい気持ちになりました。

自分の仕事が社員の幸せに少しでも貢献できていると思えることは、トヨタにいたときから、ぼくの大きなモチベーションの1つでもありました。

人事の仕事は社員の幸せをサポートする仕事。ぼくは改めて、その言葉を思い出し、人事という仕事に携われることを誇りに思いました。

根底にあるやりがいは、トヨタでも、サイボウズでも同じでした。

では、トヨタとサイボウズはなにが違うのか？

では、トヨタとサイボウズで違ったところはどこか。最初に驚いたのは、とにかく「社内の情報共有が徹底されている」ことでした。サイボウズでは、プライバシーとインサイダー、第三者に権利が帰属する情報（顧客の情報など）を除く、ほぼすべてのコミュニケーションが公開されています。

- 口頭でのディスカッション、つまり会議の議事録はすべて公開
- テキストでのディスカッションは、基本的にオンライン上の公開チャットで実施（全社員が閲覧&読み書きできる）
- 経営会議は、リアルタイムでだれでも視聴可能&だれでも質疑に参加できる（議事録や動画も即公開）
- 社長も含め、全員が互いにスケジュールを公開

・営業、サポート、採用、広報などチーム内で業務メールを共有（協力して回答）
・各自が報告書（日報や分報）をオープンに発信し、フィードバックし合う
・経費は全社公開（疑問があれば質問する）
・人事が持つ情報のなかでも、プライバシーにあたらず、メンバー同士が知っておくことで有益なものはすべて公開（タイムカード、社内の異動履歴、人事制度検討の部内議事録など）

そもそも、「グループウェア」と呼ばれる社内の情報共有をサポートするソフトウェアを開発している会社なので、当たり前と言えば当たり前のことかもしれませんが、テクノロジーの力を使ってここまで情報が開示されていることは、なにもかもが新鮮に感じました。

また、その環境によってずいぶんと助かることもありました。入社当初は未経験の仕事ばかりで戸惑うことも多くありましたが、過去の担当者がどんな経緯でどんな調整をしてきたか、マネジャーはもちろん企業トップがどんなことを考えてきたのか、そして業務上のコミュニケーションのほぼすべてが共有されて残っていたため、比較的早い段階で必要な情報をキャッチアップしていくことができたのです。

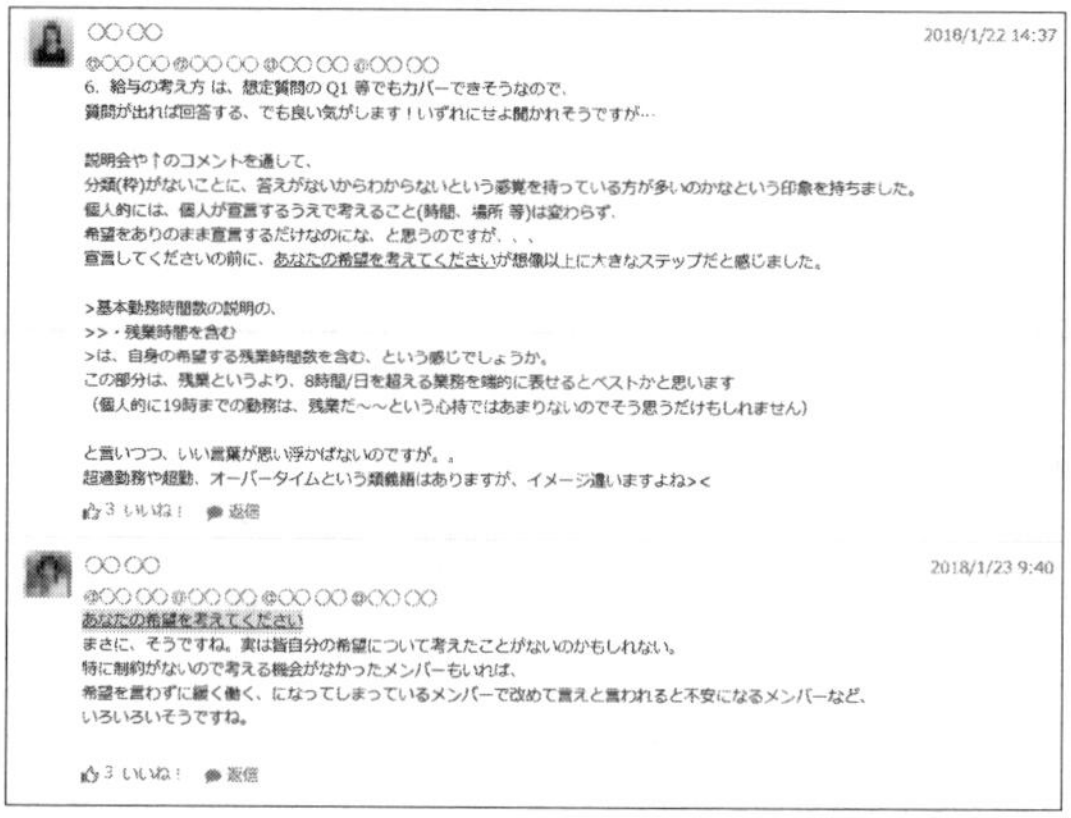

〇〇 〇〇　2018/1/22 14:37
@〇〇 〇〇 @〇〇 〇〇 @〇〇 〇〇 @〇〇 〇〇
6. 給与の考え方 は、想定質問の Q1 等でもカバーできそうなので、
質問が出れば回答する、でも良い気がします！いずれにせよ聞かれそうですが…

説明会や↑のコメントを通して、
分類(枠)がないことに、答えがないからわからないという感覚を持っている方が多いのかなという印象を持ちました。
個人的には、個人が宣言するうえで考えること(時間、場所 等)は変わらず、
希望をありのまま宣言するだけなのにな、と思うのですが、、、
宣言してくださいの前に、あなたの希望を考えてくださいが想像以上に大きなステップだと感じました。

>基本勤務時間数の説明の、
>>・残業時間を含む
>は、自身の希望する残業時間数を含む、という感じでしょうか。
この部分は、残業というより、8時間/日を超える業務を端的に表せるとベストかと思います
（個人的に19時までの勤務は、残業だ〜〜という心持ではあまりないのでそう思うだけもしれません）

と言いつつ、いい言葉が思い浮かばないのですが。。
超過勤務や超勤、オーバータイムという類義語はありますが、イメージ違いますよね><
3 いいね！　返信

〇〇 〇〇　2018/1/23 9:40
@〇〇 〇〇 @〇〇 〇〇 @〇〇 〇〇 @〇〇 〇〇
あなたの希望を考えてください
まさに、そうですね。実は皆自分の希望について考えたことがないのかもしれない。
特に制約がないので考える機会がなかったメンバーもいれば、
希望を言わずに緩く働く、になってしまっているメンバーで改めて言えと言われると不安になるメンバーなど、
いろいろいそうですね。
3 いいね！　返信

1つ目のキャプチャは、2018年からサイボウズで始まった「働き方宣言制度」の説明会に関する人事内でのやりとりの一部です（プライバシーを含む議論のため人事内限定公開）。

ぼくが人事労務部でサイボウズの労働時間制度の見直しをアサインされたとき、そもそも過去にどのような議論が行われて現状の制度運用になっているのか、あるいは、サイボウズで人事制度をつくっていくときはどこまでオープンに議論していくのか、といった細かいニュアンスを含む生の議論が共有されていたおかげで、その後の仕事がずいぶんとやりやすくなりました。

また、いまでこそ100人100通りの働き方を自分で選択するスタイルが当たり前になっているサイボウズも、制度を導入した当時は社員から不安の声が上がっていたことなどを知ることができ、社内コミュニケーションを進めていくうえでの参考にもなりました。

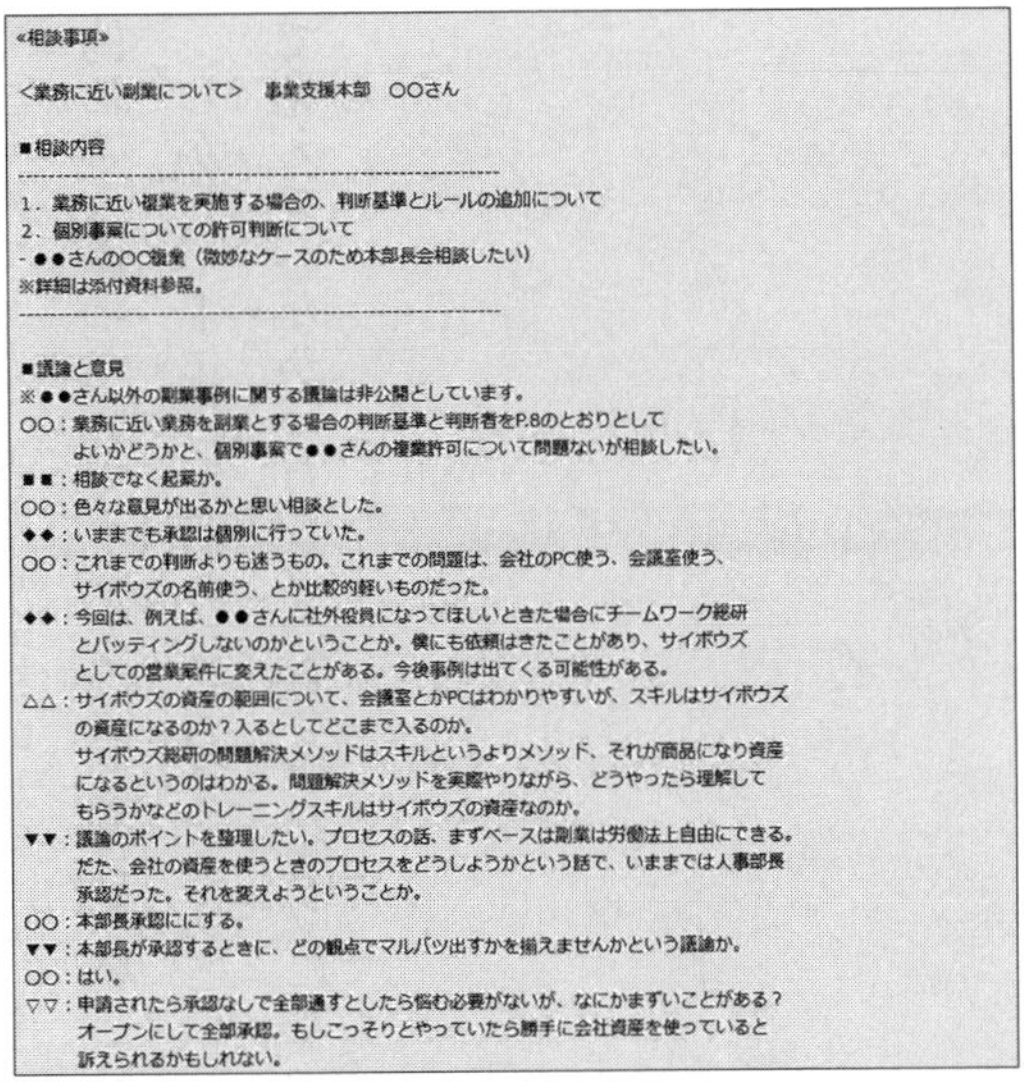

«相談事項»

＜業務に近い副業について＞　事業支援本部　○○さん

■相談内容

1．業務に近い複業を実施する場合の、判断基準とルールの追加について
2、個別事案についての許可判断について
- ●●さんの○○複業（微妙なケースのため本部長会相談したい）
※詳細は添付資料参照。

■議論と意見
※●●さん以外の副業事例に関する議論は非公開としています。
○○：業務に近い業務を副業とする場合の判断基準と判断者をP.8のとおりとして
よいかどうかと、個別事案で●●さんの複業許可について問題ないが相談したい。
■■：相談でなく起案か。
○○：色々な意見が出るかと思い相談とした。
◆◆：いままでも承認は個別に行っていた。
○○：これまでの判断よりも迷うもの。これまでの問題は、会社のPC使う、会議室使う、
サイボウズの名前使う、とか比較的軽いものだった。
◆◆：今回は、例えば、●●さんに社外役員になってほしいときた場合にチームワーク総研
とバッティングしないのかということか。僕にも依頼はきたことがあり、サイボウズ
としての営業案件に変えたことがある。今後事例は出てくる可能性がある。
△△：サイボウズの資産の範囲について、会議室とかPCはわかりやすいが、スキルはサイボウズ
の資産になるのか？入るとしてどこまで入るのか。
サイボウズ総研の問題解決メソッドはスキルというよりメソッド、それが商品になり資産
になるというのはわかる。問題解決メソッドを実際やりながら、どうやったら理解して
もらうかなどのトレーニングスキルはサイボウズの資産なのか。
▼▼：議論のポイントを整理したい。プロセスの話、まずベースは副業は労働法上自由にできる。
だた、会社の資産を使うときのプロセスをどうしようかという話で、いままでは人事部長
承認だった。それを変えようということか。
○○：本部長承認にする。
▼▼：本部長が承認するときに、どの観点でマルバツ出すかを揃えませんかという議論か。
○○：はい。
▽▽：申請されたら承認なしで全部通すとしたら悩む必要がないが、なにかまずいことがある？
オープンにして全部承認。もしこっそりとやっていたら勝手に会社資産を使っていると
訴えられるかもしれない。

2つ目のキャプチャは、2018年に行われた複業（副業）の判断基準についての経営会議の議事録です。

入社後、サイボウズの複業ルールについて調べていたとき、検索に引っかかったのでなに気なしに読んでみると、議論のなかで、意思決定権限を持つトップ層の人たちが「とにかくプロセスをオープンにしておくことが大事」という言葉を繰り返しており、改めて、サイボウズでは情報をオープンにしていくことに強く重きが置かれていることを認識しました。

もちろん、すべての情報がオープンになっているがゆえに情報の洪水に溺れることもありましたが、グループウェアの使い方に慣れてからは、検索のコツもわかるようになり、自分で欲しい情報を選択していけるようになりました。

サイボウズの人事として働く日々は充実していました。そしていつの間にか「1人の人間として重視されている感覚の薄さ」を感じなくなっていたことに気づきました。

トヨタでもサイボウズでも人事の役割は同じはずなのに、いったいなぜ。

その時点では、トヨタの先輩たちに報告できるほどの答えは、ぼくのなかにはありませんでした。漠然と会社のしくみが違うことはわかっていましたが、それが具体的にどう違っていて、どう閉塞感に影響しているのかわからないままだったのです。

しかし、1年目が終わりを迎えようとしていたころ、ぼくはふと、自分にいままで見えていなかった景色が見えるようになっていることに気がつきました。

会社のしくみ

あつめる
（条件を）きめる
はたらく
はなれる
採用
契約
健康（安全配慮）
退職
時間
コミュニケーション／風土
場所
育成
配置／異動
報酬／評価

人事がつくる10のしくみ

まず、会社の「人」にまつわる流れとして、大きく「あつめる」「(条件を) きめる」「はたらく」「はなれる」があります。会社に必要な人をあつめ、働いてもらううえでの条件を決め、実際に働いて価値を継続的に創出してもらい、お互いにマッチしなくなれば会社を離れてもらう、というサイクルです。

そして、人事はそうした「人」に関わる会社のしくみをつくりあげていくのが仕事です。ざっくり分類すると、人事がつくる会社のしくみには、採用・契約・時間・場所・配置／異動・報酬／評価・健康(安全配慮)・コミュニケーション／風土・育成・退職といった10の要素があることに気がつきました。

・**採用** まずは、人をあつめるための「採用」。採用対象には大きく分けて、新卒採用とキャリア採用があります。前者は就業経験のない卒業したばかりの学生を、後者はすでに就業経験のある人、あるいは既卒の人を対象にした採用です。ぼくがトヨタに入社したときは新卒として採用され、サイボウズにはキャリアとして採用された、ということになります。

・契約　実際に働いてもらうとなれば「契約」を結びます。仕事を通じて会社の事業に貢献してもらうためには、あらかじめ、どんな条件で働くのか決めておく必要があるからです。さまざまな契約の形がありますが、最もポピュラーなのは雇用契約です。

・時間と場所　雇用契約の条件として、まずは働く「時間」があります。どの日に、何時から何時まで、働くのか。そして人事には、その時間を把握・管理する方法を決めておく義務もあります。また、「場所」も大切な条件です。従業員がどこで働くのかを決定し、安全に働ける環境を整えていくことも、人事の重要な仕事の1つになります。

・配置／異動　日々どんな仕事をしてもらうか、というのも契約の根幹にあたる条件の1つです。組織の理想を達成するために行われる役割分担が「配置」にほかなりません。また、その役割分担が「異動」という形で変わることもあります。

・報酬／評価　ある時間、ある場所で、ある仕事（配置）を遂行すると、そこには対価が発生します。報酬制度をどのように設計するか、またどのように評価するかは、人事のなかでもとりわけ大きな役割です。かぎられた賃金原資をどのようなルールで分配するかは会社としても大きなメッセージになりますし、働く人のモチベーションにも関わってきます。

・健康（安全配慮）　こうして条件が決まれば、いよいよ職場で働きはじめるわけですが、従業員が継続して働き続けるためには、心身が「健康」であることがなにより大切です。特に、会社は強い立場から仕事をお願い（指揮命令）するので、従業員が安全かつ健康に働けるよう「安全配慮義務」を果たせる環境にしていくことも人事の大きな役割です。

・コミュニケーション／風土　人と人が一緒に働くには、多かれ少なかれ、かならず意思の疎通（コミュニケーション）が必要になります。社内全体における従業員同士のコミュニケーションを支援するしくみをつくることも人事の役割の1つです。

また職場単位で、どんな方法で、どんなタイミングで、どんな内容の情報が、どんなふうに共有されていくかによって、従業員の行動は変わってきます。こちらはしくみというよりは「風土」に近いかもしれません。こうした風土は1人ひとりの言動の積み重ねでもあるため、人事のコントロールできる範囲はかぎられていますが、そのサポートも仕事の1つです。

・育成　人は、新しい知識を身につけ、経験を積むことで能力を高めていくことができます。従業員1人ひとりの持つ力を最大限発揮してもらうためには人材の「育成」が不可欠であり、成長を支援していくことも重要です。

・退職　そして、最終的にさまざまな事情で会社から離れていくときには「退職」という形がとられます。会社と個人で交わした契約を解消するわけです。この際にもさまざまな離れ方があるため、円滑に進むようにすることも人事の大切な役割です。

この要素に気づけたのは、働く環境が変わったからだと思います。サイボウズはトヨタと違って、規模がそれほど大きな会社ではありません。そのためぼく自身、人事部内のさまざまな仕事を経験することになりました。

グローバル賞与の改善検討や出向契約の実務、労働時間に関する制度の運用改善……業務の幅が広がっていくにつれ、社内のさまざまな人事労務分野のプロフェッショナルたちと議論する機会も増えました。くわえて、あらゆるやりとりがオンライン上で公開されているため、ほかのチームの人たちがどんなことをしているのか見ることもできました。チーム間の垣根が低かったこともあり、次第に会社のしくみの全体像が見えるようになってきたのです。

この全体像を理解できたとき、トヨタで人事をしていたころの自分が、いかに狭い視野のなかで物事を考えていたのか、改めて認識しました。

さきほどの図に照らし合わせて、ぼくがトヨタ時代に担当していた業務を当てはめてみると、「報酬／評価」のなかの、さらに給与計算実務の一部と「コミュニケーション／風土」の一部を担当していたくらいです。

いま思えば、人事の先輩たちはきっとこの全体像をすべて理解されたうえで、具体的にどのしくみをどんなふうに変えれば「1人の人間として重視されている感覚の薄さ」がなくなると思っているのか、ぼくに質問してくれていたのだと思います。

そう考えるとぼくは、そもそもスタートラインにすら立てていなかったのですね。

もしかすると、この10のしくみについてもっと探求していけば「1人の人間として重視されている感覚の薄さ」の正体がわかる、ということなのでしょうか。

そこで、ぼくは一度この図に「多くの日本企業に見られる会社のしくみ」と「サイボウズのしくみ」をそれぞれ当てはめてみることにしました（ただ、この時点では「コミュニケーション／風土」という領域については、力不足でまだ言語化がむずかしかったため埋まっていません）。

日本の会社のしくみ

あつめる

採用
新卒一括採用

（条件を）きめる

契約
終身雇用

時間
週5フルタイム
＋残業

場所
オフィス出社／
強制転勤

はたらく

健康（安全配慮）
一律規制

コミュニケーション／風土
？

育成
職場OJT
階層別研修

はなれる

退職
定年退職
（途中退職＝裏切り）

配置／異動
定期人事異動

報酬／評価
職能給（年功序列）

サイボウズのしくみ

あつめる

採用

新卒採用
（＋職種確約コース）
キャリア採用
（＋ポテンシャルコース）
複業採用など

（条件を）きめる

契約

個別合意
個人事業主（業務委託）
複業（含む 複数社での雇用）
グループ外出向

時間

個別合意
（短時間・
短日数勤務可）

場所

個別合意
（テレワーク可、
強制転勤なし）

はたらく

健康（安全配慮）

セルフケア支援

コミュニケーション／風土

？

育成

職場OJT
オンボーディング研修（公開）
社内勉強会（任意参加）
体験入部（兼務可）

はなれる

退職

出戻り可
コミット量の減少

配置／異動

個別合意
（強制配転なし、兼務可）

報酬／評価

個別合意
（本人希望の確認、市場性の加味）

「一律平等」を大事にするのか、それとも「個性を重視」するのか

図に当てはめてみると、サイボウズは会社のしくみが（まだまだ不十分なところもたくさんあるとはいえ）1人ひとりの「個性を重視」するしくみになっている一方、多くの日本企業に見られるしくみが「一律平等」だということに、改めて気づくことになりました。

- **採用**　**多くの日本企業：**新卒一括採用がメイン
  サイボウズ：新卒採用（＋職種確約コース）、キャリア採用（＋ポテンシャルコース）、複業採用など

日本企業（特に大企業）の採用は、多くの場合「新卒一括採用」を主軸としてい

ます。大学を卒業したばかりの学生を決められた時期に一律の基準で大量採用する、というものです。その際、学生が大学時代にどんなことを学んできたのか、どんな仕事に就きたいのかなどはあまり重視しない傾向があります。給与も基本は一律で、差をつけることはありません。

また、そもそもキャリア採用の割合は、そこまで高くありません。

サイボウズでも同じく、新卒採用とキャリア採用の2種類が存在しています。社内の割合は半々くらいです。少し特徴的なのは、新卒採用に「最初から職種を確約して入社を認めるコース」が存在していることです。また通常のコースを選んだとしても、可能なかぎり本人の希望する職種につけるようにマッチングが行われます。反対に、自分がどの仕事に適しているかわからない場合は、人事に任せるという選択も可能です。

キャリア採用にも、これまでの経験を問わない「ポテンシャル採用」という入り口や、サイボウズへのフルコミットを前提としない「複業採用」などを用意しています。つまり、さまざまな人を受け入れられるように多様な入り口を設けている、ということです。

・契約　多くの日本企業：終身雇用

サイボウズ：個別合意、個人事業主（業務委託）、複業（含む 複数社での雇用）、グループ外出向

少しずつ薄れてきてはいますが、多くの日本企業の雇用契約には「終身雇用」という、1つの会社でずっと働き続けることを前提にした考え方が根強く残っています。中小企業まで含めると、その考え方は薄れていく傾向にありますが、依然として、副業をはじめ自社と同時に他社とつながることができる契約を許容していない企業もあります。

サイボウズは、無期雇用契約（正社員）1つとっても条件を個別に合意しているため、100人100通りの雇用契約が存在しています。副業もOKで、サイボウズに雇用されながら他社で業務委託契約を結んでいる人、個人事業主としてサイボウズの仕事を一部請負っている人、数は多くないですがサイボウズと他社の両方で雇用されているケースもあります。またぼく自身、何人もの出向契約書をつくりましたが、グループ会社ではない、まったく異業種からの出向も受け入れています。

・**時間と場所**　**多くの日本企業：**フルタイム＋残業、オフィス出社、強制転勤あり
サイボウズ：個別合意（短時間・短日数勤務可、テレワーク可、強制転勤なし）

多くの場合、日本企業の無期雇用社員（正社員）は一律、しっかりとフルタイム（週5日、1日8時間）で働き、くわえて残業することが当然とされています。

時短勤務制度が導入されたり、働く時間帯を選択できるフレックスタイム制が導入されたりと徐々に選択肢は増えていますが、理由が育児や介護に限定されていたり、働く日数を週2〜4日にするまでの柔軟性がある企業は少ないです。

働く場所についても、コロナ禍の影響で最近はかなり柔軟になってきましたが、会社に出社して働くことを是とする風潮は、まだまだ根強いです。職務の特性上、絶対に出社しないと成立しない仕事も存在しますが、テレワークが可能な仕事でも出社を義務づけられている場合も少なくありません。また、会社の命令によって突然働く場所が変更される、強制転勤の可能性もあります。

サイボウズで無期雇用契約を結んでいる人たちは、「働き方宣言制度」と呼ばれるしくみによって、チーム（マネジャー）と個人の合意が成立すれば、希望の働き

方（時間・場所）を選択することができます。

日単位の時短はもちろんのこと、週4勤務や週3勤務、週2勤務で働く人もいますし、働く時間帯も契約上で個別に設定できます。残業時間もどの程度まで許容できるのか事前に合意したうえで条件を決めていきます。

場所についても同様です。役割分担や報酬の調整といったトレードオフを受け入れて、チームと合意することができれば、テレワークをはじめ、さまざまな条件を希望することができます。また、あくまですべてが合意ベースで進んでいくため、強制転勤はありません。

・配置／異動　多くの日本企業：定期人事異動
サイボウズ：個別合意（強制配転なし、兼務可）

多くの日本企業では、会社側が強力な人事権を持っており、一定の期間をおいて配置転換がなされる「定期人事異動」があります。基本的には配転命令に逆らうことはできず、本人がどんな専門性を身につけたいか、あるいはどんな仕事をやりたいかといった意向は重視されない傾向にあります。

サイボウズの場合、合意がベースにあるため強制的な人事異動は存在しません。異動する場合は、本人の希望を聞くことが前提です。チーム側から提案することもありますが、本人の合意が得られなければ基本的には異動させることはありません。もう1つ特徴的なのは、兼務という形で複数の部署・チームの仕事をグラデーショナルに配分することが可能なことです。ぼく自身、現在はレポートラインが異なるいくつかのチームを兼務しています。※2022年1月1日時点 チームワークサポート部（人事本部）40%、人事労務部（人事本部）20%、事業開発部（チームワーク総研）20%、HR組織戦略部（人事本部）15%、タレントサクセス部（人事本部）5%。

・報酬／評価　多くの日本企業：職能給（年功序列）
サイボウズ：個別合意（本人希望の確認、市場性の加味）

多くの日本企業は、「職能給」というしくみをとっています。これは、どんな職務をしているかにかかわらず個人の能力に応じて評価をする、というものです。能力で評価するとはいうものの、人の能力は経験年数に比例して上がっていくという考えのもと、年功的に昇格していくケースがほとんどであるため、年功序列的に給与が上がっていきます。無期雇用社員（正社員）の場合は全員にこのしくみが適用され、だれもが階段をのぼっていける（いかなければならない）しくみになっています。

サイボウズの場合、契約条件がそれぞれ異なるため、給与については働き方と業務内容を踏まえた会社側のオファーと個人の希望を提示し合い、市場価値も加味したうえで個別に合意することで決定しています。その際、個別合意によって明らかな恣意性や異常が発生しないよう、評定会議や給与決定に関わる情報を可能なかぎり開示するなど、プロセスで正当性を担保しています。

・健康（安全配慮）　多くの日本企業：一律規制
サイボウズ：セルフケア支援

多くの日本企業では、（もちろんこれも大事なのですが）残業規制をはじめとした一律規制であることがほとんどです。個人の事情に合わせて1人ひとりがどのような取り組みをすべきか自立的に考える機会は少なく、個別の心と体のケアをサポートすることにまでは手が回っていません。

サイボウズでは、1人ひとりが自分の状態に気づくためのしくみをつくったり、健康施策にも複数の選択肢を用意したり、一律ではないセルフケアのサポートに力を入れています。

たとえば、自ら早めに異常に気づけるようパルスサーベイを導入したり、専門家が個別で相談に乗ってくれるサービスの活用、産業医・チームメンバーと一緒にストレスチェックの結果を見ながら対策を考える場づくりなどにも力を入れています。

・育成

多くの日本企業：職場ＯＪＴ、階層別研修（Off-JT）

サイボウズ：職場ＯＪＴ、オンボーディング研修（公開）、社内勉強会（任意参加）、体験入部（兼務可）

多くの日本企業では、主に「職場ＯＪＴ（On-the-Job Training）」と呼ばれる育成の方法がとられています。これは、職場で実際に業務にあたりながら、かんたんな仕事から少しずつむずかしい仕事へ、段階的に取り組ませることで育てていく方法です。

また、「階層別研修」と呼ばれる一律の「Off-JT（Off-the-Job Training）」、つまり普段の業務から離れて行われる教育も用意されています。しかし、職能資格や職位に応じたスキルを身につけてもらうことが基本のため、学ぶ人や内容・タイミングを自分で選ぶことはできない、という側面があります。

サイボウズも職場ＯＪＴについては基本的に同じです。

Off-JTについて、人事が一律に実施するものは入社時に実施するオンボーディング研修と新任マネジャー研修のみで、そのほかの研修は基本的に手挙げ式のものか、部門ごと、あるいは個人が行う勉強会となっています。人事が主催するオンボーディング研修（サイボウズで働くうえで最低限知っておいてほしいことを伝える研修）は、資料や録画がすべて1つのプラットフォームに公開されていることにくわえて、だれでも参加することができます。毎年、新人が入社してくるたびに内容が更新されていくため、既存社員が好きなタイミングで改めて研修に参加して学び直す、という光景も珍しくありません。

また「体験入部」というしくみでは、一定期間、ほかの部署の仕事を体験することで本人の成長機会につなげてもらっています。丸々、現在の業務を止めて体験に行くのはハードルが高いこともあるため「3割だけ」といった形も可能です。

・退職　多くの日本企業：定年退職（中途退職＝裏切り）
サイボウズ：出戻りＯＫ、コミット量の減少

日本企業の多くが、一定の年齢になると一律に退職してもらう「定年退職」という制度を有しています。もちろん、1つの会社で勤めあげることもすばらしいことです。ただ、それが美徳とされすぎることで、定年退職前に途中で辞めることが「裏切り」と捉えられてしまったり、出戻りが許されないケースもあります。

一方、サイボウズには定年がありません。何歳であろうと、個別に条件がマッチングできれば働き続けることができます。

また「出戻り」もＯＫで、その人が果たせる役割があれば再び働くことが可能です。そもそも条件を個別に合意しているため、フルコミットから徐々に週4日、週3日、と割合を減らしていくパターンもあります。くわえて「育自分休暇制度」という、退職後6年以内であれば再雇用を約束するパスポートの発行も行っており、外の世界で見てきた知見を再び持ち帰ってくれることにポジティブなメッセージを出しています。

自分のタイミングで会社を離れたり、会社との距離感を調整できるため、離れ方

（戻り方）も人それぞれとなっています。

こうして比較してみると、多くの日本企業のしくみはどれも「一律平等」です。つまり、会社のしくみのなかで1人ひとりの個性が重視されにくいことが「1人の人間として重視されている感覚の薄さ」につながっていることがわかります。

なるほど、そういうことだったのか。

ぼくたちが抱える閉塞感は、この10のしくみをサイボウズと同じように「個性を重視」するものにすれば解消できるのではないか。このことに気がついたぼくは、転職後、早くもトヨタの先輩方との約束を果たせると思い、うれしくなりました。


「サイボウズだからできるんでしょ？」

……と、ここまでが、2年前のぼくが思っていたことです。

いま思えば、このころのぼくは本当に浅はかでした。

「一律平等」から「個性を重視」するしくみへ。閉塞感を打破する糸口を見つけたと思った2年前のぼくは、「サイボウズ以外の会社にこの考え方を拡げていこう」と思い立ちました。

幸いにもサイボウズには、他社向けに制度や風土改革の支援サービスを行っている「チームワーク総研」という、うってつけの部署がありました。ぼくは、その部署に兼務異動したいと自分から手を挙げ、晴れて2年目からは大企業から中堅企業、またさまざまな業種の会社で働く人事の方と話す機会を得ました。

ヒアリングをしていると、どの会社も社員が閉塞感を感じて辞めていくことに問題意識を抱えていました。ぼくは、意気揚々と自分が見つけた仮説を語りました。

「閉塞感の正体は、『1人の人間として重視されている感覚の薄さ』なのであり、それらは10のしくみを変えることによって解消できるのだ」と。各社の人事担当の方たちは、ぼくの話を興味深く聞いてくれました。

しかし、最後にはいつもこう言われてしまいました。

「それはサイボウズさんだからできるんだよ」

ぼくは悔しくて、その理由を聞きました。
「どうしてサイボウズでできることが御社ではできないのですか？」

すると、こんな答えが返ってきました。

「ウチは伝統ある会社で、一律平等であることを大事にするから」
「それが会社の成長にどうつながるかが説明できないと、上が納得しないいんだよ」
「本気で日本の会社を変革していくには、ものすごいパワーが必要だからね」

そこでぼくは、先輩たちからの質問を思い出しました。

「なぜ会社の平等は重んじられるのか」
「なぜ会社の成長は続いてきたのか」
「なぜ会社の変革はむずかしいのか」

そうです。ほかの会社の方々からもらった声はすべて、あのとき先輩たちからもらった質問と同じであることに気がついたのです。

若手人事が浅はかにも否定した、日本の会社のしくみを学び直す

結局のところ、ぼくは先輩たちの問いから逃げ続けているかぎり、一生、「1人ではなにも変えられないという無力感」から抜け出せないということに気がつきました。

そして、3つの問いに答えるためには、日本の会社のしくみについてもっともっと深く知らなければいけない、と。

そこでぼくは遅まきながら、いまの日本の会社のしくみがどのように出来上がってきたものなのか、その歴史を学んでいくことにしました。そのなかでぼくは、ぼく自身が浅はかに否定した日本の会社のしくみの本当の姿を知ることになったのです。

第2章

なぜ「会社の平等」は重んじられるのか？

――1930年代（戦前）～1950年代（戦後）

「青空の見える労務管理」

戦前、会社のなかには明らかな身分差別があった

まず最初に解き明かしたいと思ったのは、「なぜ会社の平等は重んじられるのか」という問いです。

なぜぼくたちは、これほどまでに一律平等のしくみを強いられているのでしょうか。社員全員を一律平等に同じ待遇にしたい、という価値観が日本企業に強く根づいていることには、おそらくそれなりの歴史的経緯とそれを維持させてきたなにかがあったのではないか。

ぼくは、海老原嗣生さんと荻野進介さんが書いた『人事の成り立ち』、小熊英二さんの『日本社会のしくみ』をはじめ、さまざまな文献を読み直しながら、人事制度の歴史についてひも解いていくことにしました。そして、戦前から戦後にかけての日本企業のしくみの変遷にそのヒントを見つけました。

そもそも戦前の日本企業には、社内に「身分」とも呼べる階級的な区分が存在していたと言います。

具体的には「ホワイトカラー系（職員）」のエリート層と「ブルーカラー系（工員）」という区分で、その間には明確な格差があり、昇進のスピードが異なるといった見えにくい上下関係だけでなく、はっきりと給与や待遇に大きな差がつけられていたと言います。たとえば、旧制大学を卒業して職員として入社した人の初任給は、50代の熟練工の3倍以上。職員は月給制なのに対し、工員はみな日給制で、極めて不安定な支払いシステムがとられていたそうです(1)。

昇給も明文化された規定はなく、職長や職員の気まぐれに左右されていました。上司の家に薪割りや煙突掃除を手伝いにいくかどうかで、つまり、上司に気に入られるかどうかで昇給に差がつくこともあったと言います(2)。職員は神様扱いされ、工員が職員のプライベートのために駆り出されるのは当たり前。職員に口答えしようものなら「明日から会社に出てこなくてもよい」と怒鳴られる状況だったそうです。

ほかにも、職員だけに図書室が開放されていたり、工員だけに入退出時の身体検査が課されていたり、さらには、職員と工員では門や食堂、トイレや売店なども区別され、売店で売られる品目にまで差がつけられているのが通常でした(3)。

また、社内での呼称も差別的でした。明治末期の国鉄（現JR）のストライキでは、「運転士を機関方というのは、まるで馬方のようだからやめてほしい」といった要望が出されたり、大正時代の東京市電では、運転士たちが「おれたちが人間だというならチョウチョやトンボだって鳥になっちまう」と自嘲気味に語る様子が記録されています。[4]

どう考えても、社員が「1人の人間として重視されている感覚」を得られていた、とは言いがたい状況です。いま考えると信じられないようなことですが、戦前はこうしたことが当たり前だったのですね。

戦中の総力戦体制が生んだ、ブルーカラーとホワイトカラーの連帯

しかし、こうした差別的な状況は、戦争という特殊な状況のなかで大きく改善されていくことになります。

ここからは、さらに海老原嗣生さんの『人事の組み立て』、濱口桂一郎さんの『日本の雇用と労働法』『日本の労働法政策』も参照しながら、学んでいくことにしました。

戦争が始まると、軍需景気のなか工員が徴兵されてしまうことで、日本企業は労働力不足に陥り、熟練工（ブルーカラー）に対する優遇策がとられるようになりました。(5) くわえて職員・工員の区別なく、だれもが貧しく飢えていたため、総力戦の名のもと身分の違いに関係なく一緒になってがんばっていこう、という風潮が芽生えはじめたと言います。(6)

『日本社会のしくみ』では、1943年、企業の労務担当者が工員の待遇を改善した背景を回想したシーンが、次のように引用されています。

「兵役法が拡大され職員も工員も差別なく兵役義務が課されるようになり、また生活物資の配給制の実施で国民等しく耐乏生活を強いられるようになり、皇国勤労観に基づく新産業労働体制への切替えということで、平等思想が昂ってきて職工員の身分的差別が如何にも時勢に合わない古くさいものと感ぜられるようになってきた」

こうして、「会社の平等」の下地ができた状態で、1945年に戦争が終わります。

世にも奇妙な「企業別労働組合」の誕生

敗戦後の1945年10月、アメリカ占領軍は一連の指令のなかで、日本にあるものを結成することを奨励しました(7)。

それは、労働組合です。労働組合とは、労働者が主体となって自主的に労働条件の維持・改善や経済的地位の向上を目的として組織する団体です。[8] 労働者が個別で使用者（経営者）と交渉するよりも、大勢で団結した方がより対等な立場で話し合いができる、というわけです。

労働組合自体は戦前から日本にも存在していましたが、経営者や国家権力からの圧迫があり、[9] 活動が盛んだったとは言えず、その組織率も１９３１年の７・９％が最高でした。[10]

アメリカは日本を民主化していくうえで、労働運動が公然かつ自由に発展していくことが必要だと考えていました。具体的には「政治的、市民的及び宗教的自由に対する制限除去」を日本政府に指令し、治安維持法や治安警察法など組合活動を抑圧していた法令を廃止させました。また、当時の首相に要求した「人権確保のための5大改革」のなかにも「労働組合結成の促進」を挙げていました。[11]

以降、労働組合の数は爆発的に増え、１９４５年9月の時点では2組合、１０７7人だった組合員数は、１９４9年6月には3万４６４8組合、６６５万５４８３人となりました。[12] 推定組織率も、５５・8％まで高まったと言います。

ここで日本が特徴的だったのは、その労働組合に入るメンバーの中身でした。

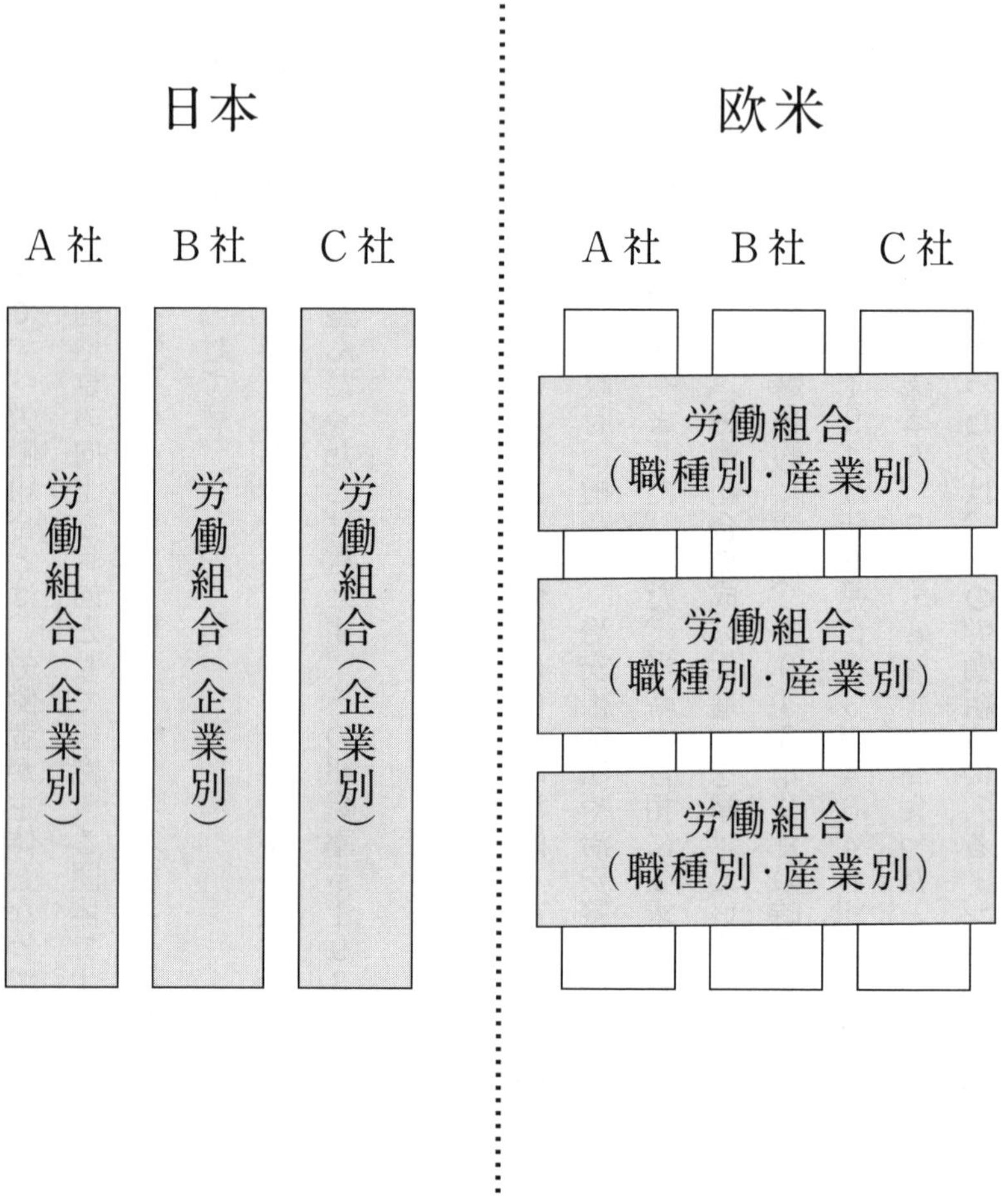
日本
A社
B社
C社
労働組合（企業別）
労働組合（企業別）
労働組合（企業別）
欧米
A社
B社
C社
労働組合（職種別・産業別）
労働組合（職種別・産業別）
労働組合（職種別・産業別）

欧米社会の労働組合は、「産業別労働組合」や「職種別労働組合」といって、さまざまな会社を横断して、同じ産業の人、もしくは同じ職種の人が1つの労働組合に入るスタイルが一般的です（図・右）[13]。会社を超えて団結することによって給与や待遇アップを実現したり、もし会社をクビになったとしても、組合を通してほかの企業に転職することができる、というシステムが出来上がっていたのです[14]。

しかし、日本で新しくつくられた労働組合は、その80％以上が「企業別労働組合」でした。つまり、それぞれの企業のなかに労働組合をつくる、という形をとったのです（図・左）。

さらに特徴的だったのは、ブルーカラーとホワイトカラーという役割（職務）が異なる人たちが同じ労働組合に入っていたことです。

これは世界的にも、珍しい現象でした。

戦前から日本で労働運動を展開していた日本労働総同盟（労働組合の全国組織）も、当然、欧米のような企業横断型の労働組合をつくっていくことを目指していたため[15]、「一般従業員が会社別従業員組合組織の希望を有することは遺憾ながら我等の当面する事実である。我等はこの迷蒙を打破しなければならない」と、企業別労働組合のあり方を批判しましたが、その流れがやむことはありませんでした[16]。

なぜ、このような企業別労働組合ができたかには諸説あります。

そもそも日本には、欧州の職種別労働組合のように会社を横断した組織をつくるという伝統がなかったことや、戦中に企業内にできた「産業報国会（戦争協力のための労働団体組織）」の影響が指摘されることもあります。[17] また、戦争の体験が生んだ運命共同体意識も大きな要因になったとされています。役割の違いに関係なく、戦争を一緒に戦いぬいた仲間として会社のなかにある差別をなくしていきたい、と。「会社のなかでは、みんな平等にしたい」という想いがそこにはあったと言います。[18] 実際、当時の労働組合は経済的な要求だけでなく、通用門を一元化する、職員専用施設を工員にも開放するなど、差別を撤廃し、「会社の平等」を実現することに力を注ぎました。[19]

1947年に東京大学社会科学研究所が行った労働組合の大規模調査でも、ブルーカラーとホワイトカラーの混合組合をつくった理由として多かった回答は、「職員も工員も共に従業員である」「労働者の本質には職員、労務員の差異は存在しない」といったものでした。また、同調査をまとめた経済学者の大河内一男は「『混合組合』の理念はそのまま組合としての『身分制撤廃』という平等思想の産物だった」としています。[20]

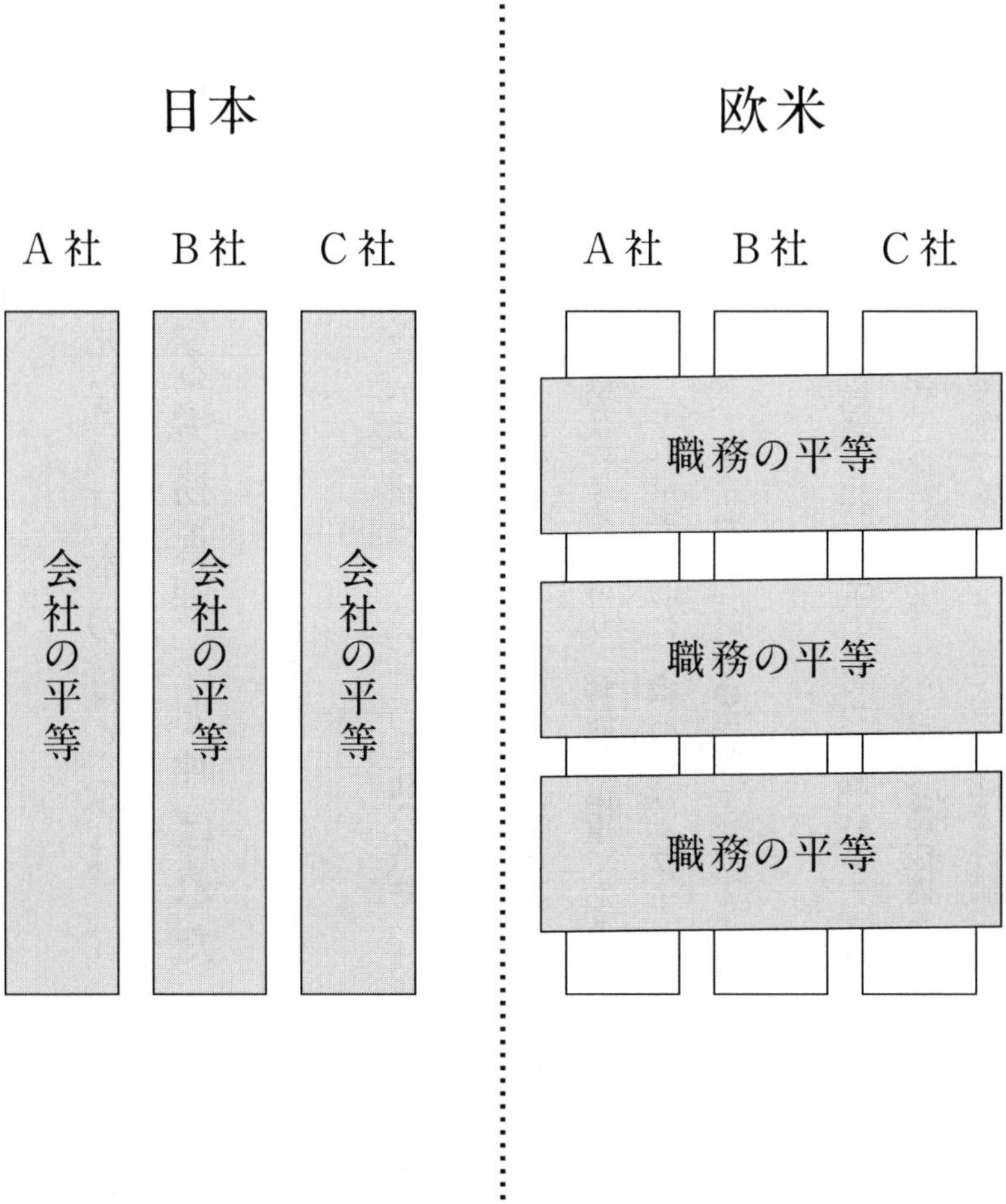
日本
A社
B社
C社
会社の平等
会社の平等
会社の平等
欧米
A社
B社
C社
職務の平等
職務の平等
職務の平等

世界に例を見ない日本のしくみは、「青空の見える労務管理」と呼ばれた

こうして戦前から戦後にかけて形づくられた「会社の平等」は、1950年代に完成を迎えます。

戦後不況のなか多くの大企業で大規模な労使紛争が起こり、一連の大争議を経たあと、経営側と労働組合側は互いに歩み寄り、解雇に慎重であることや定期的な昇給を行うことを合意しました。それは実質的に、戦前にはホワイトカラーだけにかぎられていた長期雇用と年功賃金、すなわち「終身の保障」をブルーカラーにまで拡大することを意味していました。[21]

ブルーカラー出身でも、経験を経て能力を認められれば、ホワイトカラーに転換される可能性がある。有能者となれば、そこからさらに抜擢される。昇進スピードの差はあるけれど、どんな役割であったとしても勤続と評価を重ねて基準を満たせ

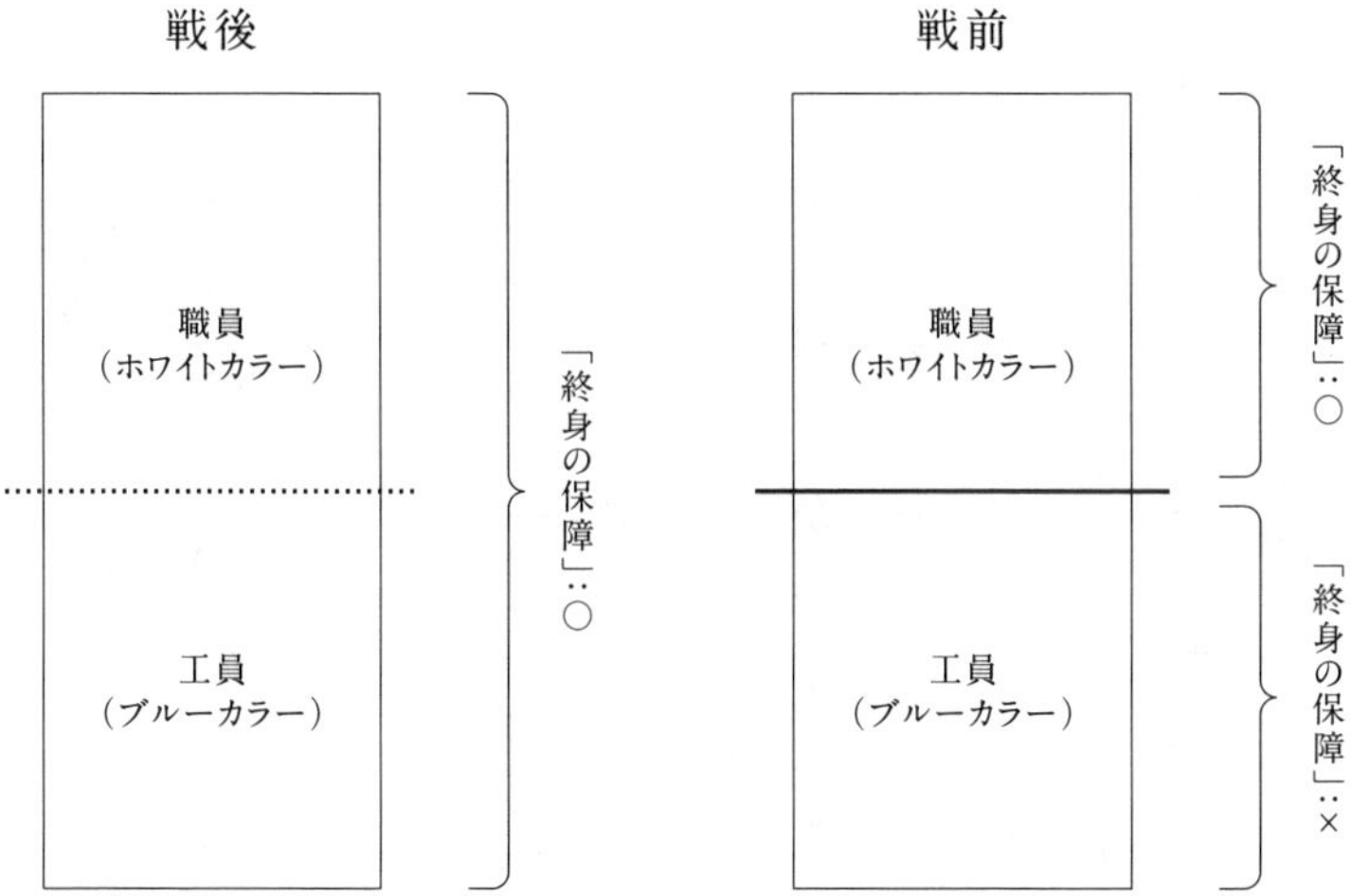

ば、昇進・昇給ができる。[22] これらの合意は、「会社の平等」を示すうえで大きなメッセージとなりました。「職務に関係なく、社員であればだれでも一律平等に、長期的に雇用されて階段をのぼっていくことができる」そんなしくみが誕生したのです。

このしくみは当時、階級の天井を打ち壊したという意味を込めて、「青空の見える労務管理」と呼ばれたそうです。[23]

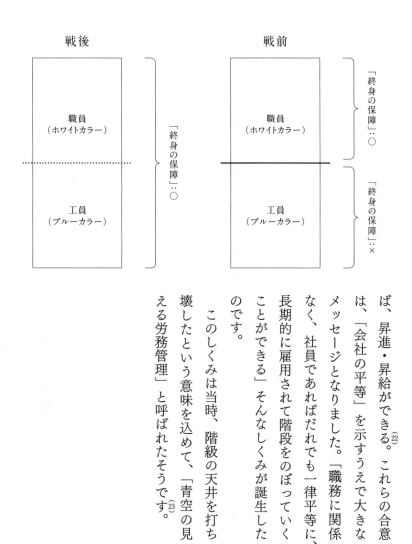

一律平等こそが、社員の幸せを実現する手段そのものだった

「なぜ会社の平等は重んじられるのか」その理由が、ぼくにもやっとわかりました。ぼくはずっと、日本企業のしくみが一律平等であることが悪いことのように考えてきましたが、それは大きな誤解でした。

生活ができない、人権を踏みにじられる……だれにとってもそれが不幸だと感じられる差別がある場合には、まずは、そうした状況にある人たちが平等な世界を目指していく必要があります。一律平等にしていくことこそが「1人の人間として重視されている感覚の薄さ」を打ち壊した時代があったのです。

また日本では、その歴史的経緯から平等であるべき対象、つまり仲間意識（メンバーシップ）を感じる相手が、欧米のように「同じ仕事をしている人」ではなく「同じ会社にいる人」になりました。そのため、日本は「企業のメンバーシップ」

が強く、欧米では「職種のメンバーシップ」が強い傾向にあるとも言われます。(24)（労働組合の組織率は年々下がってきていますが）現在も企業別労働組合が主流で、企業を横断した連帯意識を持ちにくい日本社会では、依然としてその傾向は弱まっていません。

「会社の平等」を重んじることこそが、社員の幸せを実現する手段そのものだった時代があった、ということをぼくは学びました。そして、その思想を体現するような企業別労働組合の存在や、その裏返しとして、企業横断的な基準やルールが発達していないという日本社会の構造によって、その意識が今日まで続いていることも知りました。

第3章

なぜ「会社の成長」は続いたのか？

――1960年代～1980年代（経済成長期）

「ジャパン・アズ・ナンバーワン」

「モチベーションの醸成」「雇用の確保」「人材の育成」という競争力の源泉

先輩たちからもらった質問の2つ目は、「なぜ会社の成長は続いたのか？」でした。その答えを知るには、きっと日本企業が最も成長していた時代について学ぶのが早いのではないかと考えました。つまり、高度経済成長期から安定成長期、1960年代～1980年代です。

ここからはさらに、濱口桂一郎さんの著作『ジョブ型雇用社会とは何か』『若者と労働』や訳書『日本の労働市場改革』、海老原嗣生さんの『お祈りメール来た、日本死ね「日本型新卒一括採用」を考える』などもくわえて読み進めました。

60年代、日本の年間平均GDP成長率は10％になり、アメリカに次いで世界第2位の経済大国として、その後70～80年代も安定して成長を続けていきました。[1] 日本の会社のしくみが完成を迎えたのも、まさにこの時期だと言われています。[2]

「その後の日本企業のしくみを方向づけた」とも言われる、1969年、日経連出版の『能力主義管理―その理論と実践』という本に、日本企業のしくみの優れた点を端的に表現した記述がありました。

「企業に対する忠誠心を植え付けること」「優秀な労働力を定着確保すること」「長期の人員計画および育成計画を行なうこと」「精神的に落ちついて働いて貰うこと」、……（中略）……終身雇用制は企業にとってこのような利点をもっている。

企業に対する忠誠心を植え付けるとは、すなわち、会社のために働く「モチベーション」を醸成するということです。優秀な労働力を定着確保するというのは、必要なときに必要な人材に協力してもらう、すなわち安定して「雇用」を確保するということ。安定した雇用があることは、労働者側からすれば、生活が保障され、精神的に落ちついて働けることにつながります。そして、長期の人員計画および育成計画を行うというのは、言葉どおり人材を「育成」することにほかなりません。

つまり、日本企業のしくみは「モチベーション」「雇用」「育成」という3つの点において大きなメリットを持っており、これこそが日本企業が持つ競争力の源泉を担ってきた、というのです。

となると、さらに知りたくなるのは、日本企業は具体的にどのようなしくみでそうしたメリットを生み出してきたのかということです。

ぼくは、先輩たちの2つ目の質問の意図がなんとなくわかってきました。そして、もっと詳しく、日本企業のしくみについて学んでいくことにしました。

日本VS欧米
どちらのしくみが優れているか論争

日本の会社のしくみの優れた点を学んでいくために避けて通れないのは、その比較となる他国の会社のしくみです。

実は1960年代までは、政府・労働者・企業の三者とも、日本の雇用慣行に否定的なスタンスをとっていました。とくに経営側は、同一労働同一賃金に基づく

「職務給」の導入を主張していましたし、政府も「国民所得倍増計画」をはじめ、あらゆる場面で企業の閉鎖的な雇用慣行や年功序列型の賃金制度を批判し、欧米型の職業能力と職種に基づいた労働市場の確立を唱えていました[3]。

つまり、このころの欧米VS日本論争は、欧米が優勢だったのです。

しかし1970年代以降、そうした批判をはねのけて日本の会社のしくみは、国内はもちろん、世界的にも称賛されるようになっていきました。それを象徴するのが、1979年に出版されたエズラ・ヴォーゲル氏の『ジャパン・アズ・ナンバーワン—アメリカへの教訓』という本です。日本国内でも70万部を超えるなど世界的な大ヒットを記録しました。日本の会社のしくみが生み出す競争力が認識されるようになり、徐々に評価が逆転していったのです。

もちろん、厳密に言えば「欧米」とひとくくりにしても、ヨーロッパとアメリカで、あるいは国ごとによっても雇用慣行は違ってきますし、そもそも国に関係なく企業ごとにも異なるしくみを持っています。しかし、その認識をもってしてもなお、日本企業には世界的に見て珍しい特徴がありました。

そのため、ぼくは「日本の会社のしくみ」と「欧米の会社のしくみ」を比較しながら、日本の会社の特徴とその強みを確認していくことにしました。

会社の一員として契約する「無限定雇用（終身雇用）」

日本と欧米における会社のしくみの本質的な違いは、「契約」の仕方にあると言われています。

欧米：職務（ポスト）を特定して契約する「限定雇用」
日本：会社の一員として契約する「無限定雇用」

欧米をはじめとする日本以外の国では、雇用契約を結ぶ際、企業内にある労働を種類ごとに「職務」として切り出します。その後、各職務に対応する労働者を採用し、採用された人はその特定の職務だけに従事します。(4)

つまり、具体的な仕事が先にあり、その仕事に対して「人」をくっつけていくのです。また、ここでいう職務とは、任意に分解できる細かい「タスク」ではなく、リーダーやアシスタントマネジャー、アソシエイトといった、物理的に会社のなかで定数が決まっている「ポスト」のことを指します。多くの欧米企業では、まず組織の末端まで必要数に応じて職務（ポスト）の定数を決め、そこに人を当てはめていきます。(5)

一方、日本企業の多くは、労働を職務ごとに切り出して契約をしているわけではありません。労働者は会社のなかにある「すべての仕事」に従事する義務があり、使用者はそれを要求する権利を持っています。

つまり、特定の仕事だけで契約を結ぶのではなく、あくまで「会社の一員」として契約を結び、その人がどんな仕事をするかは会社の一存によって決められる、ということです。(6)一般的に、日本のように命令されればどんな仕事にも従事しなければならない「無限定」な契約を「メンバーシップ型雇用」、欧米のように、職務を「限定」した雇用を「ジョブ型雇用」と呼びます。

そして、この「無限定」な雇用契約のあり方にこそ、日本企業の特徴として挙げられる「終身雇用」の所以があったのです。欧米企業のように職務を特定して雇用契約を結ぶのであれば、会社のなかにその職務がなくなれば、その雇用契約を解除する（解雇する）ことに正当性が生まれます。職務を限定して契約している以上、その職務以外の労働をさせることはできないからです。

しかし日本企業では、雇用契約で職務を特定していないため、ある職務がなくなったとしても別の職務に人員が足りていなければ、その職務に異動させて雇用契約を維持することができます。別の職務への異動の可能性があるかぎり、職務がなくなったことが解雇の正当な理由になりにくいため、必然的に長期雇用になりやすいと言えます。(7)

ここで注意すべきは、日本の会社のしくみの特徴としてよく挙げられる「終身雇用」は本質的な部分ではない、ということです。あくまで本質は「無限定雇用」か「限定雇用」かという部分にあるのであって、「終身雇用（解雇しにくい・されにくい）」は、表面的な部分でしかありません。

そもそも「終身雇用」と呼ばれる長期雇用慣行は、日本企業にだけ見られる現象ではありません。アメリカは短期で転々とする傾向にありますが、ヨーロッパはそこまで流動的ではなく、ある程度の長期雇用が一般的だと言います。(8)

もっと言えば、日本企業について言われる「解雇のしづらさ」も、あくまで時間と費用のかかる裁判所にまで持ち込まれたものを対象にしており、実際には中小零

細企業を中心に、たくさんの解雇は行われています。(9)

「日本は他国に比べて解雇規制が厳しい」と言われることもありますが、日本以外のすべてのヨーロッパ・アジア諸国においても正当な理由のない解雇は規制されています。どんな理由でも解雇が自由とされているのは唯一アメリカだけで、(10)そのアメリカでもＰＩＰ（Performance Improvement Program）という最後のチャンスを与え、それがクリアできない場合に解雇するという手順を踏む企業が多くなっています。(11)

あくまで日本における解雇のむずかしさは、「職務がなくなった」という理由の場合に限られており、逆に、会社の一員として契約を結んでいるため、企業への忠誠心に疑問を抱かせる行為をした人に対する懲戒解雇には他国に比べてずっと寛容、という特徴があります。残業命令を拒否し、始末書の提出を拒んだ労働者の懲戒解雇を有効と認めた判例や遠距離配転を拒否したことを理由とする懲戒解雇も有効と認めた判例もありました。(12)つまり、契約が「無限定」か「限定」かによって、どんな解雇を正当とみなすかが違ってくるというわけです。

このことからも、改めて「終身雇用」は、あくまで（特に大企業などを中心として見られる）表層的な部分であり、むしろ日本の会社のしくみは、雇用契約の条件が「無限定」である、というところが本質であることがわかります。

日本の会社を象徴するしくみ

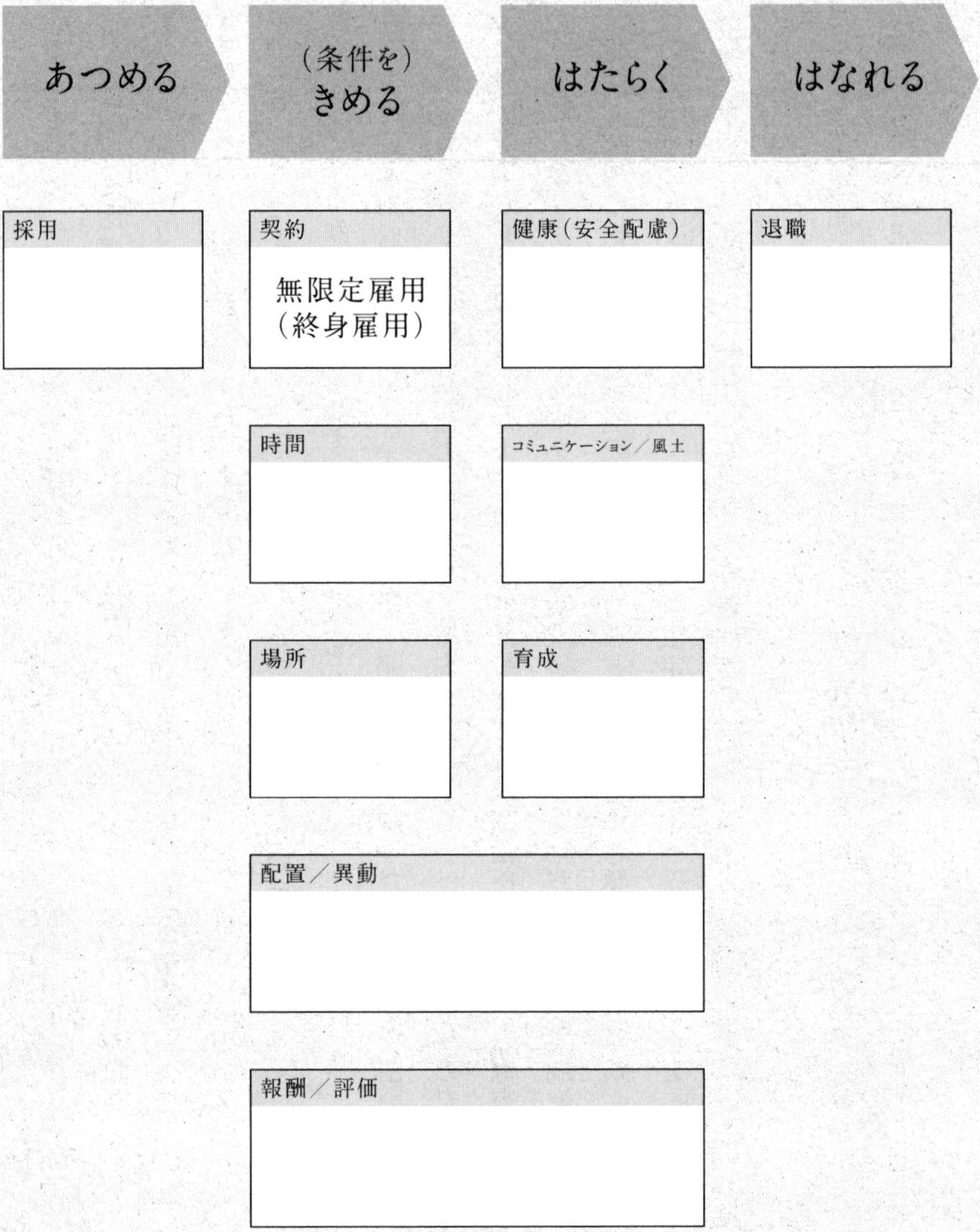

会社のなかで人に値段をつける「職能給」

では、この無限定な契約を中心とした日本の会社のしくみは、「モチベーションの醸成」「雇用の確保」「人材の育成」という点において、どのようなメリットを生み出してきたのでしょうか。まずは、1つ目の「モチベーション」という視点から見ていくことにしました。

戦前から戦後にかけて「会社の平等」という価値観が生まれてくる過程でも見てきたとおり、日本企業におけるモチベーションの源泉は、だれもが長期に渡って雇用され、かつ一生懸命がんばっていればそれなりに昇格することができ、給与も仕事に関係なく上がっていく「終身の保障」にあります。

そして、ここで大きな役目を果たしているのが「職能給」という「報酬／評価」のしくみです。

欧米：仕事に値段がついている「職務給」
日本：人に値段がついている「職能給」

まずは、このしくみに対応する欧米企業の「職務給」から見ていきます。

欧米企業は「職務」がすべての中心にあるので、どんな仕事をしているかに基づいて賃金が決まります。そのため、同じ職務に従事しているかぎり賃金が自動的に上昇することは、基本的にはありません。[13] ヨーロッパでは労働組合との協約があり、若いときはある程度年齢に応じて賃金が上がっていくと言いますが、その期間は入社10年目くらいまでで、それ以降はやはり一律昇給ではありません。平均賃金を押し上げているのは、どんどん給与が上がる一部のエリートだけで、多くの人は昇給がなくなります。[14]

また、ごく一部のエリート層が成果評価である点をのぞけば、人事考課はないのが当たり前だと言います。そもそも特定の職務が遂行できる知識や経験・資格を持っているかを判断したうえで採用され、その職務についた値札で賃金が決まるため、余程のことがないかぎり1人ひとりを査定することはありません。[15]

あくまで値札がついているのは、「人」ではなく「職務（ポスト）」なのです。

一方、日本企業は雇用契約で職務を定めていない以上、職務に基づいて賃金を決めることは困難です。また、無理に職務で賃金を決めてしまうと職務ごとに処遇の差が生まれ、異動するたびに賃金が変わってしまうため、異動のしやすさも失ってしまいます。そのため、値札は「職務」ではなく「人」につくようになりました。するど、どうやってその人を評価していくかが問題になるのですが、ここで出てくるのが職務遂行能力、すなわち「職能」です。ここでいう「職能」とは、実際に従事する具体的な職務とは切り離された「いかなる職務でも遂行できる潜在能力」のことを指します。

一般的には、この職能を序列化した職能等級・職能資格に基づいて全社員が査定を受け[16]、「業績（成果）」「情意（やる気）」「能力」といった要素で評価されると言われますが[17]、結果的にこの評価は年功色が強くなりがちです。

まず日本企業の場合、欧米企業と違って組織の末端まで全社員が査定の対象になるため、業績（成果）評価がかんたんにはできません。また、そもそもなんの経験もない素人を上司や先輩が鍛えながら仕事を進めていくため、個人レベルの業績評価にあまり意味がありません[18]。そのため、「情意（やる気）」と「能力」が重要になってくるわけですが、これらは主観的な評価になることが多いと言われています。

情意評価とは、意欲や態度（どれだけ会社に忠誠を尽くしてがんばっているか）を評価するものですが、そのものさしは働いた時間の長さになりがちです。夜中まで一生懸命やっているんだから、やる気はあるんだろう、というわけです。

能力評価についても、組織の末端まで全員の能力を評価していくのはむずかしいため、結局、数少ない客観的指標である勤続年数が長ければ長いほど能力が高いという評価になりがちです。

結果、日本企業には一定期間ごとに、職務に関係なく賃金が上昇していく「定期昇給」というしくみが生まれました。また、昇格の運用についても、特に下位の職能資格においては一定期間在籍することが昇格の条件となっている場合が多く、年功序列的な要素が強まっていくことになります。(19)

こうして、「長く会社に尽くして一生懸命がんばってさえいれば、やっている仕事に関係なく、だれでもそれなりに昇格して給与も上がっていく」というしくみが生まれました。これが、値札が「職務」ではなく「人」についているということです。

欧米企業の場合、難易度の高い仕事を任され、その分もらえる賃金も高い（給料もぐんぐん上がっていく）ごく少数のエリートは、入社後に選ばれるのではなく、入社時点で「そういう身分」として入社してきます（フランスではカードル、ドイツではライテンデ・アンゲシュテルテなどと呼ばれます）[20]。

そうでない人も、社内外の上位ポストに空席が生まれ、そこに応募して合格することができれば賃金は上昇しますが、そもそもどの企業も職務を限定して採用しているので、希望のポジションがどんどん空いていくこと自体が稀です。そのため、ごく一部のエリート層をのぞき、多くの人は一生涯、同じ仕事を同じ賃金でやり続けることになります[21]。つまり、「どんどん昇格・昇給していく」というモチベーションを得られるのは、ごく一部のエリート層だけであり、残り大半の人たちは同様のモチベーションを得ることがむずかしい、ということになります。

日本企業のモチベーションは、「だれもが階段をのぼれる」ことにあった

日本の会社のしくみは、正社員全員が将来の幹部候補（エリート）として階段をのぼることができる（のぼらなければならない）ようになっています。そう考えると、職務が限定され、職務に応じて給料が決まる（＝大多数の人は出世や昇給の階段の先が日本社会より見えている）欧米社会と比べて、正社員として入社し、会社に尽くしてさえいれば職務に関係なく、だれもがそれなりに昇格して給与も上がっていく、という日本の会社のしくみは、ある意味、夢のようなしくみと言えるのかもしれません。

たしかにトヨタにいた3年間、ぼくは何度か配置が変わりましたが、それによって給与が変わることはありませんでした。

もし、これが「職務給」の会社であれば、給与計算の仕事から労政（社内コミュ

ニケーション）の仕事へと異動になった時点で、給与が変わっていたはずです。また、ぼくや年齢がかなり上の先輩たちまで、年次が上がるにしたがって、特に職務（ポスト）が大きく変わっているわけでもないのに昇給していました。ぼくはこれを当たり前のことと思っていましたが、日本以外の社会ではそうではないのですね。

職務を限定しないことによって、長期的な雇用を保障する。そして会社に忠誠を尽くしていさえすれば、（査定による差はあるものの）だれもが仕事内容に関係なく昇給・昇格することで、社内の階段をのぼっていける。

つまり、「無限の忠誠」と引き換えに「終身の保障」を手にすることができる。ぼくが当たり前だと思っていた「契約」と「報酬／評価」のしくみは、日本企業が持つ、モチベーションを醸成するしくみそのものでした。

モチベーションを醸成するしくみ

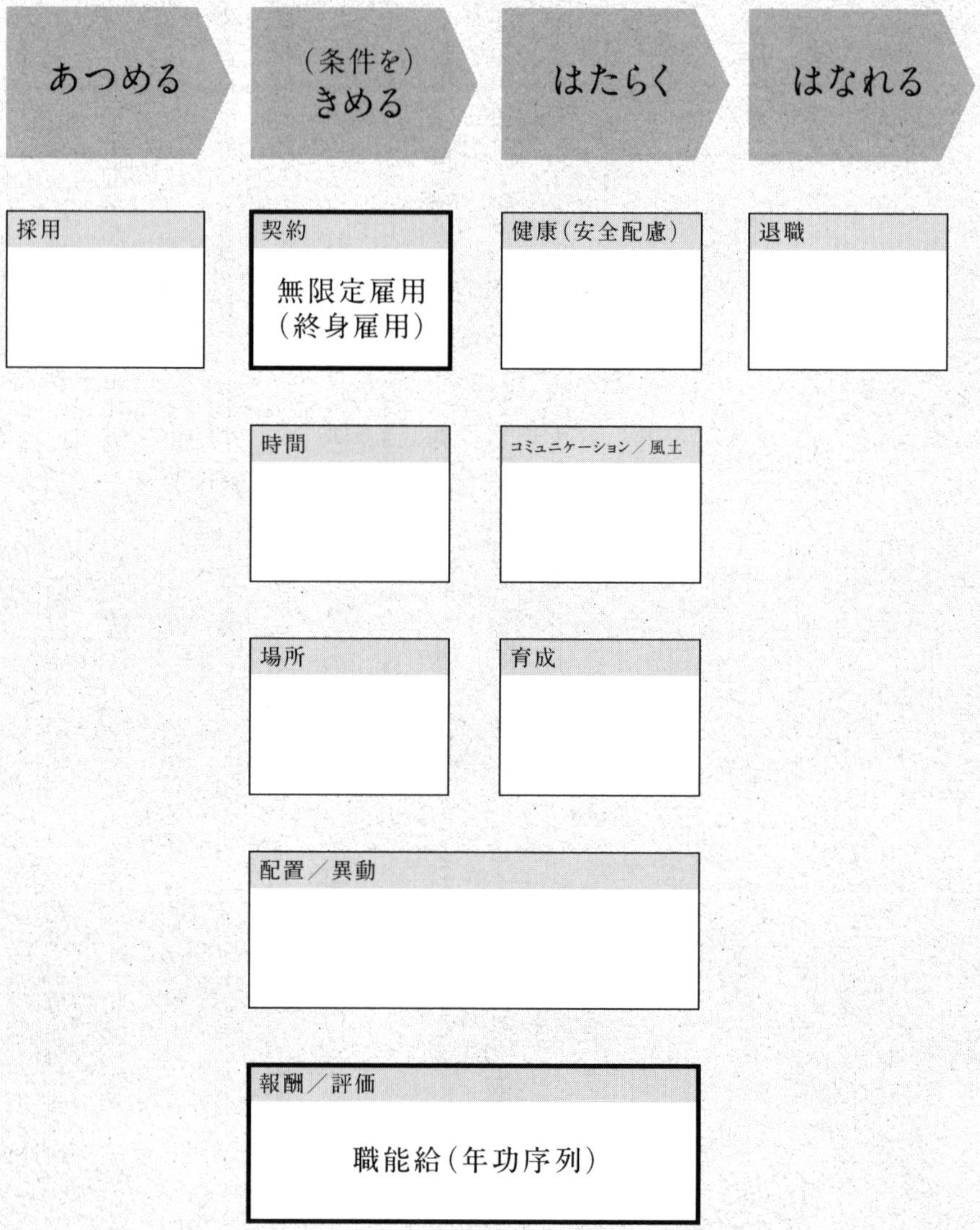

会社のなかで人を動かす「新卒一括採用」「定期人事異動」「定年退職」

次に見ていきたいのは、優秀な労働力を定着・確保する、つまり「雇用の確保」を生み出すしくみです。多くの日本企業は、契約が無限定という性質を活かし、「採用」「配置／異動」「退職」において、それぞれ「新卒一括採用」「定期人事異動」「定年退職」というしくみを組み合わせることで、柔軟かつ長期的に雇用を確保してきました。では、それらに対応する欧米企業のしくみはどうなっているのでしょうか。

欧米：「欠員募集」「社内公募」「途中退職」
日本：「新卒一括採用」「定期人事異動」「定年退職」

欧米企業の「採用」は、職務（ポスト）に空きが出るたびに都度その職務を遂行できるスキル・経験・資格を持った人材を「欠員募集」する形が一般的です[22]。また「配置／異動」においては、そもそも特定の職務に限定して採用されているので、会社都合で異動させられることは原則あり得ません。もし社内で職務の変更があるとすれば、採用時と同じく、あるポストに欠員が出た際にそこに応募する「社内公募」という形が基本になります。「退職」については、自ら社外の別の職務を見つけて転職（途中退職）していくか、社内にその人が従事していた職務がなくなった場合に（一定の手続きを経たうえで）解雇するのが自然な流れになります。

一方の日本企業の「採用」は、「新卒一括採用」が主流です。新卒一括採用は「就業未経験の新卒学生を、定期的かつ大量に一括採用する」というものですが、これは世界的にも類を見ないしくみです。日本では契約時に職務が限定されないため、特定のスキル・経験・資格を持つ人よりも、これからどんな職務でも覚えられる若くて活きの良いまっさらな学生を採用したい、となるのです。そして、この新卒一括採用は「定期人事異動」と組み合わさることで、さらに大きな力を発揮します。

日本企業の場合、職務を限定していないため、ある部署に人手が足りなくなった場合、社内の人を一斉に強制異動させる（定期人事異動）ことで、その空きを埋めることができます。そして、異動させた人がいた部署の人手が足りなくなれば、また別の人をそこに異動（あるいは昇進）させる、ということを繰り返していきます。

この玉突きを繰り返した結果、組織の末端に大量にできる「空き」を年に1回の新卒一括採用で埋めることになります。[23]

反対に、欧米企業では特定のスキルを持った人を採用する必要があるため、なんの就業経験もない学生を一括で大量に採用するのはむずかしいと言います。例外的に就業未経験の新卒採用は存在しますが、それも超エリート層の「トレーニー採用」か、不人気企業・不人気職務の「エントリーレベル採用」にかぎられるそうです。[24]

また人が辞めてしまっても、勝手に職務を変更して異動させることもできないため、都度、求める職務にふさわしい即戦力の人材を採用（公募）しなければなりません。その対象者はたいてい同じ業界で同じ仕事に就いている人です。当然、該当者は少なくなり、人材を引き抜くには相当な手間とコストがかかります。[25]

毎年、組織の末端に大量に新人を一括採用しさえすれば、あとは強制的な人事権を使って異動させていくことで、圧倒的にコストを抑えて雇用（労働力）を確保することができる。日本企業が持つ、この魔法のようなしくみこそが、柔軟に雇用（労働力）を確保・維持する手段として大きなメリットになっていたのですね。

しかし、こんな魔法のしくみにも1つだけ弱点がありました。会社への「入り口」はいいとしても「出口」が問題になってくるのです。

職務に関係なく年齢とともに給与が上がっていくということは、同じ人材を長期に渡って雇用し続けると、いずれ人件費が実際の貢献に見合わないものになります[26]。よって、どこかのタイミングで人を強制的に解雇しなければ（出口を用意しなければ）、経営が立ち行かなくなります。しかし、職務を限定して雇用していない以上、職務がなくなった、いまの職務を果たせなくなった、という理由で辞めさせることもできません。そこで日本企業には、一定の年齢で一斉に働く人に退職してもらう、もしくは処遇を大幅に引き下げる「定年制」が必要になるわけです[27]。

圧倒的な主従関係によって、雇用の確保・維持コストを低くする

思い返してみれば、ぼくがトヨタで想像もしなかった部署に異動になったときは、

1人の人間として重視されていないように感じて、悲しく思うこともありました。

しかし、このようなことが起こるのも、会社からすれば、労働力を柔軟に確保できるという大きなメリットがあり、またそれによって、労働者側も雇用が守られている（終身の保障がなされている）という側面があったからなのですね。

日本企業の「雇用」は、「新卒一括採用」で組織の末端に大量の人員を確保し、「定期人事異動」で組織の穴を玉突きで埋め、「定年制」で一定の年齢になったら強制退職してもらう、というしくみで確保・維持されていました。

こうしてみると、「雇用」に関しても、まっさらな状態で採用された新人が、会社との強力な主従関係のもと人事権のすべてを委ねるという「無限の忠誠」、そしてその代わりに、会社側は定年まで雇用を維持するという「終身の保障」がセットになっていることがわかりました。

雇用を確保するしくみ

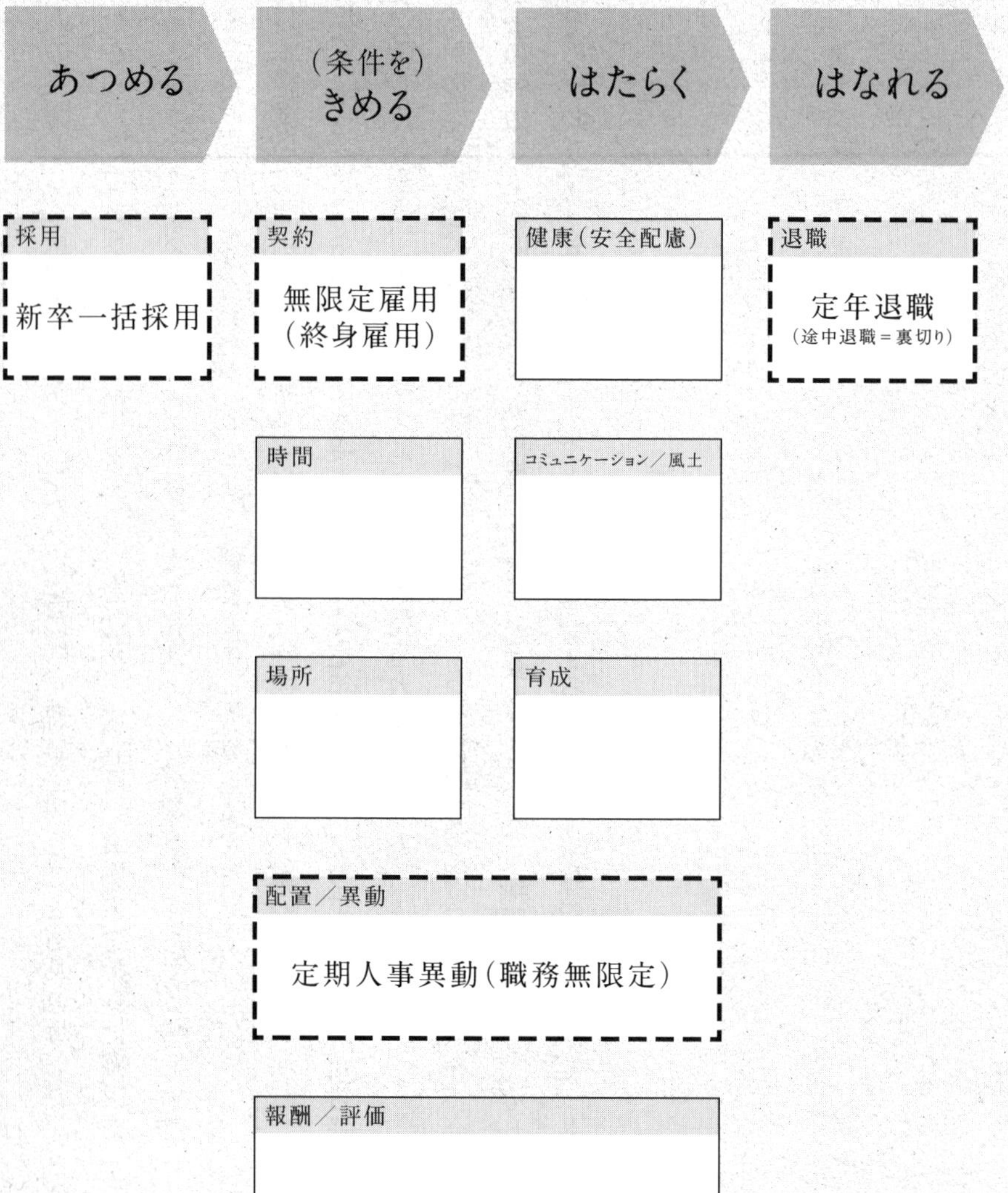
あつめる
（条件を）きめる
はたらく
はなれる
採用
新卒一括採用
契約
無限定雇用
（終身雇用）
健康（安全配慮）
退職
定年退職
（途中退職＝裏切り）
時間
コミュニケーション／風土
場所
育成
配置／異動
定期人事異動（職務無限定）
報酬／評価

会社のなかで人を育てる「企業内教育訓練」

最後は、長期の人員計画および育成計画を行う、つまり人材の「育成」です。日本以外の国では、そもそも会社に入る前に教育訓練を受けるのが一般的です。欧米企業の場合は特定のスキルを持った人を採用するため、労働者は採用前に希望する職務について教育訓練を受けていることが前提となるのです[28]。そのため、会社に入ったあとで育成するという考え方はそもそも存在しません（e-learningや一部の幹部候補社員に実施される選抜教育などは存在します[29]）。

欧米：企業外の「私的・公的教育訓練」

日本：「職場ＯＪＴ」「階層別研修（Off-JT）」（企業内教育訓練）

職業に関する教育訓練について、欧米社会では、学校を含む公的・私的教育訓練機関が重要になると言います。[30] 具体的には、教育機関の授業内での企業実習や、学生個人による企業実習（インターンシップ）、公的機関による企業実習（見習い訓練）などが挙げられます。アメリカの場合は前二者が主であり、欧州の場合はすべてがそろっている国が多いと言われます。[31] どれも座学というよりは、実際に企業に入り込んでの見習い労働という形です。[32]

「企業実習」と一口に言っても社会人相応に腕を磨くことが目的のため、日本で行われているような1ヶ月程度のインターンシップ（就業体験）とは性質が異なります。たとえばフランスでは、1回あたりの実習期間は3〜4ヶ月以上が通常で、これを複数回受けると言います。こうしたインターンシップでも習熟が積めなかった学生は、公的機関による見習い訓練を受けることになるそうです。[33]

企業内に職務がなくなった場合も、労働者はその職務スキルを必要とするほかの企業に雇われるか、企業外の公的私的な教育訓練を受けて新たな技能を身につけたうえで、その技能を活用できる企業に雇い入れられることになります。[34]

一方、日本社会は「企業内教育訓練」という形で、会社のなかで人を育ててきました。というのも、そもそも契約で職務を限定していないため、労働者に対して特定の職務に関する教育訓練を受けていることを要求するのは困難だからです。そのため、企業内で教育訓練を行う責務が発生し、主に「職場OJT」、補完的に「階層別研修（Off-JT）」といった企業内教育訓練が確立されていきました。

職場OJTは日本企業に不可欠なしくみで、実際に働きながら上司に鍛えてもらい仕事を覚えていく、というものです。定期人事異動や職場ローテーションによって、さまざまな仕事を少しずつ任せてもらい、その腕を磨いていくことになります。[35]

長期雇用が前提だからこそ、教育にコストを惜しまない

これはある意味、「職務を限定していないからこそできる育成方法」とも言えます。というのも、欧米企業ではそもそも特定の職務を遂行できるスキルを持った人を採用しているため、かんたんな仕事だけをあつめて新人に渡すということがしに

くいからです。また、ほかの人の職務（ポスト）を勝手に変えることもできないため、いろんな職務を異動でまわりながら習熟していくこともむずかしくなります。(36)

また、入社後に人を育てていくには相応のコストがかかりますが、日本企業の場合は長期雇用を前提にしているため、そのコストは企業生活の後半で取り返してくれる、という考え方が可能です。

たしかに、ぼくがトヨタにいたころ、1年間にも及ぶ手厚い研修（Off-JT）もさることながら、実際に職場で働きながら上司・先輩の背中を見て、ときには厳しく指導されながら、少しずつ仕事を覚えていきました。

税務や社会保険・年金制度の背景知識や報連相のタイミング、段取りの仕方、資料のつくり方、あるいは上手な社内コミュニケーションのとり方まで。3年目でまったく新しい部署に異動し、それまでの税務や社会保険の知識が必要なくなったときも、（もちろん汎用的に使えるスキルはあったものの）イチからまた専門知識について教えてもらえる環境がありました。

そもそもこんなふうに、会社に入ったあとで上司・先輩から育ててもらえる、職務が変わってもまたイチから育ててもらえるということ自体が、実は世界的に見ると、とても珍しいことだったのですね。

日本企業の「育成」は、会社に入ってから職場ＯＪＴで働きながら人を育て、階層別研修（Off-JT）で足りない部分を補完することで機能していました。

なんの職務経験も資格も持たない素人を採用し、定期人事異動や職場ローテーションを繰り返しながら、かんたんな仕事から少しずつむずかしい仕事を与えていくことによって、長期間に渡って会社側が人を育成し続ける。とにかく会社の上司・先輩の命令に従うことで仕事を覚え、たとえ仕事がなくなったとしても、イチからまた会社に教育してもらうことができる。

どうやら日本企業における「育成」のしくみも、「無限の忠誠」と「終身の保障」が前提になっているようでした。

人材を育成するしくみ

あつめる	（条件を）きめる	はたらく	はなれる
採用	契約 無限定雇用 （終身雇用）	健康（安全配慮）	退職
	時間	コミュニケーション／風土	
	場所	育成 職場OJT 階層別研修 （企業内教育訓練）	
	配置／異動		
	報酬／評価		

閉塞感の原因に見えていたしくみは、会社の理想と社員の幸せを叶える手段だった

先輩たちからもらった質問の2つ目は、「なぜ会社の成長は続いたのか?」でした。これまで学んだ日本の会社のしくみを整理するとこうなります。

日本企業は「無限定雇用」という契約を前提に、「職能給」というだれもが階段をのぼっていける報酬/評価のしくみで強烈なモチベーションを醸成し、「新卒一括採用」「定期人事異動」「定年退職」の組み合わせで効率的に雇用を確保・維持し、手厚い職場OJTや階層別研修(Off-JT)で、世界でも稀な企業内での人材育成を可能にしました。つまり、日本の会社の成長が続いた理由はこうなります。

「終身の保障」と引き換えに「無限の忠誠」を生み出すしくみを「一律平等」に労働者に適用することによって、企業の継続的な成長に不可欠な「モチベーションの醸成」「雇用の確保」「人材の育成」という大きな競争力を生み出していたからだ、と。

そして、社員の立場から見ても、無限の忠誠と引き換えに一律で得られる終身の保障は幸せにつながるものでもありました。そう考えてみると、ぼくが「閉塞感の原因だ」と言っていた日本の会社のあらゆるしくみは、「社員の幸せ」と「会社の理想実現」を両立する手段そのものだったのです。

「無限の忠誠」と「終身の保障」が会社の成長を後押ししてきた

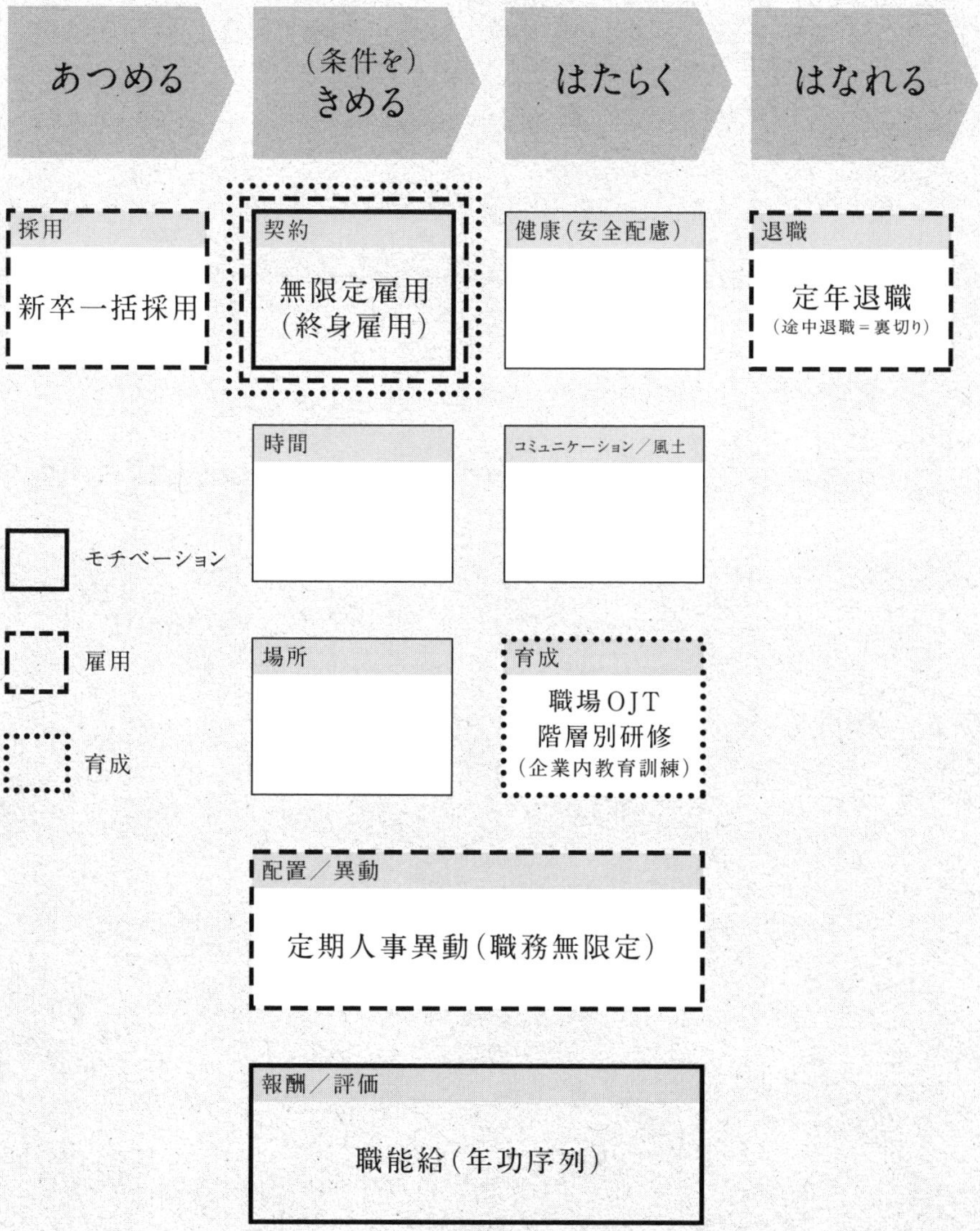

第4章

なぜ「会社の変革」はむずかしいのか？

――1990年代～現在

「3つの社会問題」と、日本社会の「会社依存」

変革を望んだのは、ぼくたちの世代が初めてではなかった

歴史を学んだぼくは、自分の大きな勘違いに気づいていました。

トヨタに入社した当時の人事部長は、ぼくに、「人事の仕事とは『社員の幸せ』と『会社の理想実現』を両立する仕事だ」と教えてくれていたはずでした。それなのにぼくは、ぼくという、いち個人が閉塞感とやらを感じているだけで「会社の変革をした方がいい」と騒いでいたのです。

それが本当に「会社の理想実現」につながるのかという視点も持たず、「社員1人ひとりの個性を重視してくれるサイボウズがいい会社だ」と思い込んでいました。日本の会社のしくみはすでに、「会社の理想実現」と「社員の幸せ」を両立させる、すばらしいものとして完成されていたのに。

結局、1人のわがままな若手が騒いでいる、というだけの話だったのかもしれま

せん。そんな暗澹たる気持ちのなか、無情にも、先輩たちからの最後の問いがぼくの目の前に立ちはだかっていました。

「なぜ会社の変革はむずかしいのか」

この質問は、ぼくにとって閉塞感を生み出しているもう1つの要素である「1人ではなにも変えられないという無力感」に直接つながる問いでもありました。

しかし、ここまで歴史を学んだことで、ある不安が頭をよぎりました。そもそも「会社の変革」なんてだれも望んでいないのではないか。それによって、会社側になにかメリットはあるのか。本当に社員は幸せになれるのか。「ジャパン・アズ・ナンバーワン」とまで称された日本企業に、変わる必要性などないのではないか。

そんな考えに捉われながらも、ぼくは歴史を学び続けました。そして、この問いの答えを1990年代以降の会社の歴史に見つけました。

最初に驚いたのは、そもそもいまの日本の会社のしくみをなんとかして変えなければならないと思っていたのは、決してぼくたちの世代が初めてではなかった、ということでした。

「ジャパン・アズ・ナンバーワン」が生み出した3つの社会問題

1990年代といえば、ちょうどぼくが生まれた時代であると同時に、現在、人事部長であるあなたが社会人になったころとも重なります。

結論から言えば、日本企業は「無限の忠誠」と「終身の保障」を前提としたしくみが生み出してしまった3つの問題を解決するために、30年前から、すでに変革することを求められていたのですね。

すべての始まりは、30年前に「会社の成長」が止まってしまったことにありました。日本社会は1990年代になると、経済停滞期に入ります。(1) ここで多くの日本企業は大きな問題にぶち当たりました。それは、日本企業の競争力の片翼である「終身の保障」を維持するのがむずかしくなってきた、ということでした。

「経営の圧迫」「企業封鎖性」「ワークライフバランスの欠如」

ここまで見てきたとおり、多くの日本企業が持つ「報酬／評価」のしくみでは、職務に関係なく年功によって定期的に昇給していきます。このとき、毎年人件費が増大しても昇給額を上回るスピードで事業が成長していれば、人件費のことなど気にせずにすみますし、事業が拡大していれば社内に新しい仕事が生まれていくため、人が停滞するということも起きません。つまりこのしくみは、経済が成長して会社がどんどん売上を伸ばし、組織としての規模も成長している間はうまく機能するのです。(2)

しかし、「会社の成長」が止まってしまえば話は別です。年月を重ね、人件費が実際の貢献度に見合わないほど過度に上昇してくると、会社の経営は圧迫されて「終身の保障」を前提としていたしくみはすべて揺らぎはじめます。

経営の圧迫(≒終身の保障の崩壊)

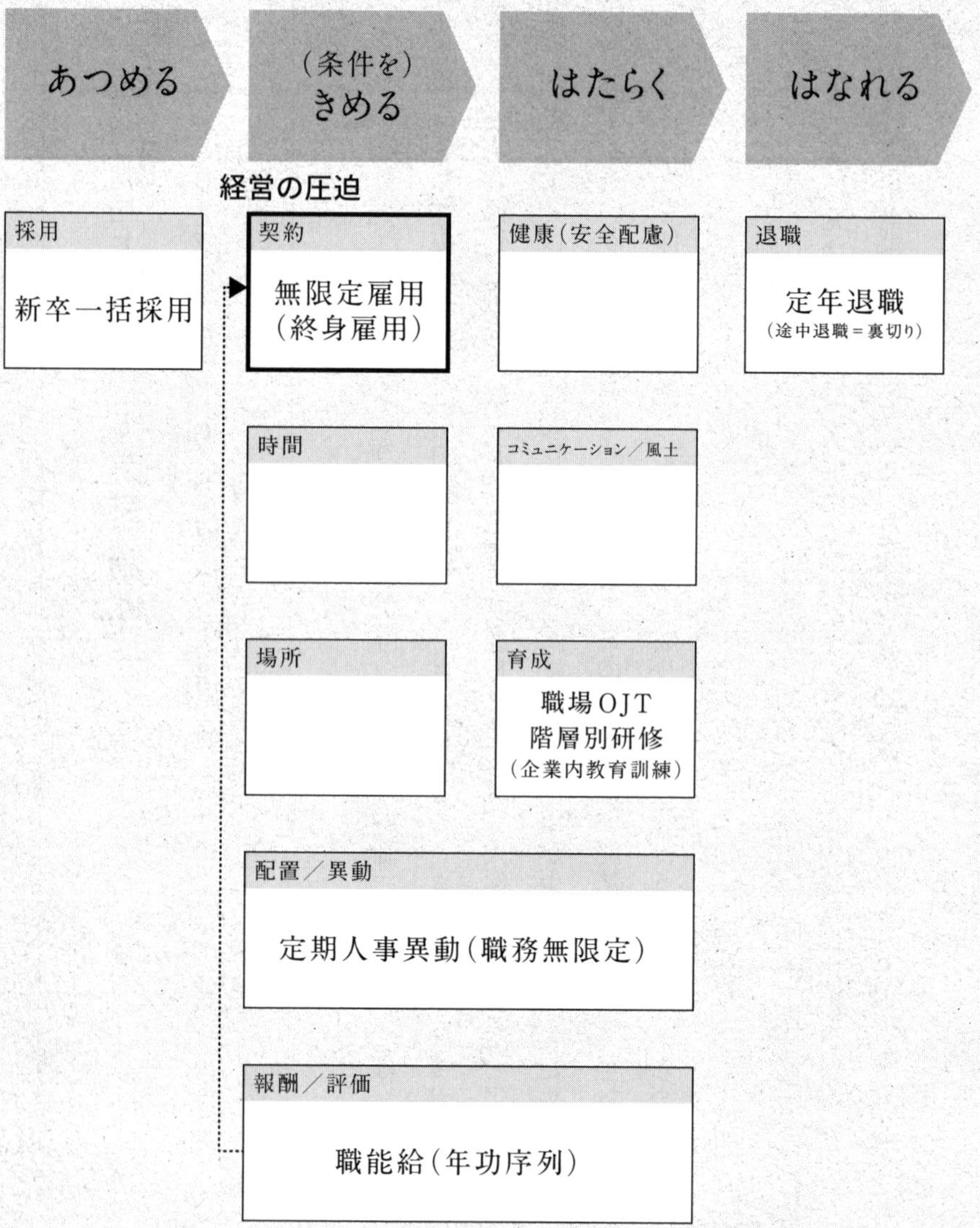

あつめる
(条件を)きめる
はたらく
はなれる
経営の圧迫
採用
新卒一括採用
契約
無限定雇用(終身雇用)
健康(安全配慮)
退職
定年退職
(途中退職=裏切り)
時間
コミュニケーション/風土
場所
育成
職場OJT
階層別研修
(企業内教育訓練)
配置/異動
定期人事異動(職務無限定)
報酬/評価
職能給(年功序列)

そして、このままでは経営が立ち行かなくなってしまうことに気づいた日本企業はある対策を打ちます。

それは「社員の少数精鋭化」でした。かんたんに言えば、会社のメンバーシップの内側にいる正社員を量的に収縮しつつ、質的にも高度化を求めることで、人件費負担の増加や人の停滞といった経営を圧迫する問題を解決しようとしたのです。[3]

1990年代以降、日本企業は正社員の新規学卒者の採用枠を急激に収縮し、有期雇用労働者や派遣労働者といった「非正規」雇用の割合を増やしていきました。[4]いわゆる「就職氷河期」と呼ばれる時代です。[5]

また、同時期に「成果主義」を導入する企業も出はじめました。会社の内側にいる人の評価を厳格化し、人件費の引き締めをはかったとも言われています。

具体的には、それまでの職能給のしくみが長期的な観点で能力の蓄積を重視し、昇格の早い遅いはあっても基本的に降級降格がなかったのに対し、成果主義では短期的な観点から労働者の市場価値を重視し、査定結果は累積させず、年度ごとの評価で降級降格させるようになりました。

しかし、成果給は欧米企業の一部エリート層に見られるように、あくまでベースとなる職務（ポスト）があり、その職務に期待される成果がどの程度達成されたかを査定するものです。にもかかわらず、日本企業の成果主義は、これまでどおり値札が「職務」ではなく「人」についている、という根本的な部分は変わらず、成果を測るものさしとなるべき職務が明確でない状態での評価だったため、労働者の納得感が失われたと言われています。(6)

こうした日本企業が選んだ「(正)社員の少数精鋭化」という苦肉の策は、会社の外側と内側のそれぞれに、さらなる問題を顕在化させていくことになりました。

1つは「企業封鎖性」。特定の人たちを会社から弾き、また、一度会社に入れなかった、あるいは一度会社から出てしまった人間は二度とそこに入ることができず、会社の外に非正規という低待遇の労働者層を大量に生み出してしまうこと。そしてもう1つは、会社の内側にいる正社員たちの「ワークライフバランスの欠如」でした。

「フルコミット」「ヒエラルキー」「クローズ」会社から排除され続けてきた人たち

まずは、1つ目の「企業封鎖性」から見ていきます。

日本企業が非正規雇用の割合を増やしたことは、社会問題として大きくマスコミにも取り上げられました。しかし実は、1990年代以前にも非正規雇用の人たちは一定数存在していました。では、なぜそうした人たちの存在が社会問題として取り上げられてこなかったのでしょうか。

非正規で働く人たちの内訳を見てみると、その理由が見えてきました。

厚生労働省「労働力調査2015年」を基にした海老原さんの分析によれば、非正規雇用でいちばん多いのは「主婦」の44・5%、次に多いのが「シニア層（60歳以上・男性／未婚女性）」で19・2%、続いて「学生」が8・6%。主婦・シニア・学生、この三者だけで全体の72・3%にまで及びます。(7)

それまでの日本社会では、こうした人たちは「縁辺労働者」として扱われてきました。一家の大黒柱である壮年男性の周辺にいて、家計補助的に働く人たちのことです。つまり「一家の大黒柱であるお父さんが稼いでいるのなら、それ以外の人たちが低待遇にあったとしても問題ない」という社会的なコンセンサスが成立していた、という見方もできます(8)。

しかし、1990年代以降に正社員の採用が絞られたことで、本来であれば将来家計を担っていくはずの若年成人男性が正社員になれず、非正規になるケースが出てくるようになりました。そこで初めて非正規問題にスポットライトが当たり、日本企業の企業封鎖性が大きな問題として取り上げられるようになりました。

具体的には、日本の会社のしくみは「フルコミット」「ヒエラルキー」「クローズ」という風土を生み出し、「性別」「年齢」という2つの点において、これまで多くの人を排除し続けてきたのです。

日本の会社で、仕事と家庭を両立できないのはなぜか？

日本企業には、長らくの間、女性を長期的なメンバーシップから排除し続けてきた歴史があります。その背景には「男性は仕事、女性は家事育児」といった性的役割分担の意識もありますが[9]、より根本的な原因がありました。

それは、無限の忠誠を前提とした会社のしくみと、それが生み出す職場での「コミュニケーション」つまり「風土」です。具体的には、つねにすべてを会社に捧げることを求められる「フルコミット」、そして、会社からの一方的な命令に逆らえない「ヒエラルキー」な風土です。

たとえば「報酬／評価」において、だれでも出世の可能性があり、給与が上がり続けることとは、それと引き換えに、つねに成長や過剰ながんばりを要求されます（フルコミット）[10]。また、だれもが昇格・昇進の可能性を持っているがゆえに過当競争が生まれ、上司の命令に逆らいづらい雰囲気ができてしまいます（ヒエラルキー）[11]。

「配置／異動」においても、そもそも職務が限定されていないため、つねにいっぱいいっぱいまで仕事をやることが当たり前となり（フルコミット）[12]、定期人事異動で、いつ、どんな部署、あるいは土地に飛ばされるかもわかりません（ヒエラルキー）。

さらに「育成」においても、新人や新しい職場に異動になった人は、職務経験のない素人として職場ＯＪＴによって先輩・上司に鍛えてもらわなければ仕事ができません。[13] 結果、いまの仕事に慣れたらまた次のむずかしい仕事といったように、つねに働きながら学んでいかなければならず（フルコミット）[14]、業務命令と一体の指導は、ときにハラスメントとの区別が曖昧になるほど強力な上下関係を生み出します（ヒエラルキー）[15]。

こうした会社のしくみとそこから生まれる職場風土のなかで、家事育児も含めた家庭生活を両立させていくことはほとんど困難です。会社へのコミットメントが質・量ともに無制限に求められれば、精神的な負担も大きくなりますし、そもそも家庭生活に割くだけの時間を確保することができなくなります。突発的な業務を断ることもむずかしく、また突然、強制転勤によって生活の環境がいきなり変わる可

能性だってあります。(16)

最終的には、家庭生活を維持していくために夫婦のどちらかが会社を辞める、もしくは非正規になるほかなく、そこに「男性は仕事、女性は家事育児」という性的役割分担の意識もくわわって、女性が会社のメンバーとして入りづらい状況が生み出されてきました。

日本の会社は、なぜ純血主義になってしまうのか？

企業封鎖性を生み出す、もう1つの要素は「年齢」でした。

日本企業は、新卒で会社に入れなかった人、あるいは一度会社のメンバーシップから外れてしまった人が、もう一度ほかの会社に入るのが(特に年齢を重ねれば重ねるほどに)むずかしくなってしまう、という性質を持っています。

その理由は、無限の忠誠を前提としたしくみが、まっさらな新卒で入社した生え抜きの人間だけを優遇し、それ以外の人を排除してしまう「クローズ」な風土をつくり出してしまうことにあります。

たとえば「報酬／評価」において、日本企業の賃金テーブルは年齢に比例してぐんぐん高くなっていく傾向にあるため、年齢が上がれば上がるほど実際の職務価値よりも高い給与水準になり、社外への転職がむずかしくなります。会社も労働者も、どちらも暗黙のうちに年功に従った右肩上がりの給与カーブを想定しているため、30代後半なら、会社側は「年相応のマネジメント力がある人、あるいは今後課長に登用できる人しか採用しない」となり、労働者側も「20代と同じ仕事・給料は嫌だ」と考えてしまう、というわけです。[17]

また「配置／異動」においても、定期人事異動によってさまざまな仕事を転々とするため、特定の専門性が身につかないまま年齢を重ね、いつしか転職のハードルが上がっていきます。[18]そもそも特定のスキルではなく、どこに配置されても忠誠心を発揮してうまくやっていけるかどうかが重視されるため、会社側からすれば、これから何色にも染まれるまっさらな若い人材がいい、という考え方が主になっていきます。[19]

そして「育成」においても、企業内教育訓練が基本であるため、そこで教わるスキルや経験はどうしても企業特殊性の高いものになってしまい、転職先で生かすことがむずかしい場合もあります。

ここまでを理解してぼくは、日本の会社に見られる風土の正体がわかった気がしました。

人生のすべてを会社に捧げ（フルコミット）、どんな命令にも絶対に従い（ヒエラルキー）、新卒で若くして入社した純血の人だけが優遇され、よそ者は入りづらい（クローズ）。こうした風土は、だれが悪いわけでもなく、無限の忠誠を前提とした会社のしくみによってもたらされていたものだったのですね。

そして、これらの会社のしくみとそこから生まれた風土こそが、性別と年齢によってさまざまな人を排除してしまう「企業封鎖性」を生み出していました。

企業封鎖性

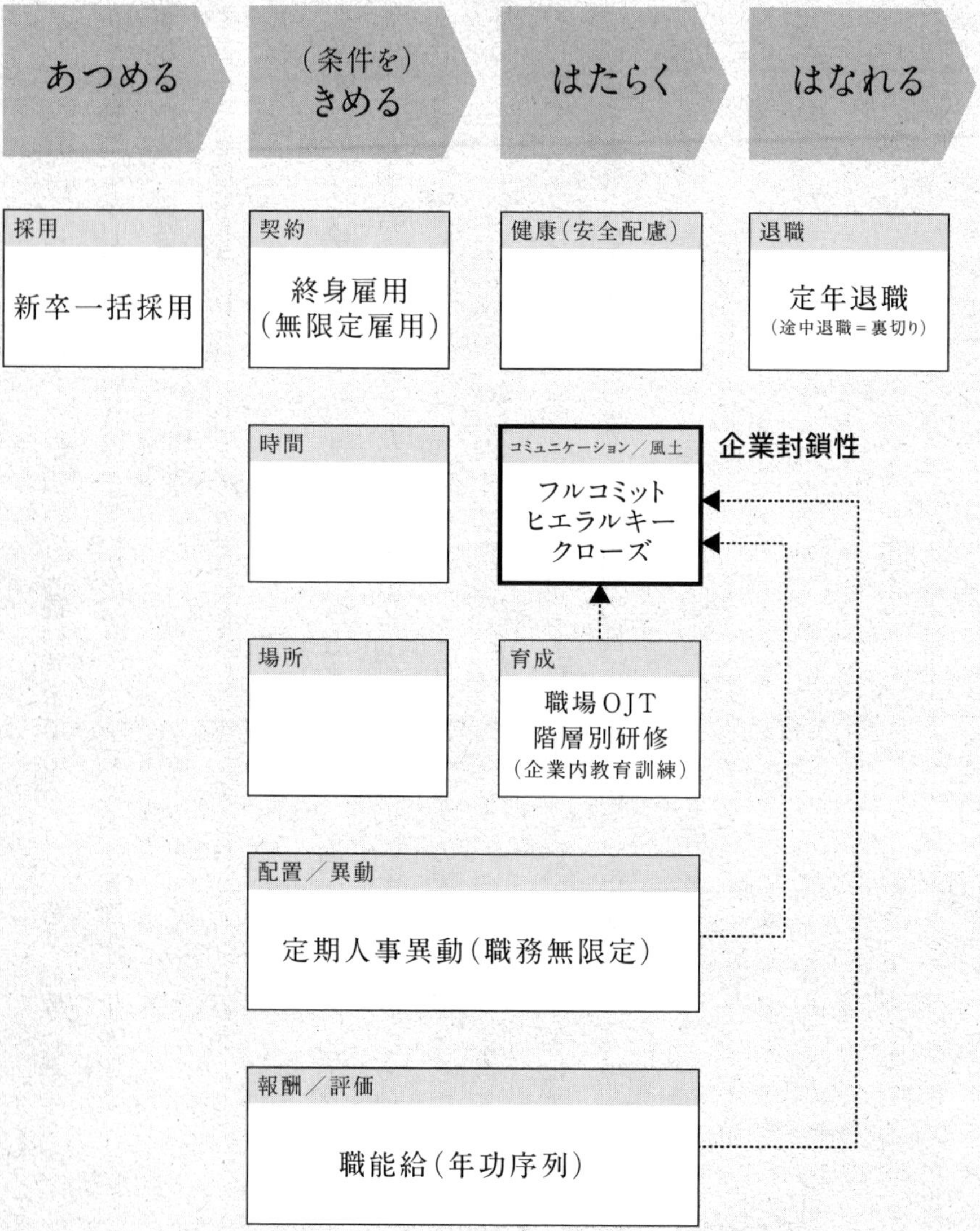
あつめる
(条件を)
きめる
はたらく
はなれる
採用
新卒一括採用
契約
終身雇用
(無限定雇用)
健康(安全配慮)
退職
定年退職
(途中退職=裏切り)
時間
コミュニケーション/風土
フルコミット
ヒエラルキー
クローズ
企業封鎖性
場所
育成
職場OJT
階層別研修
(企業内教育訓練)
配置/異動
定期人事異動(職務無限定)
報酬/評価
職能給(年功序列)

日本の会社で、健康が守られないのはなぜか？

最後に、会社の内側にいる人たちに起きていた大きな問題である「ワークライフバランスの欠如」について見ていきます。

ワークライフバランスには大きく分けて、「生活」のワークライフバランスと「命」のワークライフバランスがあると言われます。[20] 前者の「生活」のワークライフバランスが損なわれてしまう理由はすでに触れたとおりですが、日本社会では、後者の「命（健康）」という意味でのワークライフバランスさえ欠如していることが問題とされてきました。

日本社会には「過労死」という日本にしかない言葉が生まれてしまうほどに、[21] 業務に起因する脳や心臓の疾患による死亡、あるいは業務で疲労困憊し、精神的に追い詰められて自殺してしまうようなケースが少なからず存在します。[22]

そもそも契約において職務が限定されていない（＝時間も場所も限定されていない）状態で、つねに全力のコミットメントが求められ、会社や上司からの言うことには逆らえない、そして社員が少数精鋭化されたとなれば、人が足りないなか大量の仕事を抱え、重い責任を担う正社員が、ストレスで身をすり減らしていくことは想像に難くありません。[23]

あまりに劣悪な職場環境であれば転職するのも1つの手ですが、（特に企業規模が大きくなればなるほど）企業封鎖性が強いため、人によっては転職に高いハードルを感じ、逃げることができないというケースもあることでしょう。

つまり、無限の忠誠を前提とするしくみや、そこから生み出される風土によって、会社の外側に弾かれてしまう人が多数いる一方、会社の内側にいる人たちも同様に苦しんでいる、という状況が起きているのです。

ぼくは、「健康（安全配慮）」において、1人ひとりに寄り添った形での健康支援施策がなく、一律規制ばかりであることに対して「個性が重視されていない」と思っていました。しかし、その背景には、個性うんぬんの前に「命」に危険が及ぶほどの長時間労働や精神的負担がかかってしまう構造下では、まずは一律な規制に力を割いていくほかない状況があったのですね。

ワークライフバランスの欠如

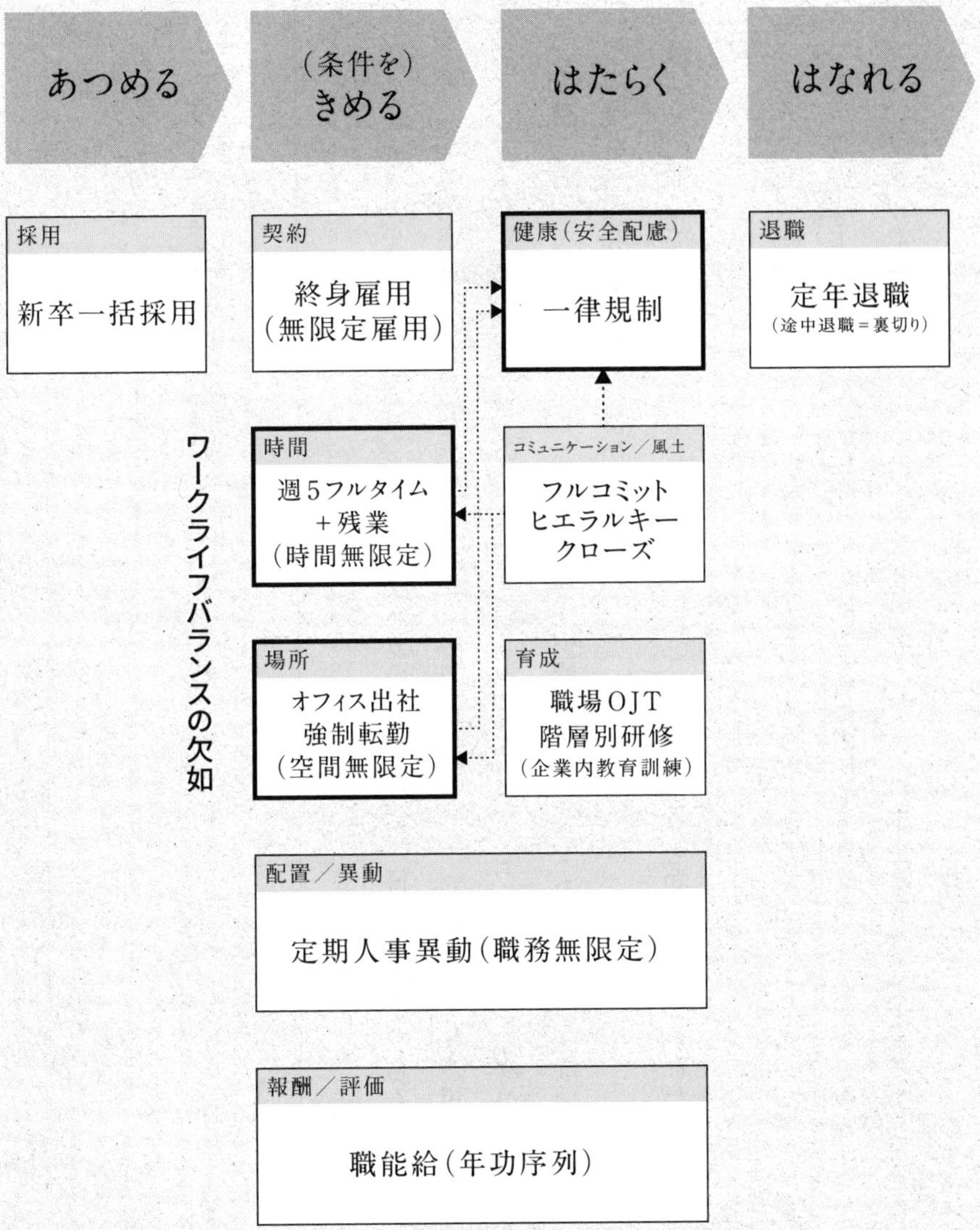

あつめる
（条件を）きめる
はたらく
はなれる
採用
新卒一括採用
契約
終身雇用
（無限定雇用）
健康（安全配慮）
一律規制
退職
定年退職
（途中退職＝裏切り）
ワークライフバランスの欠如
時間
週5フルタイム
＋残業
（時間無限定）
コミュニケーション／風土
フルコミット
ヒエラルキー
クローズ
場所
オフィス出社
強制転勤
（空間無限定）
育成
職場OJT
階層別研修
（企業内教育訓練）
配置／異動
定期人事異動（職務無限定）
報酬／評価
職能給（年功序列）

先輩たちはずっと この問題に立ち向かってきた

「経営の圧迫」「企業封鎖性」「ワークライフバランスの欠如」。日本の会社のしくみは、ぼくが「閉塞感をなくしたい」などと言い出す前から、すでにいくつもの問題を抱え、大きな変革を迫られていたことを知りました。そして、会社のしくみが相互に関係し合っていて、1つのしくみだけを改善しようとしてもうまくいかない、という複雑さも理解することになりました。

いま人事部長をされているあなたも、きっと、この問題に立ち向かってこられた1人だったことでしょう。

もちろん、こうした状態に対し、先輩たちがなにも考えなかったはずがありません。そこで議論の俎上に挙がってきたのが、今度こそ日本は欧米社会のようなしくみに変えていかなければならない、というアイデアでした。日本企業も欧米企業のように職務（ポスト）を限定した雇用システムに変えていくことができれば、「経営の圧迫」「企業封鎖性」「ワークライフバランスの欠如」といった問題をすべて解決することができるのではないか、と。

欧米の真似をすれば、問題はすべて解決するのか？

まず、「経営の圧迫」という問題はどうなるでしょうか。

欧米企業と同じように「契約」の条件を限定し、「報酬／評価」のしくみを職務給にすれば、年功とともに人件費が過剰に上昇していくことは起こりにくくなるため、経営を圧迫することはなくなります。

また、「企業封鎖性」や「ワークライフバランスの欠如」の原因となっていたフルコミット、ヒエラルキー、クローズな「風土」を薄めることも期待されます。

「報酬／評価」のしくみが職務給の場合、年齢にかかわらず社外の労働市場に近い賃金水準となるため、転職のハードルは下がります（脱・クローズ）。また、職務が変わらないかぎりは昇給もない（一部のエリート層でもないかぎり、とんとん拍子で昇進していくこともない）ため、がんばりたくない人は、上司への絶対服従のもと無理をしてがんばり続ける必要もなくなります（脱・フルコミット／ヒエラルキー）[24]。

「配置／異動」においても、自ら希望しないかぎりは一生涯、同じ仕事をやり続けることになるため、腕を鈍らせることなく転職が可能になります（脱・クローズ）。そもそも職務が限定されているため、課せられた責務以上の仕事をする必要はありませんし（脱・フルコミット）、会社の命令によって突然職務を変えられたり、転勤になったりすることもありません（脱・ヒエラルキー）。企業側も、その職務を遂行できるスキルを持った人を採用するため、「社内のどこでもやっていけるかどうか」といった全人格的な判断よりも「特定の仕事をできるか」という視点で採用するようになり、いろんな人たちが会社の内側に入りやすくなります（脱・クローズ）。

「育成」においても、会社の外で教育訓練を経てから入社するため、先輩・上司との一方的な上下関係は緩和されるでしょうし（脱・ヒエラルキー）、企業を横断して活用できるスキルが身につけば、転職も比較的しやすくなっていきます（脱・クローズ）。育成のために少しずつストレッチしたレベルの高い仕事を任される、ということもありません（脱・フルコミット）。

こうして、フルコミット、ヒエラルキー、クローズな「風土」が薄まり、「時間」や「場所」についても限定した職務の範囲内で働くことになれば、（一部のエリート層以外は）自分にとって心地の良い生活スタイルでいることも可能になります。あまりに劣悪な労働環境であれば、ほかの会社に転職していくという道もあるため、「健康」や命を危険にさらすほどの労働環境も改善されていくことでしょう。

日本全体が「会社に依存した社会」になってしまっている

しかし、話はそんなにかんたんではありませんでした。

日本企業が欧米企業と完全に同じ形に変革していくには、大きなハードルがあったのです。そして、その理由こそ、先輩たちの最後の問いに対する答えでした。

「なぜ会社の変革はむずかしいのか？」

それは、ひと言でいえば、日本全体が「会社に依存した社会」になってしまっているから、だったのですね。

ここでもう一度、1969年、その後の日本の会社の方向性を決定づけたと言われる『能力主義管理―その理論と実践』の一文を引用します。

「企業に対する忠誠心を植え付けること」「優秀な労働力を定着確保すること」「長期の人員計画および育成計画を行なうこと」「精神的に落ちついて働いて貰うこと」、……（中略）……終身雇用制は企業にとってこのような利点をもっている。

これは裏を返せば、日本社会は「モチベーションの醸成」「雇用の確保」「人材の育成」という3つの点において「会社」に依存している、ということです。

国が生活を保障する欧州、会社が生活を保障する日本

まずは、「モチベーションの醸成」からその依存を見ていきます。

日本社会では、会社の内側に入ることができれば、(査定による差はあるものの)だれもがそれなりに昇格して給与も上がっていくことが当たり前になっています。

しかし、もし欧米のように職務給に変えた場合、一部のエリート以外の大半の人たちは、昇格・昇給というモチベーションを得られにくくなります。

それだけならまだしも、さらに重要な点は、年功に比例して上がっていく「報酬/評価」のしくみが、日本社会においては「家庭生活の保障」という意味合いを持ってきたということです。

ここからはさらに、濱口桂一郎さんの『新しい労働社会』『日本の雇用と中高年』も参照しながら、両者の社会の特徴を見ていきます。

多くの場合、人は年をとればとるほどに子どもの教育費や住宅費など、よりたくさんのお金が必要になる傾向があります。しかし、職務給が採用されている欧州社会では、年齢が上がっても職務（ポスト）が変わらなければ、給与が上昇していくことは基本的にはありません。

では、生活や子育てにかかるお金をいったいどうやって賄っているのかというと、政府が用意する「社会保障」がその役割を担っています。日本のように過度に年功的な賃金制度を持たない欧州諸国では、ある時期以降、フラットな給与カーブと必要な生計費の隙間を埋めるために、児童手当や住宅手当が手厚く支給され、教育費の公費負担や公営住宅も充実しています。社会のどこかが支えなければならない以上、企業がカバーしない部分は本来、公的に対応せざるを得ないわけです。[25]

もちろん、日本でもその現実は認識されており、1960年代に欧米社会と同じ方向に舵を切ろうとしていたときには、政府も児童手当をはじめ社会保障制度の拡充を政策方針に盛り込んでいました。[26] しかし、経済成長期に日本の会社のしくみが国内外から賞賛されたこともあり、年功賃金は能力主義と名前を変えながらも、実は生活給としての色を残したまま、1人の成人男性が妻と子どもを養っていくために必要なだけのお金を賄ってきました。[27]

政府からすれば、育児・教育・住宅といった費用を負担せずに済むわけですから、余計な支出が節約できるということで、こうした家庭生活の保障は、会社に任せる方向に少しずつ移っていきました。[28]

つまり、もし日本企業が一斉に年功賃金を手放す、という話になれば、それは同時に、日本の政府が社会保障制度のあり方も見直していかなければならない、という話につながっていきます。

外部労働市場が発達した欧米、内部労働市場が発達した日本

次は「雇用の確保」における依存です。

いまでも多くの日本企業が、会社内部の労働市場で強い人事権を発動させることによって雇用を守っています。それとは反対に、外部労働市場が発達している欧米

モデルを志向していくことは、雇用の流動性を高め、さまざまな人たちが会社の内側に入ることができる、あるいは会社の外に出やすくなる社会を目指していくことにほかなりません。

しかしこの点も、1つの会社が舵を切るだけではうまく歯車が回っていきません。欧米社会では、企業を超えた職務の市場価値、企業を超えて通用する資格や学位、企業を超えた職業組織や産業別組合があるため、会社を超えた基準やルールが存在します。

一方、日本社会はいまだ企業別労働組合の力が強いことからも明らかなように、依然として「会社を横断した基準」が確立されていません。[29] そのため、もしある1社が社内にある職務を定義したとしても、それは1社だけの特殊な職務の定義にしかなりません。

事実、欧米社会と同じようなしくみに転換しようとしていた1960年12月、池田勇人内閣のもと閣議決定された国民所得倍増計画の「雇用の近代化」という章には、「労務管理体制の変化は、賃金、雇用の企業別封鎖性をこえて、同一労働同一賃金原則の浸透、労働移動の円滑化をもたらし、労働組合の組織も産業別あるいは地域別のものとなる一つの条件がうまれてくるであろう」と書かれていました。[30]

また、1963年に出された経済審議会答申「経済発展における人的能力開発の課題と対策」には以下の文言が記載されています。

「従来労働力の移動を阻害し、また企業内における人的能力の活用面からも問題を生じつつある年功賃金制度に代わって、将来は職務給制度の導入が予想され、すでに一部には部分的実施をみているが、そのためには職種、技能の標準化、客観化が必要である。職種、技能の標準化、客観化のためには、職務分析が有効であるが、このためには基幹的職務の職務分析を、国などの企業をこえた第三者的機関によって行うことが必要である」

つまり、(特に企業規模の大きな会社が)外部労働市場を発達させていくためには、1つの会社だけが職務を限定しようとしてもダメで、社会全体で、企業を横断した基準をつくっていく必要があるということになります。(31)

入社前に教育訓練を受ける欧米、入社後に教育訓練を受ける日本

そして、最後は「人材の育成」における依存です。

もしも職務を限定した社会に変えていくのであれば、同時にかならず用意しなければならないのは、企業の外における教育訓練システムです。

先に触れたとおり、欧米社会では、入社前に職業教育を受けるのが一般的で、高校や大学といった教育機関も職業との間に密接な連携が見られます。学歴と専攻に従って公的な職業資格が与えられ、それにふさわしい仕事に入職する、というしくみが確立しているのです。

たとえば経理事務の仕事に就職したとすると、その人は基本的に一生、経理事務の仕事をやり続けます。なぜなら、それより難易度の高い決算の統括や計数管理は、大学などでその業務を学んだ人が就くからです。また、それより難易度の高い経営

管理などの仕事に関しても、グランゼコール（大学よりむずかしいエリート養成機関）や大学院などでそれを学んだ人が仕事に就きます。

このように、欧州ではどの国でも「学歴×職業×資格」という関係が存在しており、その職業にふさわしい教育を受けていなければ、そもそも特定の職務に就くことができないようになっています。

たとえばフランスでは、公的な職業資格は８０００を超えると言います。つまり、学校でなにを学んだか、あるいはどんな職業資格を持っているかによって生涯どんな職業に就くかが決まっていきます。[32]アメリカはそこまで資格による敷居はありませんが、もしジョブチェンジするということになれば、同じようにコミュニティカレッジ（公的自己啓発機関）などで腕を磨く必要があるそうです。[33]

もちろん日本にも職業高校がありますし、大学も職業教育機関としての性格を持っています。しかし、高度経済成長期以後の日本は、学校教育における評価基準が一般学術教育に偏り、職業という観点が軽視されてきました。[34]一応、公的職業訓練も存在していますが、依然として職業教育訓練は、質的にも量的にも圧倒的に会社に依存しているのが現状です。[35]

大学側からすれば、大学とは「学術の中心として、広く知識を授けるとともに、深く専門の学芸を教授研究し、知的、道徳的及び応用的能力を展開させることを目的とする（学校教育法第八三条第一項）」のであるから、「職業訓練校のようなものにしてはならない」という考え方が根強く[36]、また、企業側からすれば、どうせ職務を限定せずに採用するのだから（会社に入ってからいろんな仕事をさせるのだから）、学校でどんなことを学んできたかなど関係なく、企業内職業訓練に耐えられる地頭など、素材としての能力が高い人を採りたい、という方向に流れていくことになり、偏差値という一元的な序列で評価する慣行が確立してしまいました[37]。

実はこの教育訓練システムについても、欧米型への転換が叫ばれていた１９５０～１９６０年代までは公的人材養成機関を中心におく構想がありました。実際、１９６３年の人的能力政策に関する経済審議会答申では「職業に就くものはすべてなんらかの職業訓練を受けるということを慣行化する」という目標が掲げられています。

しかし、１９７３年のオイルショックを契機に政府の方針は、社会的通用性のある公的人材養成ではなく企業内人材養成に財政的援助を行う、という方向に大きく舵を切り、その後も（部分的な改善はあるものの）教育と職業の隔たりは埋まっていません[38]。

もし日本企業が完全な欧米モデルを志向するのであれば、企業内教育訓練を手放していくということになります。しかし、そもそも欧米と日本では社会の教育システムがまったく違います。そんな状態でいきなり会社だけが変革を進めていくということになれば、日本社会において人材を育成する機能がなくなってしまう、ということだったのですね。

もし会社だけが欧米の真似をしたら、日本になにが起こるのか？

トヨタの人事、という立場で、あなたがこの状況にどれだけ真正面から立ち向かい、また悩まれてきたのか。日本企業の歴史と日本社会の構造を学んだいまだからこそ、その重圧を少しは理解できるようになった気がします。

もし社会が変わらないままに、日本企業が欧米企業と同じしくみを選んだら、大企業が一斉に舵を切ったら、いったいどんなことが起きるでしょうか。

家庭生活の保障が会社に依存している状態で年功賃金がなくなれば、1人のお父さんが妻や子どもを養っていくことはできなくなるため、家族をつくったり、子どもを育てたりすることができない人が増えていきます。

一斉に職務を限定した雇用に切り替えたとして、外部労働市場が十分に発達していない状態では、「職務がなくなったから」といって解雇されても、安全に転職できるかどうかわかりません。[39]

社会的に職業教育のシステムが充実していない状態で、すべての会社が即戦力だけを採用するから育成にコストはかけない、ということになれば、日本のほとんどの新卒学生、若者たちは就職することすらできなくなります。実際、会社に入ってから育成してくれる日本社会は、世界的に見ても若者の失業率が低い国です。また、職務がなくなって解雇されても、新たに職業訓練を受ける機会がないために、再就職も困難な状況になってしまいます。

そして、そんなことが起こらないようにするためには、会社・政府・教育機関という、三者が力を合わせる必要があるわけですが、お互いに相手が動かなければ自分たちも大きく変えることはむずかしい、という状態にあります。[40]

もちろん、すでにそれぞれが少しずつ変革への道のりを歩みはじめているとはいえ、抜本的な変革には乗り出せていない、というのが現状です。

歴史を学び、ぼくは自分が恥ずかしくなった

「なぜ会社の平等は重んじられるのか」
「なぜ会社の成長は続いてきたのか」
「なぜ会社の変革はむずかしいのか」

戦前から戦後、差別的状況を打ち壊すために進められた「会社の平等」。経済成長期、無限の忠誠と終身の保障を前提とするしくみによって支えられた「会社の成長」。そしてバブル崩壊後、会社が抱えた問題を解決すべく、社会のシステムにまで目を配りながら進められてきた「会社の変革」。

「会社の理想実現」と「個人の幸せ」を両立させるため、日本が会社に依存した社会であることも念頭に置きながら、変革を少しずつ進めてきた先輩たち。

それに対して、ぼくのしてきたことは……。

狭い視野のなかで、自分の閉塞感をぶつけ、それを解消してくれそうな会社を1つ見つけただけで満足してしまっていたことを、ぼくは恥ずかしく思いました。先輩たちは、トヨタという日本社会のあり方すら左右する立場にある会社で、これだけ巨大な壁を目の前にしながら、1つずつ会社のしくみをどうすればいいのか考えていた、というのに。

「サイボウズだからできるんでしょ?」に返せる言葉はあるのだろうか?

サイボウズに転職したとき、ぼくは、この会社は社員の幸せを考える「社員にやさしい会社」だと思いました。この会社のしくみを世のなかに拡げていけば、閉塞感を感じずに働ける人が増えていくのではないか、とうれしくなりました。

しかし、それはあくまで社長の青野が、会社が成長していくことよりも社員を幸せにすることを重んじる、変わった考えを持っている人、というだけの話ではないでしょうか。まだ規模も小さくて、社会的に影響も大きくないから好き放題にできているだけで、こんな特殊な会社の事例をもとに、会社の変革を提案するなんて意味のないことだったのかもしれません。

いまのぼくに、先輩たちにこれ以上伝えられることはなにもない。ここでぼくの旅もおわり。そう思っていた矢先のことでした。

いまの時代、インターネットが普及したことによって、ネット記事で他社の取り組みを知る機会が格段に増えています。いろんな事例を目にしていくなか、さまざまな企業で、1人ひとりの個性を重視するような、ぼくから見て閉塞感を打ち破る鍵になりそうなしくみを導入している企業を見つけました。そしてそこには、古い伝統を持った大企業や社会的に影響力の大きい有名企業も含まれていました。

どの会社の人事も、この巨大な壁の存在を認識していないことはないはずです。ならばいったいどういう理由で、そうした変革を進めているのでしょうか。それらの会社も、サイボウズのように一部の社員の幸せだけを考えて、会社や社会のことはなにも考えていない、ということなのでしょうか。

なにか見落としがあるのではないか。ぼくはそう思いました。

いろんな会社に「現地現物」しに行こう

ぼくがまだトヨタにいたころ、上司が褒めてくれたことが1つありました。「髙木はトヨタが大切にしている価値観の1つ、『現地現物』がしっかりできている」と。「現地現物」とは、問題をとらえる際に、かならず自分自身で一次情報をとりにいく、事実を自分の目で確かめる、という意味の言葉です。

ある意味、サイボウズに転職したのも、1人ひとりの個性を重視できる会社とはいったいどんな会社なのか、それを現地現物したくて入社したようなものでした。

次にぼくがやるべきことが決まりました。

ぼくから見て、閉塞感を打ち破る鍵になりそうな、1人ひとりの個性を重視する新しい会社のしくみにチャレンジしている企業の人事担当者に取材し、どんな目的で、そして、どのように「会社の変革」を進めている（きた）のか、実際に聞きにいくこと。なにが起きているのかを、この目で確かめること。

きっと、その先にまだ見ぬヒントがあると信じて。

第5章

現地現物レポート
あたらしい競争力の獲得を目指す
12企業

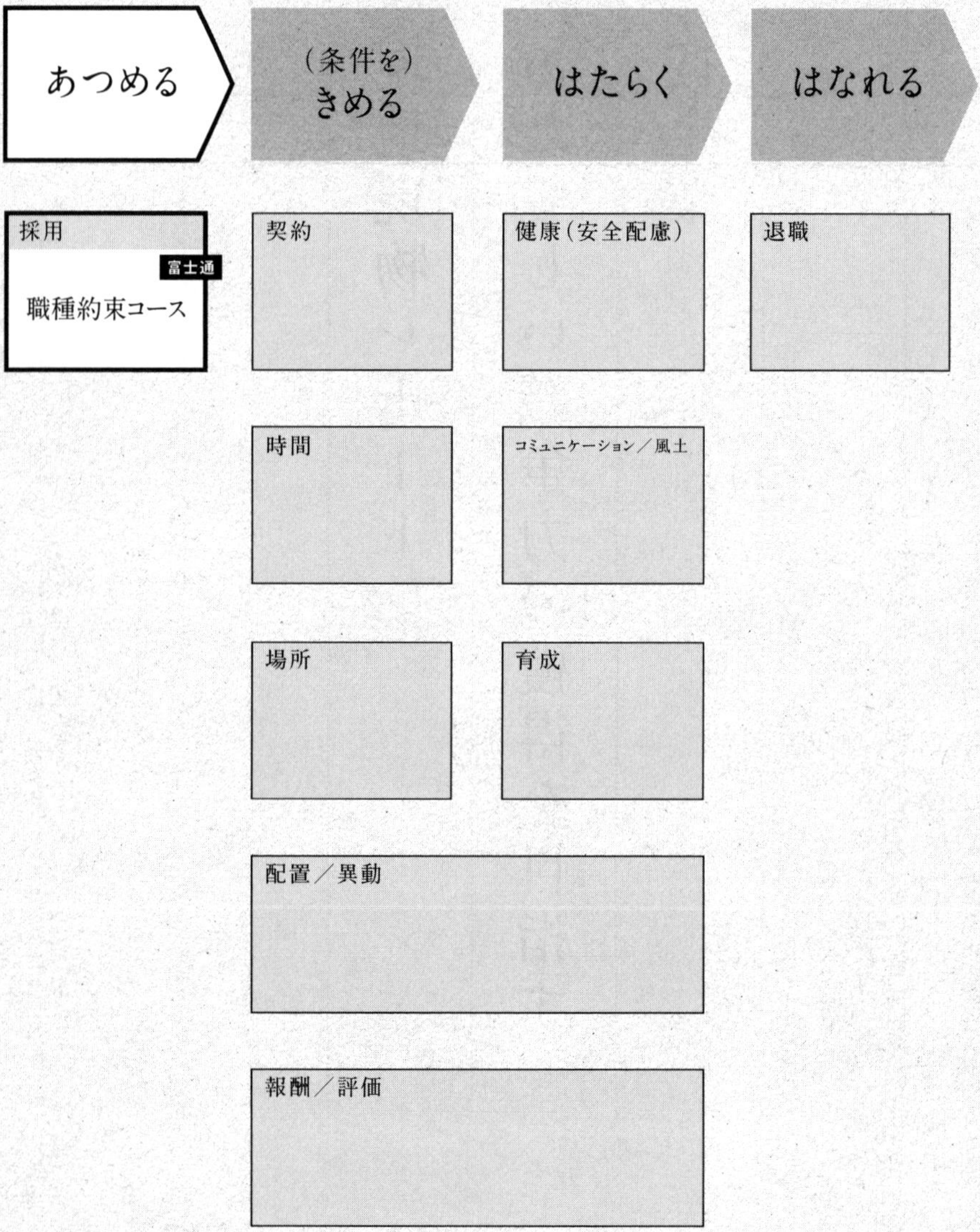
あつめる
（条件を）きめる
はたらく
はなれる
採用
富士通
職種約束コース
契約
健康（安全配慮）
退職
時間
コミュニケーション／風土
場所
育成
配置／異動
報酬／評価

採用

多くの日本企業で行われる「新卒一括採用」は、学生がどんなことを学んできたのか、どんな仕事に就きたいのかなどは重視しない傾向があります。給与も一律で、差をつけることはあまりありません。そこには、そもそも教育と職業が結びついていない、という日本社会特有の構造が背景にあります。

しかし、新卒学生であろうと、入社の段階で職種を約束するという取り組みを始めている企業があります。

現地現物　01

新卒学生が
「キャリアの入り口」を
選ぶ時代

富士通の「職種約束コース」

富士通株式会社
人材採用センター シニアマネージャー
渡邊 賢　わたなべ けん

Q 「職種約束コース」を始めた経緯と内容を教えてください

前提として、富士通は2010年に在宅勤務制度を導入し、2012年からはワークスタイルの変革を目指して、コミュニケーション基盤の整備や制度改革、意識改革などさまざまな角度から施策に取り組んできました。

その一環として、新卒採用でも多様な方法を段階的に導入しており、2012年に始めたのが、職種約束コースの前身となる「WISHコース」でした。

当時は、どちらかといえば学生側の「売り手市場」となっており、内定を出した方にかならずしも入社していただけないことが課題となっていました。そこで内定辞退者の方に対して第三者機関経由でアンケートをとり、**辞退理由を伺ったところ「どういう職種に就くかわからないから」といった内容がかなり多い**ことがわかったのです。

当社としては、学生の方がまだ就業経験のないうちに職種を決めて応募すること自体なかなかむずかしいのではないかと考えていたのですが、**意欲的で優秀な方ほ**

ど、自分なりのキャリアパスを思い描いており、初期配属から自分の希望を叶えたいという思いが強い傾向があるとわかりました。そこで、職種を約束するコースを新設することにしたのが制度導入の背景です。

とはいえ、すべてを希望制にするのではなく、これまでどおり内定後に配属本部や職種を検討する「ＯＰＥＮコース」と併用する形で、多様な希望にマッチできるような採用制度にしようという意図でスタートしました。

実績としては、毎年７５０名前後の新卒社員のうち、およそ15%〜20%弱の方が職種約束コースで入社しています。

年々、その比率は増加傾向にあり、２０２０年入社組は約30%の方が職種約束コースとなりました。世のなかの傾向としても「自分の希望どおりの職種に就きたい」と考える方が増えているのではないでしょうか。

わたし自身、述べ８年ほど新卒採用に携わっていますが、採用活動が本格化する前から当社に興味を持った学生のみなさんと話していると「こんな部署で働きたい」「こんなことをＩＴで実現したい」と前向きに語ってくださいます。でも実際のところ、採用されてもそこに配属できるかどうか、わからなかったわけです。そこで、内定の時点から職種を約束できれば、学生にとっても企業を選ぶ指標の１つになるのではないかと考えていたのです。

職種約束コースは、内定時に配属職種を約束し、具体的な配属先については、内定後に面談を通して決定します。

当社では一般公募の「自由応募」と、求人票を送付している特定の大学の学部や修士、高専、専門学校の方が対象となる「学校推薦」の2つの枠がありますが、自由応募はビジネスプロデューサー、ソリューション&サービスエンジニア、ソフトウェア開発、ハードウェア開発、法務、知的財産、財務・経理のいずれか。学校推薦はソリューション&サービスエンジニア、ソフトウェア開発、ハードウェア開発のいずれかの職種に就くことを約束することになります。

なお、内定時に約束した職種に就いたあと、職種を転換することも可能です。あくまで入社時点の職種を約束するだけであって、そのあとのキャリアについては、ほかの従業員と同様、自身のやりたいことに合わせて社内公募(ポスティング)に応募して、自律的なキャリアを歩むこととなります。

自ら意志を持ってキャリアを選択し、希望するジョブに就くことができる「選択肢」を人事として用意していくことが重要なのではないかと考えています。

Q　学生側のメリットはわかりやすいですが、会社側にとっては、なにかメリットはあったのでしょうか？

職種約束コースに応募してくださる学生のみなさんには、強い「ＷＩＬＬ」があるというか、意欲的でやりたいことのある方が当社に目を向けてくださるようになりました。

採用市場としてもＩＴ人材は熾烈な競争となっていますが、職種約束コースは特に技術系の職種を指定しており、優秀な人を採用することにもつながっています。

そして、これは日本特有の採用傾向だと思うのですが、技術職を志望している「文系学生」が採用されることもあります。海外で行われているジョブ型雇用だと、大学での専攻やインターンシップでの就業経験などとひもづいているため、理系専攻でなければまず技術職になることはむずかしいですが、文系学生のなかにも「エンジニアになって、プロフェッショナルとしてキャリアを歩んでいきたい」と考える人は多いのです。そういった思いを持った方がこのコースを選択して、その権利を得られることは、会社にとっても学生にとってもメリットになっていると思います。

それと、これは個人的な意見ですが「学生たちにはもっとビジネスの世界に通用する知識を身につけてほしい」といった声がたまに聞かれますよね。ですが、**そもそもメンバーシップ型雇用の枠組みでは、なにを学び、なにを身につけるべきか、明確に示しにくい**ところがあります。採用のしくみを考えているのは大人たちなのに学生が責められてしまうのは、なんとも悲しいことだと思うのです。

けれども、**日本の新卒一括採用にも一部ジョブ型雇用的な考え方を取り入れれば、いろいろなことが変わる**と思うのです。

学生生活を送りながら、もっと専門的な勉強をすることができる。インターンシップにしても「こんな会社に入りたいから」と企業単位で決めるのではなく、職種を意識して決めれば、その職種が自分に合っているのかどうか、やってみて考えることができる。内定がわかった時点で職種が決まれば、入社までにその知識を身につけることもできる。

企業側にとっても業務遂行能力を見極めて、その学生の適性を判断することができます。

そうやって、ジョブ型雇用と新卒採用をもっとリンクさせるような流れがあっていいのではないでしょうか。当社の職種約束コースが、そういった気運をつくる後押しになればいいですし、学生たちのキャリアの選択肢が増えることにつながればと考えています。

Q メンバーシップ型の組織でも、ジョブ型の採用はうまくハマるのでしょうか？

当社ではジョブ型人事制度の導入を進めていて、いわゆる一般的なジョブローテーションではなく、人事異動の8〜9割が「社内公募（ポスティング）」になるよう取り組んでいます。

つまり、会社が人員計画に基づいて従業員を配分して「次はこの部署に」と命じるのではなく、挙手方式で、自分がチャレンジしたいことをベースに、自らキャリアパスを描くことを推奨しています。ですから、これから入社しようとしている社員にも、同じように自分の希望に基づいたキャリア選択をしてもらおうというのが、そもそもの職種約束コースの趣旨なのです。

そして、入社して最初から志望した職種に就いて、2〜3年働いていくうちに

「もっとこういった領域に取り組んでいきたい」「自分の適性が生かせるのは、もっとこんな職種かもしれない」とビジネスがわかってきて、違う分野を志望することもあるでしょう。その方針を制度としてより明確にしたのが、２０２０年４月に管理職を対象に導入したジョブ型人事制度です。

これまでの場合、幹部社員に昇格する際には、試験の結果に応じて職務階級分類がなされ、上長の推薦をもらうことが条件でした。また、職務階級分類にはその階級になった期間も加味されていたため、同じ職責でも、長く勤める社員のほうが昇級したばかりの社員より報酬が高くなっていたのです。

それを職責に基づいた報酬体系にすることで、より高い報酬を目指したいなら、その報酬が得られるジョブにチャレンジすることが不可欠となりました。それと同時に各部門で社内公募のポストを拡充するなどして、従業員の自律的なキャリア選択を促す土台づくりを行っています。

Q 人事制度の変革に伴って、研修制度やマネジメント方法も変わっていくのでしょうか？

全体的な方向性として、基本的な階層別教育はなくしていこうとしています。社長が「幹部社員昇格研修を受ける必要のある人は、そもそも昇格する資格があるんだろうか。研修を受けずともその職責を果たす能力のある人が、幹部社員になるべきなんじゃないか」と話していましたが、たしかにそういった一時的な学習で本質的に必要な能力が身につくのかは、疑問なところもあります。

ですから、集合研修など形式的な研修は廃止していく一方、幹部社員として必要なマネジメントスキルやコーチングスキル、成果評価方法など、エッセンシャル（重要）な内容は、引き続き研修を行っていきます。

また「Fujitsu Learning EXperience」と称し、従業員の成長を支える学びのプラットフォームを提供していきます。オンデマンド研修で約３０００〜４０００講座、および「Udemy（ユーデミー）」と契約して13万以上の講座のなかから、自分にとって必要な内容を自ら選択し、自律的に学ぶ機会を設けていきます。動画を観ながら学習してもらうことになるため、全社員に社用スマホを支給するか「ＢＹＯＤ（個人所有デバイスの業務利用）」を認めています。

そして、月1回の１on１ミーティングを上司・部下間で行うことで、課題共有やコーチングによる目標達成を目指し、自分がどうありたいか、どんなキャリアを描きたいのか、自律的に考えられる土台を構築していく。

・果たすべき職責とその評価方法を明確にする
・社内公募でキャリアの選択肢を増やす
・１on１ミーティングで上長のコーチングやフィードバックを受ける
・オンデマンド教育で自ら考えて学ぶ

これらを４つの柱として掲げ、従業員の自律性を伸ばし、これからの富士通を支え、成長に寄与していける人材を育成していこうとしています。

Q 人事として目指しているのは、「富士通流のジョブ型雇用」でしょうか？

富士通流というより、ある意味で「日本流」なのではないかと考えています。

個人的な経験なのですが、以前シンガポールへ赴任したことがあり、徹底したジョブ型雇用制度を経験しました。でも率直に言うと、そのままでは日本には合わないだろうなと感じたんです。

日本企業の多くが新卒一括採用を前提としたメンバーシップ型雇用を維持しており、昨今厳しい視線を向けられていますが、実は悪いところばかりではないのではないでしょうか。世界を見渡しても、これだけ若者の就業率が高い国はあまりありませんし、企業のなかにしっかりと人材を育成していくしくみができている。これは、ある意味ではいいことだと思うんです。

ですから、そういった良い面を生かしながら、これからのキャリア形成のしくみをいかに構築できるか。日本企業にはそれが問われていると思います。

これまでのように「同じ会社に居続けるだけで自然と給与が高くなる」ようなし

くみは、どこかで限界が来てしまいます。**グローバル市場において企業の競争力を維持していくためには、自分のキャリアを会社任せにするのではなく、自らどう働き、どんなキャリアを描くのか考え続け、学び続けられる人材が必要**です。企業として、そういった自律的な社員を支援していく環境やしくみをしっかりと構築していきたいと考えています。

当社では比較的早い段階から働き方改革に取り組んできましたが、この1、2年で大きくその速度が加速したのは、やはり世のなかの変化によるところも大きかったと思います。

「個の力」「個人の時代」といった言葉があちこちで聞かれ、**護送船団方式で画一的な人材像を求めるより、1人ひとりの特性に合わせ、成長を支援することが全体としてのパフォーマンスにもつながる**という認識が広がってきました。そういったなかで新たな制度づくりを行っていくのは容易ではありません。

もしかしたら失敗することもあるかもしれないし、やってみてわかる課題もあるはず。ただ、まずはこれだと信じたことをしっかりやってみようと。

当社の組織文化として、まずやってみよう、もし間違っていたら修正すればいいという考え方がベースにあるのは幸いでしたし、社長が変わって改革を一気に後押ししてくださったのも大きかったと思います。

まだまだスタートを切ったところですし、この数年をかけて、組織文化をつくろうとしているところです。採用が変われば組織も変わりますし、逆もまた然り。ＩＴ企業からＤＸ企業への転換を図るため、人事制度も変わろうとしているなかで採用に取り組んでいくのが我々のミッションです。

Q 最後にひと言、今後の採用制度についてお願いします

すでに実施していますが、職種約束コースを「職種マッチングコース」に改名したほか、より本来のジョブ型に近い「ＪＯＢマッチングコース」を始めました。

これまではあくまで職種を約束するのみで、実際に配属される部署は内定後に決定するものでしたが、ＪＯＢマッチングコースでは職種だけでなく配属本部まで約束するものとなっています。

また、そういった採用方法は、これまで技術職にかぎられることが多かったと思いますが、当社ではビジネス職でも募集しています。

たとえば、一口に営業といっても、当社はあらゆる業界に対してソリューションを提供しています。すると、学生のみなさんも「教育分野にもっとＩｏＴを活用したい」「流通業界のＤＸ（デジタルトランスフォーメーション）を推進したい」など、より具体的に働く環境に思いを馳せることができるのではないかと。そういったビジョンを持って応募できるしくみを整えていきたいと考えています。

これまでの就職活動が「どんな会社に入るか」を考える機会だったとすれば、これからはその会社でなにをやりたいのか、なにを実現したいのかまで考える必要がある。ＪＯＢマッチングコースではさらに、その部署まで考えることになるわけです。そしてそれは入社のときだけでなく、会社に入ってからも考え続けなければならない。そうやって自律的に自らのキャリアを考え、その思いを叶えるしくみをつくることで、１人ひとりにとって違和感のないキャリア形成を実現していきたい。きっとそれは、学生にとっても従業員にとっても当社にとっても、得るものがあるのではないかと考えています。

実務的なことを言えば、各事業部との連携が欠かせません。

通常のキャリア採用であれば、いま不足しているポジションに募集をかけて採用するという流れですが、新卒採用だと内々定から入社まで約10ヶ月のタイムラグが生じます。そのギャップを踏まえたうえで適切に採用して配属することは、各事業部との綿密な連携なくしては実現できません。これまでのような人事部主導ではなく、事業部主導の採用ができるように取り組んでいきたいと考えています。

もちろん、実際に働いてみて初めてわかることもたくさんあるでしょうし、飛び込んでみて見えてくる視点もあるはずですから、完全にミスマッチをなくすことはできないかもしれません。

ただ、学生たちのこんなふうに働きたいという思いを叶えることによって、学生と職場のミスマッチをできるかぎり減らせたら。従来どおりのOPENコースと併用する形ではありますが、新卒採用においても多様なキャリアの選択肢を用意していきたいです。

髙木のまなびメモ

◉ 学生側の意識としても、具体的にこの職種からキャリアを始めたいと

いう希望が増えている（モチベーションの醸成）

◉ 意欲ある優秀な学生を採用するためには、一律の制度では対応できない（雇用の確保）

◉ 会社としても、自分のキャリアを自分で選択していける人を求めはじめている

◉ いきなり欧米社会のように完全に職務（ポスト）を限定した雇用にしたいわけではなく、グローバル市場で競争力を維持するため、新卒でも自律的にキャリアを構築できる人材を獲得しようと思ったとき、採用時点で職種を特定する選択肢をつくることが合理的だった

◉ 若者の就業率という視点で見れば、メンバーシップ型雇用も悪いところばかりではない

◉ もしも欧米社会のように職務を完全に限定した採用に変えていくなら、会社は一部をのぞいて育成をやめてしまうのではないかとも考えていたが、決して会社として育成を放棄するわけではないことが知れた（完全な欧米型にするのではなく、考え方の一部を取り入れるイメージ）

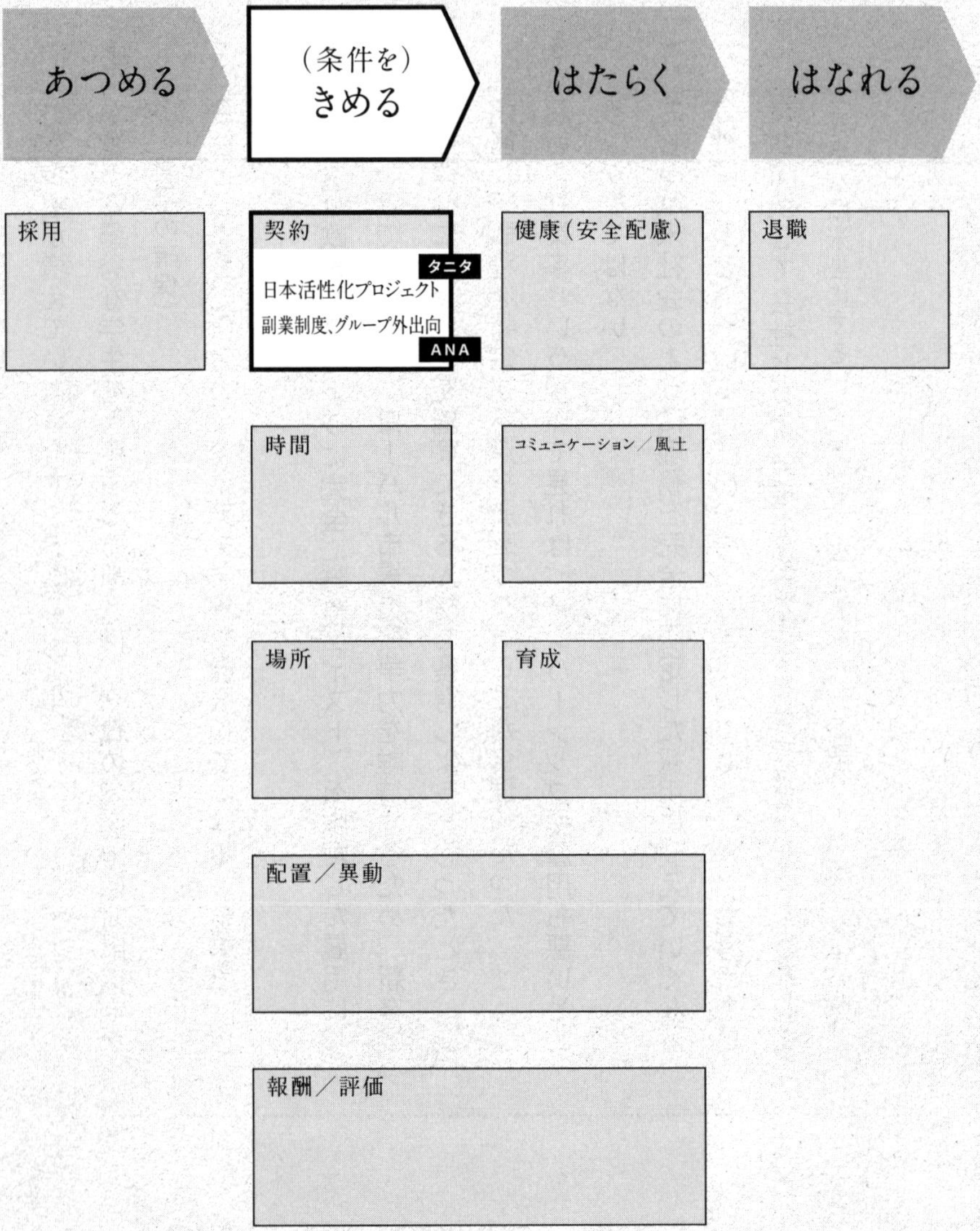
あつめる
（条件を）
きめる
はたらく
はなれる
採用
契約
タニタ
日本活性化プロジェクト
副業制度、グループ外出向
ANA
健康（安全配慮）
退職
時間
コミュニケーション／風土
場所
育成
配置／異動
報酬／評価

契約

　これまでの契約は条件が無限定の雇用契約が一般的で、「終身雇用」とも呼ばれてきました。それは会社への忠誠を前提としているため、副業を公に認めていない企業もあります。

　しかし最近では、個人事業主（業務委託契約）という選択肢を選べるようにしたり、他社での雇用も含む副業を認めたり、出向契約を結ぶ相手先の範囲をグループ外にまで広げたりと、1人の人が複数の会社にまたがって活躍することをいとわない事例が増えています。

現地現物　02

個人事業主という
距離感で
育まれる主体性

タニタの「日本活性化プロジェクト」

株式会社タニタ
経営本部 社長補佐
二瓶 琢史　にへい たくし

Q 「日本活性化プロジェクト」を始めた経緯とその内容を教えてください

弊社は、現在では体重計や体組成計などを中心とした健康計測機器の製造販売が主力事業ですが、実は変化を続けてきた会社です。

創業時はシガレットケースの製造に始まり、一時は電子ライターが売上の大半を占めていたこともありました。

それが、創業者の谷田五八士《いわじ》の思いから体重計の事業をスタートさせ、2代目創業家社長の谷田大輔がデジタル化を主導して、体重計・体組成計といった健康計測機器を開発。3代目創業家社長である谷田千里主導のもと、「タニタ食堂」として知られる食事業やフィットネス事業、計測データをもとに健康指導するソリューション事業など「健康をはかる」から「健康をつくる」事業へと拡大してきました。

弊社では、現社長の谷田千里が就任時から率先して挑戦する方向への舵取りをしてきました。一方で、従業員1人ひとりはむしろ「できるかぎり精密で信頼性のある商品をつくる」というものづくり気質で、変化より安定を好む人が多いかもしれません。だからこそ、消費者に信頼してもらえる良質な商品をつくり続けることができたわけです。

ただ、2008年に谷田千里が3代目社長に就任し、企業に受け継がれてきた「人」という資産に着目したとき「ある2つの懸念に行き着いた」と言います。

1つは「経営は山あり谷あり」。

業績の良いときもあれば悪いときもある。悪いときには賞与や給与が減額されたり、ともすると従業員の早期退職を促したりするときもあります。そんなとき、従業員のことを本当に思うなら、どんな状況に陥っても自分で稼ぐことのできる力を平常時から養っておく必要があるのではないかと。

もう1つは「人材が〝人財〟として働ける」ようにしたいということ。

従業員が自らの仕事をやらされ仕事と捉え、自分ごとに思えない状況では、本当の意味でのやる気は出ませんし、もしかしたらメンタル不調につながるかもしれない。もっと前向きに捉え、自分ごととして仕事に取り組めるようなしくみが必要ではないかと考えたそうです。

一方で、2016年ごろから世間で叫ばれ始めた働き方改革は、いずれも長時間労働規制や残業時間削減など、あくまで「時間」に着目したものばかり。

もちろん、過重労働を避けるためには重要な視点ですし、弊社でも十分配慮をしているのですが、それだけだと企業として踏ん張るべきときですら力を出せなくなるのではないか、成長を続ける世界経済のなかで日本企業が取り残されてしまうのではないかと危機感を覚えたのだと言います。そして会社と個人のあるべき関係性を考えたとき、これまで多くの日本企業が行ってきたような「個人を従業員として人生ごと抱え込むようなやり方」だけでは危ういのではないかと。

「日本活性化プロジェクト」とはつまり、会社と個人の関係性を雇用だけにとらわれることなく、タニタ流の働き方改革として実現したものです。

「失われた30年」とも言われていますが、ある意味、個人は会社に頼りきり、会社はあたかも個人を自分の所有物のように扱い、相互依存的な関係に陥って、長引く不況から抜け出すことができませんでした。

もっと会社と個人の関係を「健康」なものとして、雇用という形だけにとらわれず、1人ひとりが自立しながら、ともに働きたい人が惹きつけ合う場として、会社がある。そんな関係性を目指そうと、2016年から制度検討や準備を行い、2017年1月から本格的にプロジェクトをスタートさせました。

活性化メンバーとして希望する人は、個人事業主として独立し、弊社と業務委託契約を結んで、弊社の業務に取り組んでもらいます。

・仕事のやり方や働く場所、時間は問わず、自分に合った方法を選べる
・従業員は基本的に副業がＮＧだが活性化メンバーは他社の仕事もＯＫ
・対価は基本報酬と成果報酬で構成される（はじめは直近の従業員時代の給与や賞与と照らし合わせ、本人との合意のもとに検討）
・契約期間は基本的に３年契約（毎年更新）

狙いとしては、**雇用契約ではなく業務委託契約とすることによって「自分の仕事」という意識が高まり、主体性が高まる**ことにあります。

時間や場所にとらわれず、さまざまなことが自分次第になることで、ライフスタイルやライフステージに応じて自由な働き方ができるようになります。**成果を出して会社に貢献する人が「報われている」と感じられるようになる**ということもあるでしょう。

自分で考え自分で行動する人、変化をリードする人が報われ、新たに生まれてくるしくみができればということでスタートした取り組みです。

事業として挑戦と変化を重ねてきたタニタが、働き方においても新しい挑戦に臨み、トップがその姿勢を見せることで、事業でもますます新しいことにチャレンジする社風づくりにつながっていけばと考えています。

ただ、このプロジェクトは**これまでの従業員や雇用のあり方を否定しているのではなく、あくまで「選択肢を増やした」という捉え方**です。

Q 終身雇用とは真逆の発想です。反発や懸念の声がたくさんあがったのでは？

予想はしていたものの、社内にプロジェクトの内容をアナウンスしたところ、やはり不安の声があがりました。

収入減や社会保障、ローンが組みにくいこと……究極的には「リストラの準備なのでは？」といった捉え方をされたこともありました。

役員や管理職からも「業務委託契約だと指揮命令権が適用されないから、自分たちの言うことを聞かなくなるのではないか」「情報漏洩につながるのではないか」

「好き勝手に動いて結局転職してしまい、ひいては組織崩壊につながるのではないか」といった懸念が出てきました。

そういった懸念や不安の声を1つひとつクリアしながら、しくみ化をすること。それが当時、総務部長だったわたしにとってのミッションでした。

まずは収入面の不安について、これまで行ってきた業務をもとに「基本業務」を定義しました。そして、これまでの給与や賞与をベースにそれを下回らないように「基本報酬」を設定。もし新たにほかの業務が発生するケースは「追加業務」として別途受託してもらい「成果報酬」として上乗せされるという形です。

たとえば、従業員として働いているとき、それまでの業務に新たな業務が追加されても、特に給与に反映されないこともありました。しかし業務委託契約の場合、基本業務を定義していますから、そこにない業務を行うことになれば、きちんと報酬としてその分支払います。そういう意味では「働いたら働いただけ報われる」実感にもつながると思います。

次に、収入の安定性については、固定の報酬が設定してありますから、一般的な個人事業主よりも安定的に収入があります。

契約は3年契約を基本として、その契約を1年ごとに上書き更新する形をとっています。1年に一度、業務内容や報酬額などを確認して、意向に沿った契約内容にできますし、もし仮に会社の事情で契約を更新しないとなった場合でも、2年はそのままの条件で勤務を続けることができます。

一般的な話として、従業員として雇用されていても、急にリストラされたり、会社が経営難になったりすることは起こり得ると思うのです。それよりもむしろ安定的に、自分のキャリア設計を行うことができると思います。

そして、社会保険の不安については、雇用関係ですと厚生年金や健康保険など、ある程度の社会保険費を会社が負担していますが、個人事業主になっても、その負担額相当分を基本報酬設計に組み込むようにしています。

本人は、それを原資として国民年金や国民健康保険の保険料を払い、プラスアルファで国民年金基金や確定拠出年金あるいは小規模企業共済など、自分自身や家族に合った社会保障を組み立てることになります。

雇用関係にあると、給与のうちどれくらいが年金や保険に充てられているのか意識する機会はあまりありませんが、個人事業主になってさまざまな制度や年金・保険などを調べて、自ら組み立てることが、自立心を養うことにもつながると考えています。

Q 個人事業主になることを選択したのは、どういった人たちだったのでしょうか?

活性化メンバーへ移行するプロセスとしては、年に一度、社内説明会を行い、社内公募で希望者を募ります。

といっても、すぐにそれが決まるわけではなく、もし個人事業主になった場合の報酬などを税理士とともにシミュレーションして、個別の要素を加味したうえで条件をすり合わせます。もしそれで業務委託契約の条件に折り合いがつき、会社と本人の意向が合致すれば移行内定ということで、実際の退職や契約手続きに移ります。

最初の年は、わたしを含めて8名がメンバーとなりました。5年を経て、累計で33名が従業員から個人事業主に移行しました。移行者の男女構成比は従業員のそれとほぼ同じ、年代も20代から60代までおり、弊社では技術開発、営業企画、事務管理の3職種に分類されますが、どの職種にもまんべんなくメンバーになっている人がいます。いちばん有名なのは、公式ツイッターの「中の人」を担当しているメンバーでしょうか。また、クラウドファンディングで資金を募り、ゲームコントローラーを開発した企画職や研究開発職の人もいます。

活性化メンバーはタニタ以外の仕事をしてかまいませんから、他企業との取引や講演依頼などを受けている人もいるようです。ただ、まだ始めてから5年ですので、タニタの仕事がメインとなっている人が多いようです。

極端な例としては、もともと家業を継ぐつもりだった人が活性化メンバーとして弊社との契約を続けている事例があります。2年目までは弊社の仕事がメインだったのですが、3年目で「しばらく家業をメインにしたい」と申し出がありました。それで、月に一、二度出社する程度の業務ボリュームとし、これに応じて報酬も減少しておりますが、そのまま契約を続けています。**本人としては「従業員しか選択肢がなかったら辞めるつもりだった」**とのことです。

Q　マネージャーの立場からすると、マネジメントやコミュニケーションがむずかしくなったのでは？

よく「同じ職場に従業員と個人事業主が混在する形で、きちんと業務は回せるのですか？」と尋ねられるのですが、いまのところ特に問題は起きていません。それは、活性化メンバーがもともと弊社の従業員として働き、よく見知った間柄だからこそ、これまでどおりのコミュニケーションができているのだと思います。

マネージャーの立場を整理すると、自分の部署の目標を達成するために部下に業務を割り振るわけですが、それと同時に活性化メンバーに特定の業務を発注する「業務発注者」となります。基本業務をどのように定義して、追加業務をどれくらいの報酬で発注するかは、各現場の判断に任せています。

すると、これまでなんとなく部下に業務を割り振っていたとしても、活性化メンバーに対してはコストとタスクマネジメントを頭に入れたうえで発注しなければならなくなるわけです。それによって、マネージャーたちの意識が変わって、マネジメントスキルも向上していくのではないかと考えています。

もちろんマネージャーに対するサポートも行っていて、2〜3ヶ月に1回ほど「業務発注者の会合」を行い、実績ベースで情報共有や意識のすり合わせを行っています。

また、業務委託契約に切り替われば、当然のことながら、指揮命令をすることはできません。けれども、部下でも活性化メンバーでも、なんらかのゴールと期限を設定して、その達成を目指してもらうことには変わりありませんよね。「指揮命令権がないと困る」とつい考えてしまうマネージャーは、これまでどこか「無理強い」をさせていたのではないでしょうか。肩書きで相手に言うことを聞かせるようなやり方は、これからの時代もはや通用しません。

部下でも活性化メンバーでも、１人ひとりと丁寧にコミュニケーションする、それに尽きるのだと思います。

Q 運用してみて、「もっと考慮しなければならなかった」と思ったことは？

活性化メンバーが会社の備品や消耗品を使う場合の経費の取り扱いをどうすべきかということです。「今月はコピー用紙を○枚、封筒を○枚使って、書類を○通郵送して、オフィス使用料も……」と経費精算するのは、現実的ではありません。

そこで考えたのが「タニタ共栄会」という互助組織の設立です。活性化メンバーは、基本的に会費を払って共栄会に加入します。共栄会ではそれをもとにタニタに施設利用料を支払い、メンバーは施設備品を従業員と同様に使えるしくみにしました。それだけではなく、税理士法人と契約し、確定申告指導などの税務サポートを受けられるようにしたり、一般社団法人P&P・フリーランス協会から賠償保険や福利厚生などのベネフィットプランを提供してもらったりしています。

こうして、さまざまな税務面や事務的なことも、共栄会がしっかりサポートするという体制になっていきました。

また逆に、会社が主催する地域の交流イベントが年に2、3回ほどあって、従業員はその運営も仕事の一環なのですが、活性化メンバーについては、共栄会に委託料を支払うことで、共栄会としてイベントを手伝ってもらっています。

Q 従業員にとっては、個人事業主になってどんなメリットがあったのでしょうか？

まず収入面では、個人差はあるものの、おおむね個人事業主となってからのほうが収入も増えており、平均して20%以上の収入アップとなっています。

フリーランス協会のアンケートによると、一般的にフリーランスの方が悩まれているのは、収入が安定しないこと、社会的信用を得るのがむずかしいこと、仕事がなかなか見つからないこと、経理などバックオフィス業務が煩雑なことなどが上位に挙げられているようです。

そうした悩みと照らし合わせると、活性化プロジェクトでは安定的な収入につながる契約条件を用意していますし、仕事もまずタニタのつながりから進めることができます。主要取引先としてタニタがあって、そこで取り組んできたことを自分の仕事として紹介できますから、一般的なフリーランスよりは社会的信用を得られやすいかと思います。**ゆくゆくは完全にフリーランスとして働いていきたい人にとっても、ステップアップのためのしくみになっている**のではないでしょうか。

また、研修受講やビジネススクールへの入学、書籍購入など「自分への投資がしやすくなった」という声があります。従業員時代は、従業員教育の一環として会社が指定した研修に臨みますが、自分で決めていないため乗り気でなかったり、その結果、身につかなかったりして、ややもすると形骸化していることもあります。

自分で必要だと思うものを自ら選んで、研修費や受講費をかけて学ぶ。その費用は経費として計上する。まさに「ワークライフインテグレーション」と言いますか、仕事にも自分自身にとっても価値あるものに投資して、結果として日常生活にも良い影響が生まれます。

ただなんとなく会社のオフィスで働いて、備品を使って、研修に行って……ではなく、自分の意志でなににどれだけ投資して、なにを得ようとするのか。経費の使い方を考えるだけでも、自立心が育まれるのではないかと考えています。

これからの時代、定年退職してからも長く人生は続きます。働き続けようと思うなら、退職したあとも第一線のスキルを持ち続けなければいけないわけです。そういう意味では、早くから自律的にスキルを磨き、個人事業主として活躍できる力を身につけることが、個人としての成長の源泉になるはずです。

そういう人がどんどん増えていけば、ひいては組織や業界、そして国全体の成長にもつながるのではないでしょうか。「日本活性化プロジェクト」と、いささか仰々しい名前をつけているのも、そういう思いを込めてのことなのです。

Q　当初の狙いだった従業員の意識に、なにか変化はありましたか？

弊社はやはり、基本的には保守的な企業風土だと思います。きちんと試験を行い、安全なもの、正確なものをお客様に提供する使命があります。ですから、そういう社風も大切です。

ただ、このプロジェクトを立ち上げて、初年度にはまだ共栄会もなかった段階で8名が手を挙げました。2年目はまだ成果も見えづらかったですし、3名程度の希望者でした。でもそれが一巡して、少しずつ変化してきた結果、3年目には全員合わせて24名の活性化メンバーとなりました。

本社でいうと1割程度の人数ではあるのですが、そういったメンバーがロールモデルとなり、従業員とともに仕事を続けていくことで、少しずつ意識変化が起こってくるのではないかと考えています。

それと、個人的な話ではありますが、わたしもプロジェクト初年度に活性化メンバーとして個人事業主になりました。わたし自身、ずっとバックオフィス系の仕事しかしたことがありませんでしたから、他社と取引をするならそのままバックオフィス業務に携わる形なのかなと考えていましたが、それではあまり他社とやる意味がないように思えたのです。それで、この日本活性化プロジェクトをほかの企業でも導入できるようなスキームを提供できたらと考え、動きはじめました。そんなふうに思えたのは、やはりこのプロジェクトを始めてからです。

それに、従業員時代から部門予算を預かり、責任を持って業務を行っているつもりでしたが、いざ個人として帳簿をつけてみると、意識が全然違う。きちんと収入が伸びていると、それがそのまま自分の成長につながっているような気がして、なんだかとても楽しいんです。この感覚はいままでありませんでしたね。ですから、わたし個人としては雇用関係に戻りたいとはまったく思わないです。

Q 世のなかからの反応は、どう捉えていたのでしょうか？

この取り組みを世間に発表したとき、予想してはいたものの、賛否両論をいただきました。「労働法の脱法行為では」「偽装請負につながるのでは」……そういった厳しい声もありました。もちろん、そういったことのないよう、顧問弁護士など専門家の意見に基づいたしくみとしています。

そもそも労働法の意義を考えれば、大量生産するために多数の人を雇い、資本家が労働者を搾取するような歴史がありました。そうならないために法律が整備されました。そうした「だれかに犠牲を強いる」ような精神でこの取り組みを見ると、悪用しようと考える人もいるかもしれません。

でも、弊社の社長としては、本当に会社と個人の、そして日本の未来を考えて始めたことで、単に「人件費を減らそう」「会社の利益を出そう」という意図はまったくないのです。わたしとしてもその思いに共感しているので、ぜひこの取り組みを推進していきたいと考えています。

それに実際にやってみて実感したのは、**雇用関係にあれば「身内」、業務委託であれば「外の人」という感覚が、知らず知らずのうちに刷り込まれていた**んだということです。けれどもこれからの時代、他社と共同で行う仕事も増えていますし、一緒になってゴールを目指すことになる。そういう意味では**「内」と「外」という感覚が少しずつ外れていけばいいな**と思いますし、「日本活性化プロジェクト」に共感して取り組んでくれる会社が1社でも出てきてくれたらと考えています。

髙木のまなびメモ

◉ 会社と個人の相互依存的な関係性を変えていきたい

◉ より主体的な社風を育んでいくために選択肢を増やした

◉ 選択肢がなければ辞めていた人がいた（雇用の確保）

◉ 指揮命令の必要がなく、自身で業務を完遂できるような人にとっては、完全にフリーランスとして独立して、複数の会社から業務の発注を受けながら働いていくまでのステップアップのしくみにもなる

◉ 会社の「内」と「外」という感覚が少しずつなくなっていくといい

現地現物　03

複数社で
雇用され、働き、学ぶ
という選択肢

ANAの「副業制度」「グループ外出向」

全日本空輸株式会社
人事部ピープルチーム 兼 ANA HD グループ人財戦略部
福井 聡　ふくい さとし

Q 「副業制度」「グループ外出向」を始めた経緯と内容を教えてください

新たに制度として整備するに至った直接的なきっかけの1つは、やはりコロナ禍によるものでした。

ここ数年、売上も堅調に推移し、忙しい状況が続いてきましたし、従業員の多様な働き方に関しては、以前から要望の声は上がっていました。そこに、コロナ禍の影響で客室乗務員を中心に稼働が低下し、改めて制度について検討することになったのです。

当社では以前から副業を一部認めていたのですが、個人事業主のみの適用に留まっていました。2社以上の企業と雇用契約を結ぶと、社会保険の加入資格が発生する場合もあり、手続きが煩雑となるため、それを避けていた形です。

今回は、その適用範囲を広げ、他社と雇用契約を結んでも社会保険加入に該当しない範囲内での勤務体系であれば副業可能ということにしました。

もともと副業を認めていたとお話ししましたが、実はこれまでは、従業員にあまりそれが浸透していなかったのかもしれません。今回、副業の適用範囲が緩和され、メディアにも取り上げられたことで社内的にも認知が広がり、新規に申請を行う人が増えました。

客室乗務員はもちろん、それ以外にも地上職など、本当にさまざまな従業員が副業を始めています。

どんな副業をしているのか統計をとっているわけではないので、具体的にどういった職種に就いているかはお答えできないのですが、身近な例では、もともと社外活動でサッカーを教えていた人が、自治体に請われてサッカーを軸に町おこしを行うことになったと聞きました。人事部でも「そんな特技があったんだ」「そういう取り組みっておもしろいね」などと会話しています。そうやって、同僚の意外な側面に気づけるのも良い機会だなと感じます。

副業制度はパイロットや客室乗務員を含む、ＡＮＡの全従業員約１万５０００人のうち希望者を対象とし、グループ外出向も公募制を一部取り入れています。

グループ外出向については、従業員の約半数が客室乗務員ということもあり、実際に出向しているのも客室乗務員が多くなっています。これまでは「人材交流」という形式で慣例的に行われてきましたが、このような状況下で、より多くの企業で出向を受け入れていただくことになりました。

当社としては、大変厳しい局面に置かれているのも確かで、具体的には労働組合に賃金減を申し入れるなど、さまざまな見直しを迫られています。そういったなか、**できるかぎり従業員の雇用を維持し、当社以外でも収入を得られる手段として、**副業制度とグループ外出向を活用することになりました。

ただ、世のなかの動向を踏まえましても、生涯を通して一社だけで働くことがだんだん少なくなり、さまざまな方が転職したり、副業をしたりして、社外で経験を得ることが当たり前になってきました。

当社としても、**社外での経験や学びが個人としての成長にもつながり、その知見を社内に還元してもらうことで企業としての成長機会になれば**と考えています。

Q　メディアではとても大きな話題となりましたが、社内では反発や懸念の声はありましたか？

当社では人事制度を改定する際、基本的に企業内の労働組合と協議しながらプロセスを進めるようにしています。今回の制度については、雇用維持と人材育成を目的としており、従業員になにか義務を課すのではなく、あくまで「選択肢を増やすもの」となるため、特に目立った反対意見はなかったと記憶しています。

ただ、自社の管理が及ぶ範囲以外での勤務が発生することになるため、健康面をどのようにマネジメントしていくのかといった懸念はありました。そのため、副業に関しては所属長に副業先での労働時間を報告し、36協定で定められている法定労働時間を超えないように、自分自身でも時間管理をしてもらうようお願いしています。

グループ外出向については、人事部が本人と定期的にミーティングを行い、労働環境や労働時間などに問題ないかどうか、ヒアリングして確認しています。

また、秘密保持につきましても、これまで小規模ながら副業や出向の事例もありましたし、大きな懸念はなかったと思います。

一般的には、副業や出向を認めると情報漏洩してしまうのではないかと心配する企業もあるのかもしれませんが、これはあくまで従業員のモラルの問題だと思います。

さすがに、同業他社への副業申請を認めるわけにはいかないため、都度、本人との面談や申請内容を通してチェックしています。懸念があるからといって、副業や出向を認めない理由にはならないと考えています。

Q 従業員のエンゲージメントが下がってしまう不安はありませんでしたか？

当社の基幹事業である航空事業に取り組む企業はそう多くありませんし、従業員の多くが、航空事業そのものに憧れ、強い興味と誇りを持っている気がしています。そのため比較的みなさんエンゲージメントが高く、社外で仕事をすることでそれが下がってしまうことは、あまり心配していませんでした。

むしろ、**社外での経験を得て、客観的に当社を見ることで、改めて自分たちの会社の良いところ、強みに気づくことができるのではないか**と思います。実際、制度を利用した人からはそういった声も聞かれますし、副次的に自社を見つめ直す機会になっているのではないでしょうか。

Q どのように制度を運用していますか？

副業については、まず本人が上長に申請します。本業に支障のない範囲内での勤務となることを確認して、承認をもらってから、次に人事部が本人と面談を行い、労働時間や秘密保持、競業避止などの観点を確認したうえで承認を行います。

たとえば、週１日別の会社で働いて、週４日は当社でフルタイムで働くといった働き方も、本人の希望次第では可能ですが、まだ実際にそういった方は出てきていません。

やはり大前提として、この制度が従業員にとって良い制度でなければなりません。まだ始まったばかりの取り組みですし、運用面としてはまだまだ改善点があるのも認識しています。大きなトラブルが起こらないよう、しっかりとルールを敷き、従業員をサポートしていきたいです。

グループ外出向については、各協力企業から募集要項を送ってもらい、そのポストを内部公表し、社内公募に手を挙げてもらいました。１つのポストに複数名の方の応募が来ることもありましたから、先方の希望要件と本人の適性を踏まえ、人事である程度選考を行い、総合的に判断した事例もあります。

当初は400名程度を想定していましたが、反響もあって徐々に出向者は増え、2021年12月現在では累計約1600名がANAグループ全体から、グループ外企業へ出向しています。

Q 出向の協力企業はどのように決まったのでしょうか？

もともとつながりのあった企業を中心に広げようとしていたのですが、2020年10月に、片野坂（真哉）ANAホールディングス代表取締役社長が会見で「今後、出向を本格的に検討していく」と表明したところ、たくさんの企業や自治体の方々からご要望をいただきました。「力になりたい」「ぜひANAの社員の方々に手伝っていただきたい」と。

当初は、人材紹介会社などに協力いただく形で受け入れ先を探そうと考えていましたが、ほとんどは直接申し出をいただいた企業にご協力いただくことになりました。本当にありがたいお言葉でしたし、メディアの力を感じました。

これまでの人事交流では、航空や運輸、旅行など当社の事業とも関連性の高い会社にお願いすることが多かったのですが、今回の出向では、まったく接点のなかった企業ともご縁をいただくことができました。

客室乗務員を中心に、これまでの経験を活かせるような接客業務を行う人もいれば、IT企業などまったくこれまでとは異なる業務に携わっている人もいます。基本的には本人の希望に沿った仕事のため、みなさん前向きに取り組んでいて、学びも多いようです。

ただ、出向先の企業の方々にさまざまな面で支援いただいているとはいえ、慣れない環境で働くことになるため、我々人事部としても従業員をサポートし、双方にとってより良い機会になるよう取り組んでいきたいです。

また、**我々人事部もさまざまな企業や自治体とやりとりすることで、それぞれの社風、物事の見方、考え方に接することとなり、非常に刺激を受けています。**そういった意味では、出向する社員にとっても、より幅広い視野で知見を得られる機会なのではないかと考えています。

Q コロナ禍以降も、この取り組みを続けていく予定ですか？

まだ明確な決定事項はありませんが、従業員にとって成長の機会となり、その学びを会社に還元してもらうことが最も重要な目的である以上、なんらかの形で継続していくことになるのではないかと考えています。

目下、従業員たちが出向先の企業で業務に励んでいるところです。当社に戻ってきてから、どのようにその知見を還元していくのかは未知数な部分もあり、人事部としても引き続き検討していきたいと思っています。

個人的な思いとしては、今回、さまざまな企業の人事部とやりとりをさせてもらい、多くの気づきがありました。自社でやってきたこと、常識だと思っていたことが、実は他社ではまったく違っていたり、重要とされていなかったりする。当たり前ですが、自社の常識と他社の常識は違うのです。

きっと、そういった気づきが出向に取り組む従業員1人ひとりにもあるはずでしょうし、それぞれの知見や経験を社内で共有して、今後の改善につなげていきたいです。

今回、まったく想定していなかった事態となり、会社としていかに従業員の雇用を守りながら、事業を立て直していくかというのは、さまざまな困難がありました。

そのなかでも、多くの日本企業から温かい支援の声をいただいたことは、わたしたちにとって本当に希望となりました。これを学びの機会として、企業としての成長につなげていけるかは、これからにかかっています。

もし今後、逆の立場になって、ほかの企業からの出向を受け入れることになることがあれば、しっかりとサポートできるようになりたいです。今回得たご縁をビジネスにも生かし、引き続き人材交流などに取り組んでいけたらと考えています。

髙木のまなびメモ

◉ 「1つの会社だけで雇用・収入を維持する」という考え方からの転換
（雇用の確保）
◉ 自社だけでは学べない知識や経験・人脈などを持ちかえってほしい

（人材の育成）

◉ 社外とつながることで、かえって自社の良いところや強みに気づくこともある

◉ 自社の常識と他社の常識が違うことに気づけたのも大きな学びの１つ

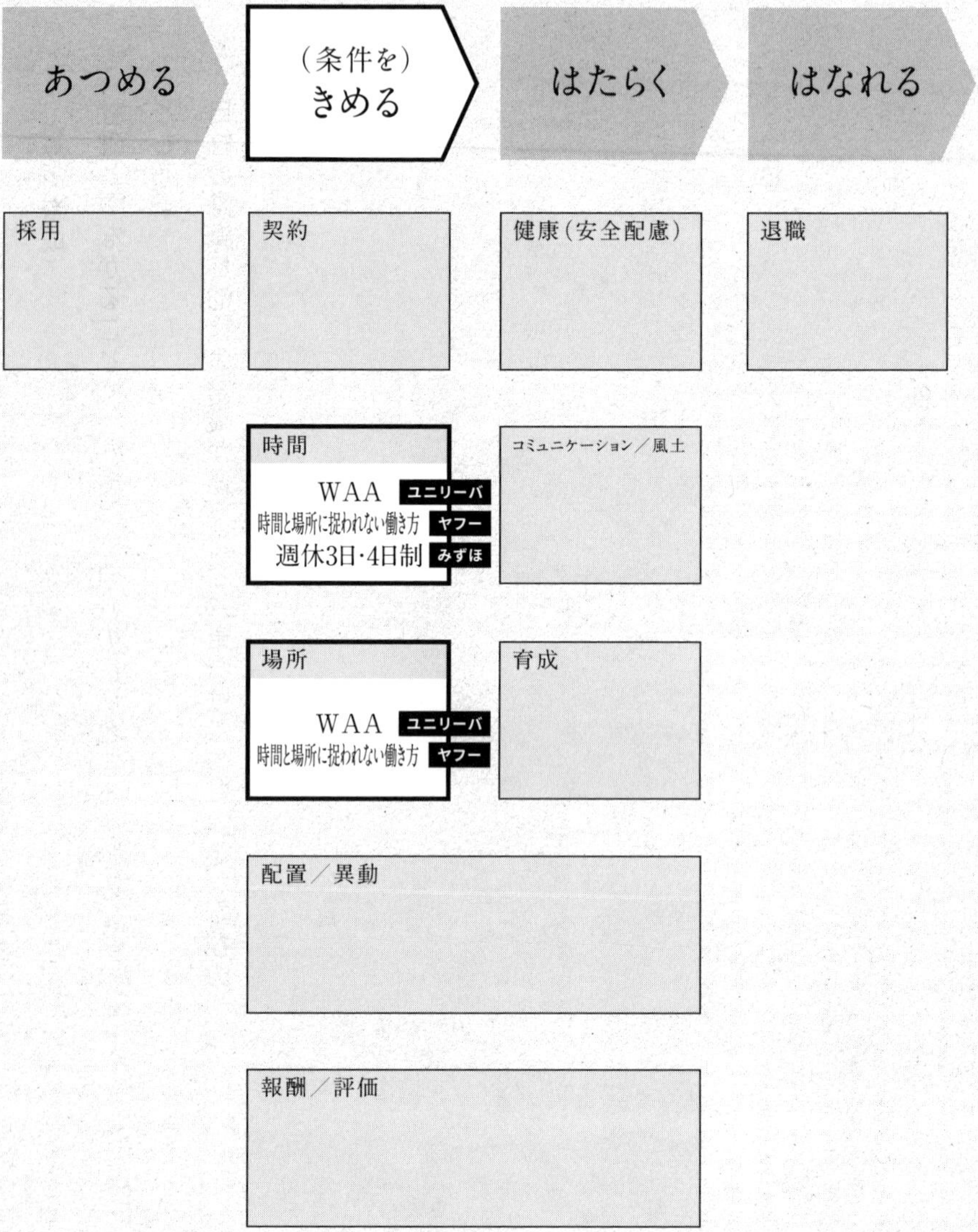
あつめる
（条件を）きめる
はたらく
はなれる
採用
契約
健康（安全配慮）
退職
時間
WAA ユニリーバ
時間と場所に捉われない働き方 ヤフー
週休3日·4日制 みずほ
コミュニケーション／風土
場所
WAA ユニリーバ
時間と場所に捉われない働き方 ヤフー
育成
配置／異動
報酬／評価

時間・場所

多くの日本企業では、無期雇用社員(正社員)は一律フルタイム(週5日、1日8時間)で働き、くわえて残業することが当然とされています。働く場所についても、オフィスに出社して働くことを是とする風潮は根強く残っています。その背景には、そもそもの雇用契約の条件が無限定ということや、フルコミット・ヒエラルキー・クローズな風土があります。

今回は、働く時間や場所について柔軟な選択肢を用意している、あるいは用意しはじめた企業に話を伺ってきました。

現地現物　04

いきいきと
自分らしく
働ける環境を

ユニリーバ・ジャパンの「WAA（Work from Anywhere and Anytime）」

ユニリーバ・ジャパン・ホールディングス合同会社
人事総務本部長
島田 由香 しまだ ゆか

Q 「WAA（Work from Anywhere and Anytime）」を始めた経緯とその内容を教えてください

2014年にイタリア出身の社長が着任したのですが、彼はビジネスの成長に情熱を傾けるのと同じくらい、人に関心を持っている人だったんです。

彼が初めて来日したとき、質問攻めにされました。「なぜみんなあんな満員電車に乗って平気なんだ？」「どうしてこんなに遅くまで働くんだ？」毎朝9時前になるとエレベーター前に大勢の行列ができるのを「こんなことはおかしいんじゃないか？」と。

日本の働き方を見て、衝撃を受けたようでした。

わたしも常々そう考えていて、「そうなんです！実は、やりたかったことがあるんです」と「WAA」のコンセプトを伝えました。すると、ぜひやろうと後押しをもらい、役員や部門のリーダーに合意を得て4ヶ月後には全社員に発表、その後社内でのパイロットなどを経て2016年7月からスタートすることになりました。

内容としては、上司に申請すれば、自宅やカフェなどオフィス以外の場所でも働けること、平日の5時〜22時の間で自由に勤務時間や休憩時間を決めることができること。期間や日数の制限はありません。工場のオペレーター業務や営業など、一部の社員以外は基本的にすべて対象となっています。

もともと「WAA（Work from Anywhere and Anytime）」という名前もコンセプトも自分のなかにはあって、働きやすい環境は人それぞれ違うのではないかと考えていました。

働く人の多くが「こうしなければならない」という思い込みにとらわれています。毎日満員電車に乗って朝9時までに出勤して、我慢したり無理したりするのが当たり前になっている。ある意味、企業もそれを社員に強いているところもあります。

でも、そんな労働環境はサステナブルではありません。

もっと「楽しく」「楽に」というか……仕事ってもっと楽しくて、ワクワクしてもいいんじゃないか。より豊かな人生を生きることを働き方から叶えていきたいな。それが、WAAで実現したかったことなんです。

1人ひとりがいきいきと働き、より豊かに生きるためにはなにが必要なのかと考える。そのうえで理由を問わず、働く場所や時間を自由に選べるようにしました。

Q 制度導入は一気に？
それとも徐々に進めたのでしょうか？

まずは、どうなるかやってみようとパイロット版を行ったんです。**居住地や勤務地、部署、役職、年齢、家族構成などをランダムに社員100名を選んで、3ヶ月の試行期間を設けました。**その結果、98％の人が好意的に受けとめて「ぜひ引き続きやっていきたい」「全社に広げるべき」という反応でした。そこから、正式な制度実施へとプロジェクトチームが動き出しました。

「もっとこうしたほうがいい」「こんなときに困った」といった意見やリクエストを参考に、人事労務あるいは法務的な観点から8つの課題にまとめ、全社員に展開する際のガイドラインや施策に盛り込みました。

2016年7月の導入前には社内から「これからはオフィスに来てはいけないってこと？」「チームワークをどうやって保てばいいのか」といった懸念の声がありました。そういった声に対しては「やってみないとわからないし、やる前からやったことがないことを不安に思うだけ時間とエネルギーの無駄。まずはやってみよう」と答えました。

スタートして3ヶ月後にアンケートをとると、70%の社員が「毎日の生活がポジティブになった」と答え、さらに「生産性が上がった」と感じた社員が75%、全体でも10〜15%ほど勤務時間が短くなりました。

アンケートはその後、18ヶ月の間に3ヶ月ごとに実施し、ほぼ毎回の回答に差がなくなり、安定した結果が見えてきたのでやめました。

わたしはどちらかというと、こういうふうにしたい、こんな世界にしたいという、創りたい世界を目がけてひた走るほうなのですが、当時の社長が「やろう」と後押しをしてくれたぶん、関係各部署も反対するよりは、実現するためにはどうすればいいかという姿勢で取り組んでもらえたのはありがたかったですね。

Q 働く場所や時間がバラバラだと、労務管理の難易度が上がりませんか？

時間管理や安全配慮義務を考えると、むずかしい場面は出てきますよね。

実は、もっと早くＷＡＡみたいなことをやろうとしていたんです。２０１２年くらいの時点で、リーガル（法務部）のリーダーに相談したときには、まだ法令的にクリアできないことが多くて、断念しました。

でも、３年のあいだに国もフレックスタイム制や裁量労働制の見直しなどを検討しはじめて、世のなかの状況も変わってきました。それで改めて、どうすれば実現できるのか、法務的な観点から検討してもらったんです。

そこで決めたのは、性善説で物事を進めることでした。

具体的に言えば、勤怠状況は本人の自己申告制にして「管理する」というより「把握する」という考え方です。

安全配慮義務とはつまり、社員が安全に働ける環境を確保するために必要な配慮を行うということです。企業側が定期的に労働環境のヒアリングを行い、その環境整備や、セルフマネジメントについてのトレーニングや情報発信を行い、マネジャーなど管理者を含めた社員をサポートすることで、その配慮を行うことにしました。

たとえば、ＷＡＡの制度そのもののレクチャーだけでなく、そもそも働くとはどんなことで、なにを目指すのか。ともに働くのはどんな意味があって、パフォーマンスを発揮するために自分がどうあるべきなのか。マネジャーはそこでどんな役割を果たすべきなのか。

特に「being（あり方）」については、マインドセットを促すようなトレーニングを全社的に行いました。マインドフルネスやヨガなど、ウェルビーイングに取り組む場も設けています。

企業側の発信するメッセージとして**「社員を信頼しているからこそ、セルフマネジメントに取り組んでもらいたい」「助けが必要なときにはすぐに相談してほしい」「マネジャーはしっかりそれをサポートしてほしい」**と繰り返し伝えています。

Q 制度をうまく運用するポイントはどこにあると捉えていますか？

この制度を機能させるには、マネジャーの果たす役割が非常に重要だと考えていました。

そして、スタート当初はやはりチームによってマネジメントに違いが出てしまったんです。パフォーマンスが上がるチームもあれば、思うようにコミュニケーションがとれないチームもありました。

その違いはなんだったかというと「信頼」だったんですね。

あまりうまくいっていないチームにありがちなのが、マネジャーがなにかと細かくルールを決めたがること。「朝9時までに本日の業務予定をメールしてください」とか。心配だから逐一チェックして、あらゆることを管理しようとして、できていないとさらに心配になる。そういうネガティブなサイクルに陥ってしまうんです。

「近くにいてもらわないと管理できません」というマネジャーは、おそらくオフィスで一緒に過ごしていてもメンバーの状況に気づかないと思うんです。メンバーがしっかりパフォーマンスを発揮できているかどうか、調子が良いのか、しっかり見て、しっかりコミュニケーションをとっていれば、わかるはずじゃないですか。

もちろん、業務の進捗状況の報告や情報共有など最低限のルールを決める必要はありますが、前提となるのは信頼です。

ですから、マネジャー向けのトレーニングをたびたび実施して「しんぱい（心配）ではなくしんらい（信頼）、『ぱ』を『ら』に変えて！　これが本当のぱらダイム・シフト！」と、幾度となく伝えてきました。

マネジャーのマインド1つでコミュニケーションは大きく変わります。ビジョンを共有し、メンバーを信頼することで、メンバー1人ひとりが「信頼されている」と実感して、自発的に考えたり行動したりできるようになる。信頼をベースにすることが大きな第一歩になるんです。

WAAを始めて、マネジャートレーニングをますます強化するようになりましたし、うまくいっている事例をマネジャー間で共有できるようにするなどしています。

Q 労務管理や情報共有、コミュニケーションにはどんなツールを使っているのでしょうか？

労務管理としては、もともと使っていたシステムを少し仕様変更して、業務時間や移動時間、業務外時間を自己申請で入力してもらっています。また、Teams（チームス）を導入して、コミュニケーションや情報共有に活用しています。

ただ、それもようやく、WAAを本格始動してから変わってきたという感じですね。

わたしがGE（ゼネラル・エレクトリック社）からユニリーバへ転職したのは2008年ですが、当時かなり「メール文化」で、あまりに多くのメンバーをCcに入れるから、とても驚いたんです。ですから、なんとかそれをもっと効率的にしたくて、２０１５年くらいに人事部だけ先行して「LINE WORKS」を導入しました。

その後、全社的にTeamsを導入することになって、「社内コミュニケーションはできるだけTeamsを使いましょう」と呼びかけ、メールでやりとりすべきこと、そうでないことを「Do's and Don'ts」として一覧にまとめて、社内で共有しました。まだメールをメインに使う人は一部いますが、少しずつ変わってきたと思います。

メールだといちいち「おつかれさまです」とか「よろしくお願いします」とか、定型文があったりしますが、あまり意味がないように感じます。チャットツールなら、仕事にかぎらず、ちょっとしたこともスタンプや絵文字で気持ちを添えて、端的に伝えられるんですよね。やっぱり、他社を見てもテクノロジーを活用しているところはスピードも速いし強いですよね。ですから、なるべくチャットベースのコミュニケーションに移行しようとしています。

Q　人事考課はどのような評価基準で行っているのでしょうか？

基本的には、制度導入以前から変わっていません。

シンプルに、その人がなにをどのように実行したのか。「What（成果）」と「How（プロセス）」を見て判断しています。

つまり、目標が達成できたかどうか、そしてそのプロセスにおいてその人自身のリーダーシップや強みがどのように発揮されたかを見るということです。その人の役割と責任を明確にして、ポテンシャルを基本給に、成果を得られたぶんは賞与に反映していくといったやり方ですね。

ただ、その評価を半期ごとに機械的に行うのではなく、マネジャーが継続的に「あなたはなにがやりたいの？」「なんのためにやっているの？」「この期日までにどうなっていたい？」とメンバーと対話するほうが、どれだけ質の高いゴールや目標を設定することよりも重要だと思うんです。

そもそも、なぜ人事評価を行うのか。それは1人ひとりがより良く働けて、パフォーマンスを発揮できることが目的です。であるならば、その人にはなにができて、どんな強みがあるのか。どんな可能性があって、なにをやりたいのか……と、問いかけ、そのサポートをするのがマネジャーの仕事であるはず。「これできていないじゃん、ダメだね」と、その人の苦手なところを指摘するだけでは成果は上がりません。

それぞれ違う強みを持ったメンバーがいて、だからお互いに補完し合いながら、チームワークで仕事をしている。みんながいきいきと、ワクワクしながら働ける場をつくることが企業のやるべきことだと考えています。

Q 工場勤務など対象外の社員もいますが、「不公平では」という声はあがりませんでしたか？

実は、工場勤務の方からも「WAAをやりたい」という声があがったんです。その後、工場の業務をレビューして、工場勤務でもたとえばサプライなど調達分野や品質管理の担当、エンジニアなどにはWAAの枠組みで働いている方がいます。

ただ、工場のオペレーター勤務など、シフトで勤務時間が決まっていて、現場にいなければ業務することができない社員に関しては、やはり対象外となっています。「不公平になりませんか？」という質問は、普段からよくいただくんです。ほかの日本企業の方からも「うちには工場があるからむずかしいですね」という声も聞きます。

でも、そもそも、働く時間や場所にとらわれたくないのなら、担当する業務を変えるという選択肢もあるわけです。工場勤務ではなく、ほかの部署に異動届を出すこともできます。あくまで本人の意思に基づいて、どんな業務を担当するかが決まります。

「公平」というと、みんな同じ条件にしなければならないように思われがちですが、それよりも前に、「働きやすい環境は人それぞれ違う」という考え方が先にあります。

フレキシブルに働きたい人もいれば「きっちり朝8時半から夕方17時まで仕事して、暦通りに休みをとりたい」という人もいる。**1人ひとりが希望する働き方を叶えられる選択肢を用意することのほうが、本当の意味で「公平」**だと思うんです。

企業と社員の関係って、どうしても一方通行になりがちじゃないですか。企業が社員を「雇ってあげている」とか、あるいは社員が企業に対して「なにもしてくれない」と陰口を叩くとか。でも本来、**企業と社員がビジョンを共有して、それぞれ**

の意思と責任に基づき、Win-Winの関係性を築けたらいいですよね。

Q　コロナ禍によって、なにか影響はありましたか？

基本的に変更点はないのですが、やはり働く場所を「Anywhere」ではなく「Work from Home」（原則在宅勤務）にしてもらいました。

全社的に長期間にわたって在宅勤務をするのは初めてのことだったので、当然、戸惑いや苦労を感じる人も多かったようです。わたし自身も最初の2週間くらいは滅入ってしまって、なんとか家を快適な職場環境にしようといろいろと試行錯誤しました。

でも、今回気づいたのは「オンラインよりもリアルで会うほうがいい」という思い込みが自分にもあったんだという発見でした。

コロナ禍になってすぐのころは、セミナー開催を基本的にキャンセルしていたのですが、少しずつオンライン開催を模索するようになったんです。

すると、会場の設営もいらないし、移動時間を考えなくてもいい。こっちのほうが断然楽だなって。参加者も、オンラインに慣れてくると質問したり意見したりしてくださるようになりましたし、運営もまったく問題ない。オンラインだからといってコミュニケーションが減ったり、生産性が下がったりすることはない。「それは思い込みなんだ」と実感できました。

反対に、オンラインならではの魅力に気づきましたし、今後リアルの場が戻ってきたとしても、引き続きオンラインも活用することになるだろうと考えています。

Q 今後、WAAをどのように展開しようと考えているのでしょうか？

WAAの延長線上にある取り組みとして、2019年7月には「地域 de WAA」を、2020年7月には「WAAP（Work from Anywhere & Anytime for Parallel careers）」を始めました。

地域 de WAA は、言わば「ユニリーバ式ワーケーション」です。

和歌山県白浜町をはじめ8つの自治体と連携し、その地域の施設をコワーキングスペースとして使ったり、業務以外の時間で地域活動に参加することもできます。その際、自治体の指定する課題解決に貢献する活動を行うと、提携宿泊施設の割引など特典を受けることができます（２０２０年３月からは新型コロナウイルス感染拡大防止のため休止中）。自然のなかで、人間らしさを取り戻しながら効果的に仕事ができるんです。

ＷＡＡによって働く場所が多様になったことで、実際に名古屋や岡山、カナダや台湾など、さまざまな場所で暮らしながら働く社員が出てきました。最初はどちらかといえば本人の意思というより配偶者の事情によるものだったのですが、正式にガイドラインを定め、通常のコミュニケーションにくわえ、６ヶ月に一度上司との面談を設ければ、オンラインのみのやりとりでかまわないということにしました。

リモートワークを前提とした働き方は続くでしょうから、本当の意味で「Work from Anywhere」という場所にとらわれない働き方が、ますます当たり前になっていくのだと思います。そうなったとき、オフィスという名前もなくなるかもしれません。

そこで、これからのオフィスのあり方について、改めて考え直し、明確にした2つの目的「人とMingleすることでInnovationを起こす」「ユニリーバのCultureを感じる」に則った新しいオフィスにリノベーションしました。

もう1つの展開であるWAAPは、広く社外からユニリーバの副業やインターンシップを受けつける制度で、選考や業務は原則的にオンラインで行います。必要なのは「PC」だけ。パソコンと情熱と能力（Passion & Capability）だけというコンセプトです。

これはコロナ禍の影響を受け、雇用を維持するのがむずかしくなった業界や企業が出てきたなかで、当初は企業と提携しようと考えたんです。一部社員に休業手当を出して休んでもらっている企業にアプローチして、ユニリーバの仕事を副業として行える社員を紹介してもらおうと。

休業で給与が少なくなってしまった方にユニリーバの仕事をしてもらえば、その方にとって給与の補填にもなるし、スキルを活かして新たな経験ができる。最大1年くらいで、業績が戻ればまたもとの企業に戻るといった形にできれば、企業にとっても本人にとってもWin-winになるんじゃないかなと。

結果的には、企業との提携ではなく、まずは個人からとなりました。

ユニリーバに興味を持ち、ビジョンに共感してくださっていて、かつ新しい経験がしたいと考える方に、副業やインターンとしてユニリーバに関わってもらう。そこで自ら裁量を持ってなにかにチャレンジする。それが新たな出会いやスキルアップにつながるなら、とても良い機会になるのではないかと。

世のなかの流れとしても、雇用のあり方は変わってきていますよね。

一社だけが雇用するのではなく、自らの強みや経験、興味を複数の企業のために生かしていく。雇用ではなくフリーランスとして関わるような働き方がますます浸透していくのではないかと考えています。

Q 最後にひと言、今後の働き方制度についてお願いします

WAAもこれからもっと進化していけたらと考えていますが、なにか成功する理由があったとすれば、5つのカギがあったと思うんです。

1つ目はビジョンからスタートしたこと。

だれもがいきいきと自分らしく働いて、豊かな人生を送れるような新しい働き方を実現しようと。どんなライフステージにいても、働くことを楽しめて、人生を楽しめる。そんな豊かな生き方をユニリーバの社員はもちろん、社会にも広げていき

たい。社内外からそのビジョンに共感してくれる方を巻き込むことができたのは、大きな原動力になっています。

２つ目はトップのコミットメント。

当初から当時の社長が後押ししてくれました。わたしもときにはスピード優先で突っ走ることもありましたが、会社として方針を示してくれたことで、迷わず進めることができました。

その後、サイボウズ、ヤフーなどさまざまな企業も新しい働き方を積極的に推進してくださるようになったことで「そういう働き方もあるんだね」「興味深い」と納得してもらえるようになってきました。

３つ目は「Growth Mindset + Risk Taking」。

コロナ禍もそうですが、生きているかぎりいろんなことが起こりますよね。それを「自分は不幸な人間だ」と捉えるか「成長のチャンスになる」と考えるか。グロースマインドセットを持って、自己決定に基づいてリスクをとって、やりきろうとする。そのマインドをマネジャートレーニングを通じて社員と共有して、まずやってみようと前向きに取り組めたからだと思います。

４つ目はテクノロジーです。

リモートワークを可能にしたのはやはり、テクノロジーですよね。オンラインでもオフラインでも関係なくコミュニケーションを図ることができますから。

そして5つ目が、役割や責任範囲が明確であること。

これはいまに始まったことではありませんが、やはりポジションごとに役割と責任範囲が明確になっていて、1人ひとりが自分になにを期待され、なにをすべきなのかがわかっている。マネジャーとメンバー間でもそれを前提としたコミュニケーションとなっているから、自律的に働けるんだと思います。

ユニリーバでは「Be yourself（自分らしさ）」を大切にしていて、お互いをリスペクトし合い、「サステナビリティを暮らしの〝あたりまえ〟に」というパーパス（存在意義）を実現しながら、ビジネスとして成長することを目指しています。その思いを共有できる人々とともにWAAの働き方を広げていきたいので、ぜひみなさんにも自分のできることからチャレンジしてみてほしいですね。

髙木のまなびメモ

◉ よりサステイナブル（持続可能）な労働環境を実現するために働く場所や時間を選べるようにした

◉ まずは小さくトライアルをして、その結果を踏まえて全社展開していくという進め方

◉ 働き方が自由になったぶん、コミュニケーションやマネジメントの改善に力を入れている

◉ 1人ひとりの希望を叶えられる選択肢を用意することが本当の「公平」ではないか

◉ 企業と社員がビジョンを共有して、それぞれの意思と責任に基づいた対等な関係性を築く

◉ 「オンラインだと生産性が下がる」というのは思い込みな部分もある

◉ オンラインでの選考や業務が可能になったことで副業やインターンを受け入れやすくなった

◉ 変革の鍵の1つに、テクノロジーの活用でコミュニケーションの幅が広がったことがある

現地現物　05

才能と情熱を
解き放てる環境を

ヤフーの「時間と場所に捉われない働き方」

※本稿は、2020年7月に行った取材をもとに作成

ヤフー株式会社　コーポレートグループ
PD統括本部 ビジネスパートナーPD本部 本部長
岸本 雅樹　きしもと まさき

Q 「時間と場所に捉われない働き方」を始めた経緯を教えてください

時系列に沿って、旧制度の「どこでもオフィス」からご説明します。

2014年のスタート当時、当社の課題としてスマートフォンへのサービスシフトに重点的に取り組む必要があり、スマホユーザーを獲得していくには、働き方そのものを変えていかなければならないのではという議論になりました。スマホで使いやすいサービスを考えるなら、わたしたち自身もオフィスに縛られることはない。どこにいたって仕事ができるんじゃないかと。

その前年、代表取締役社長が宮坂学（現・東京都副知事）に代わり、「才能と情熱を解き放つ」を人事施策のコンセプトに掲げました。そして、性善説に基づいて1人ひとりのチャレンジを支援していくことで新たなサービスを提供していこうと考えたときも、「オフィスで働く」ことが果たしてベストな働き方なのか、**最もパフォーマンスが上がり、才能と情熱を解き放てる場所で働いてもらったほうがいいん**じゃないかというのが基本的な考え方でした。

2017年4月に導入したのが「えらべる勤務制度」です。社員の年齢層が多様化するにつれ、育児や介護など仕事以外の要因で従来の勤務時間内で働くことがむずかしくなってくる人が出てきました。

この制度は、月単位で申請や変更（曜日変更、解除）が可能なため、たとえば「夏休みに合わせて8月のみ制度を利用する」など、それぞれの事情にあった働き方が実現できます。

そして、2020年7月に「どこでもオフィス」と「えらべる勤務制度」を発展させる形で、「時間と場所に捉われない働き方」を発表しました。新型コロナウイルス感染症拡大の影響と4月の緊急事態宣言を受けて、リモートワークを前提とした働き方に再設計しようと。

緊急事態宣言中、基本的には在宅勤務とし、オフィスに来る場合は上長の承認を得ることにして、出社率を5%ほどに抑えていました。宣言解除後に従業員アンケートをとったところ、その多くが「生産性は変わらなかった」もしくは「上がった」と回答したのです。そして、今後の働き方として「週1回以下の出社が好ましい」と考える人が多くを占めました。

そのため、引き続き出社を前提としないリモートワークを軸とした働き方を「時間と場所に捉われない働き方」とし、10月から正式に運用していくことにしました。

Q 従業員数7000名規模の大人数をフルリモートに移行するのは大変なのでは？

新型コロナの影響でそうせざるを得ない状況だったというのが正直なところです。実は、まだ深刻化する前の2020年1月時点では、「すべての従業員を在宅勤務にすることはできない」といった反対意見が多かったのです。

けれども、その時点で一定のガイドラインを設定して「緊急事態宣言が発令されれば、出社を許可制にし、原則在宅勤務とする」「感染者数などが一定数値を超えたら、どこでもオフィスの月5回上限を撤廃する」といった方針を決めていました。ですから、緊急事態宣言が出た時点で、粛々とガイドラインどおりに進めていくことになりました。

そして、在宅勤務を継続していた期間、従業員が「パフォーマンスを発揮できている実感はあるか」「心身ともに健康に問題はないか」など、週次でアンケートをとり、定期的に定性・定量データのトラッキングを行いました。

メディア事業やトラベル事業、チケット事業など、直接的な影響を受けた事業もあります。それは当社のポートフォリオ経営によって補いながら、ほぼ想定どおりの推移が見込まれたことで「これならリモートワークでいけるだろう」と、従業員の間にも確かな手ごたえがあったのではないかと思います。

それと、もう1つ重要なのは、この方法が「唯一の正解」ではないということです。代表取締役社長（当時）の川邊も、発表時に「正解や前例のない現代において、この新しい働き方にも確立した方法やお作法はありません。（中略）関わる従業員全員が主体的に挑戦し、改善を積み重ねてまいります」とコメントしました。

会社の制度というのは「ごく一部の人が決めて、それにみんなが従うのではなく、みんなでつくっていくものだ」というメッセージです。

当社には「不具合があればどんどん変えていこう」という雰囲気があります。たとえば、これまでコアタイムを10時〜15時に設定していたのですが、従業員から「保育園が閉鎖されてしまって子どもを預けられないので、コアタイムがあると業務に支障が出る」といった意見がありました。日中、子どもが部屋にいるままだとストレスがたまるので、お昼過ぎにいったん公園へ遊びに行かせたい。子どもが寝静まったあとにまた業務を行いたいと。

そこで、ひとまず緊急事態宣言期間中の暫定措置としてコアタイムを廃止したところ、アンケート結果でも特に影響がありませんでした。それで正式にコアタイムを撤廃することになったのです。

人事施策を変える際、指針となるのは、やはり定量データです。もちろん「〇〇さんがこんな希望を出しています」といった定性的な情報もきっかけとしては重要なのですが、さまざまな数値を検証しながら、根拠に基づいて改善を重ねていくことが重要だと思います。

Q リモート前提のチームビルディングのためにどんな施策を行っていますか？

以前から行っていた取り組みですが、週に一度30分間の「1on1ミーティング」が、コミュニケーションの拠りどころとなっていると思います。

特に緊急事態宣言中、1人暮らしの人はだれとも話さないまま1日が終わることもザラにあったでしょうし、上司と１on１で話す時間を担保しているだけでも大きかったかと。

さらに朝会・夕会の開催を推奨し、意識的にチームとしてのコミュニケーションを図るよう促しました。その内容はチームによってさまざまで、業務の進捗確認や連絡事項にあてるチームもあれば、仕事の話はほっといてもするからと、なるべく雑談メインで話すチームもあったようです。

もともと、当社は全国に16拠点のオフィスがあり、ほかの拠点と連携して進める仕事も数多くありました。

そのため、それを前提とした社内システムが整備されており、ZoomやSlackなどリモートワークに必要なツールはすでに導入されていたのです。普段からそういったコミュニケーションが前提となっていますし、それらの適用範囲が広くなったり、利用頻度が高くなったりしたというだけでした。

そういう意味では、コロナ禍で急いで導入するよりは、従業員の心理的なハードルはさほど高くなかったかもしれません。

対応策としては、マネージャーを対象にアンケートをとって「個人としてではなくチームとして生産性が上がったか」「やりづらさを感じているのはどういったことか」などの意見を拾いあげたうえで、管理職向けのチームビルディング研修やコミュニケーション研修を行いました。

また、社内Wikiシステムを活用して、チーム運営に関するTipsや成功事例などを共有し、マネージャーの教育や啓蒙にもつなげています。

Q 従業員のパフォーマンスを上げるためにどんなサポートやケアをしていますか？

週次の1on1で1人ひとりのコンディションをチェックして、必要に応じて産業医の面談を設定するなどしています。「同じオフィスにいないと従業員の体調管理がむずかしいのではないか」、「メンタルヘルスを崩す人が出てくるのでは」といった懸念を持つ方もいるかもしれませんが、むしろオフィスに出社しなくてもよくなったおかげで、休職していた従業員が復職し、というケースもありました。

働き方が変わったからといって、特に新しいサポートやケア施策に取り組まなくても済んだのは、やはり2012年から「才能と情熱を解き放つ」ため、徹底して仕組みづくりとマネージャーの能力開発に取り組んできたことが大きいと思います。

従業員の成長エンジンとなるのは、経験学習です。それを適切に機能させる仕組みとして1on1を導入し、内省によって自身の経験を学習として定着させる習慣づけを行いました。

その際の手がかりとなるのが、コーチングメソッドです。

コーチングというと、直接対話することで相手の情報を引き出すイメージがありますが、むしろ電話やオンラインなど情報がかぎられたなかでも、コーチングができなければならない。そのくらい相手の声に耳を傾け、コーチングスキルを磨きましょうとマネージャーたちは訓練されてきましたから、そこまで大きなコミュニケーションギャップは生まれなかったのだと思います。

Q 「えらべる勤務制度」を利用する従業員が、フルタイム勤務の従業員より低い評価になることはありませんか？

あらかじめ「週4勤務」「時短勤務」など勤務体系を踏まえたうえで目標を設定しているので、そういったことは起こらないと思います。

そこでもやはり重要なのは1on1で、「いま、どんな状態？」「最近の仕事ではどんなことをしている？」「今後どんな仕事をやっていきたいか？」などと、マネージャーがメンバー1人ひとりと向き合って、お互いに期待値調整を行っています。

チームと個人の目標を見極めながら、目標達成するためにチーム内での役割分担や業務量を適切に振り分けていく。「もっと働きたい」という人がいれば仕事を渡して、達成できればそれを評価するし、「今月、週4勤務にしたいです」という人がいれば、業務量を減らして目標管理も調整する。そうやって、適宜調整しながらチームとしてのゴールを目指します。

給与については、2019年に評価制度を見直し、個人の業績はもちろんのこと、それに至る行動プロセスなども含めて、その達成度や個人の貢献度を総合的に評価し、賞与や給与に反映しています。

業績に関しては全社目標を各部門に振り分け、それをさらに個人に振り分け、カスケードダウン型の目標設定を行っています。その際、「半年や四半期に一度だけ設定する」といった従来型の目標管理ではなく、1on1などを通じて頻繁にフィードバックを行い、なにを目標とするのか互いに把握できるようにしています。行動に関してはマネージャーだけでなく、業務上深く関わる複数の従業員からも率直なフィードバックをもらう、ピアフィードバックを行っています。

また、これは当社の組織風土なのかもしれませんが、そもそも「長時間働いているほうが偉い」「定時に帰る社員はサボっている」といった意識があまりありません。残業時間は全社平均で20時間以下ですし、有休消化率も80数%。部下からいきなり「明日、用事あるので休みます」と言われても「了解です」みたいな感じです。

あくまで「Pay For Performance」を基本として、社歴や年齢にとらわれず、その人がもたらした成果を評価して、報酬に反映しよう、行動が伴っていれば業績にもつながるだろうという考え方を採用しています。

Q 時間と場所にとらわれない働き方が実現したことで、なにか意外な影響はありましたか？

リモートワーク前提の働き方になったことで、今後の可能性として、日本中だけでなく世界中あらゆるところから優秀な方を採用できる可能性が広がったと考えられるかもしれません。もちろん、実際やるとすれば、労働法の制約や税金などクリアしなければならない問題は数多くありますが。

また、2020年度入社の新入社員は、もともと原則として東京勤務を前提に入社したため、地方在住者は入社時に東京へ転居してもらったのですが、2021年度の新入社員はどこに住むことになるのか、現時点（取材時）では検討中です。

コロナ禍を経て実感したのは、やってみれば意外となんとかなる、ということです。

今回、従業員からさまざまな声が上がったのですが、困っている人に適切なソリューションを提供する。がんばろうとしている人が、がんばれるような環境を整える。正しいことをしている人が、損をしないようにする。そうやって従業員1人ひとりと向き合っていくことで、普段よりも大胆にジャッジができました。「こんな状況だし、しかたないよね」と。

日頃から従業員の声を拾いあげ、施策に活かすしくみができていたことが奏功したと思いますし、それを可能にした経営層やチームメンバーには本当に感謝しています。

Q　これからの会社に、オフィスは必要なくなるのでしょうか？

リモートワークがメインになったからといって、オフィスが完全になくなることは想定していません。

その理由の1つは、関係構築という点において。

「信頼貯金」という言葉がよく使われているのですが、やはりリアルの場で言葉を交わし、見知った仲になるから、信頼関係が生まれて、安心感が通貨みたいに貯金されていく。だからこそリモートワークでもうまくいっているというのはあるでしょう。

けれども新卒入社の方はもちろんのこと、中途入社の方もいますし、部門異動をする方もいる。そういった方々にとっては正直、オンラインコミュニケーションだけではやりづらいと感じる人もいると思います。今後、そういった従業員の数が増えていくことでどんな影響が出てくるのか、長期的にトラッキングしていかなければならないと考えています。

また現状、セキュリティエリアでなければできない仕事もありますし、従業員同士でリアルに対面で向き合ったほうがいい場面もあるでしょう。どうしても現地に行かなければならないクライアント先を持っている人もいます。

ただ、オフィスのあり方として、これまでのように「デスクがあって会議室があるような場所」が果たして適切なのか。オフィスを従業員が最大限利用する前提で契約しなくてもいいかもしれないし、チームビルディングを目的としたオフィスなら東京という場所にこだわらなくてもいいかもしれません。

突き詰めて考えていくと、従業員にとって会社とはなにか、オフィスとはなにか、働くとはなにかといった根源的な問いに行き着きます。それをわたしたち人事は、今後も率先して考えていかなければならないのでしょう。

Q 結局、「才能と情熱を解き放つ」働き方って、どんなものなんでしょうか？

ひと言で言えば「役割と責任範囲が明確になっている状況で、自由度の高い働き方ができる」ということだと思います。

一見、当たり前のようですが、わりとそれが曖昧になっていることが多いですよね。よくよく考えてみれば、これまで一般的にはなぜ毎日スーツを着てネクタイ締めて、オフィスに出社していたんだろう？　それって責任範囲にはないはずなのにと。究極的には、家で寝ていたって、業績をあげていればいいという考え方もあるかもしれない。でも現実的には、そういうやり方では業績があがらないから、さまざまな方法を考えるわけです。責任を果たすために、それぞれが考えるベストな方法で働く。

その際に**大切なことは、それができる自由度があるかどうかです。選択肢がなければ、選ぶこともできません。**どうしても週4日しか働けない従業員がいたとして「週5日フルタイム勤務しか認めません」というなら、その人はヤフーで働き続けられなくなります。でも、**選択肢があれば、働いて業績をあげることができる。選択肢をきちんと用意しておくのが、企業にとって重要なことです。**すると、従業員と企業の関係性も変わってくるでしょう。

空いた通勤時間や移動時間を使って副業をやってみようと考える人も出てくるでしょうし、逆に「オンラインなら副業できます」と、社外人材を受け入れることもできます。「時間と場所に捉われない働き方」を発表したときに「ギグパートナー（業務委託）」を募集したのも、まさに**多様な働き方が可能となったことで、これまで出会えなかった方々と出会い共創していこうと考えた**からです。

多様な働き方が実現していくなかで、それでも従業員を雇用し、コストをかけてマネジメントしたり能力開発したりしている意義を問われると、やはり、ヤフーとして中長期的に達成すべき「UPDATE JAPAN ～情報技術のチカラで、日本をもっと便利に。」というミッションと「世界で一番、便利な国へ。」というビジョンがあるからです。

そのために必要な労働力を担保する手段として、従業員1人ひとりと、それぞれが望む働き方で契約を結ぶ必要があるのだと思います。

髙木のまなびメモ

◉ 働く時間や場所の制限をなくしたり、選択肢を増やしたりすることで、本人がベストパフォーマンスを発揮できる環境をつくり（モチベーションの醸成）、働き方に制限がある人でも継続して働けるようにする（雇用の確保）。

◉ 定期的に定性・定量（数値）データを収集することで社内の状態を可視化している

◉ 時間や場所が自由になったのと同時に、ＩＴツール・社内システムを活用しながら、チーム内のコミュニケーションやチームビルディング、マネジャーの成長支援を強化している

◉ リモートワークはいい面ばかりではない。特にまだ信頼貯金がないような、新しく入ってきたばかりの人にとっては関係性構築がしにくいという課題もある

◉ 多様な働き方（時間・場所）が可能になったことで、副業という形も

含め、これまで出会えなかった人の力を借りられるようになった（雇用の確保）

現地現物　06

週５日フルコミット
だけが
ベストじゃない

みずほ銀行の「週休3日・4日制」

株式会社みずほフィナンシャルグループ
グローバル人事業務部
伊藤 俊輔　いとう しゅんすけ

Q 「週休3日・4日制」を始めた経緯と内容を教えてください

近年、金融業と非金融業の垣根がゆるやかになり、他業種からの新規参入も相次ぐなか、当社としても変革に取り組んでいかなければならないという認識がありました。

そこで、2019年からの5年間を計画期間としてスタートしたのが、「5カ年経営計画～次世代金融への転換」です。新たな顧客ニーズに応える、次世代金融への転換……つまり、既存の金融業に留まらない、非金融を含めた金融の新たな価値を創造していこうと掲げました。具体的な取り組みとしては、LINEとの共同出資で2022年度中の設立を目指す「LINE Bank」や、全国140以上の金融機関と提携する「J-Coin Pay」など、すでに公開されているものもあります。

これらの取り組みの基本方針としてあるのは、ビジネス・財務・経営基盤、三位一体の構造改革です。金融機関として培ってきた顧客基盤やネットワーク、市場における優位性を生かしながら新たなビジネスを生み出すためには、他社との協業が不可欠だと。

また、働く人の就業観も大きく変わってきています。

特に若い方にとっては、終身雇用を前提とした「就社」意識で、社内での出世を重視し、定年で引退するといった考え方は馴染まなくなってきました。むしろ、人生100年時代に生涯現役として、どの会社でも通用するような職能を身につけられるよう、個人として成長できる環境を求めています。

そこで、人事としてもその流れに対応するべく、構造改革の一環として2019年に「新人事戦略」を打ち出しました。

考え方の前提として**「閉じた社内」での競争原理ではなく、社員の成長・やりたい仕事を軸として「社内外で通用する人材バリューを最大化する」ことにフォーカスしたのです。個人の「この仕事がやりたい」という熱意に応え、わたしたちが挑戦する機会や場を提供し、専門性を身につけることのできるしくみをつくり、**習得したスキルをもって業務を遂行することが成果につながり、それがまた次の熱意につながる……といったサイクルを構築していこうと。

個人のニーズやキャリア志向に応じたデジタルラーニングプラットフォームや公募制度の拡充、社外兼業制度、副業制度など、さまざまな施策や制度変更に取り組んでいるのですが、その一環として導入したのが、今回の「週休3日・4日制」です。

週休3日・4日制は、みずほ銀行やみずほ信託銀行など、みずほフィナンシャルグループの関連会社に属する約4万5000名の社員を対象としたもので、2020年12月から制度利用を開始しました。

希望者は、土日とは別に、特定の曜日を休みにすることができます。トータルの就業時間が変わってくるため、原則として週休3日なら通常勤務の8割（5分の4）、週休4日なら6割（5分の3）の給与となります。

あくまで本人の希望を前提として、多様な働き方に柔軟に対応し、自身のキャリアを考え、学ぶことのできる時間を設ける。そうやって個人の力を伸ばしていくことが、ひいては当社の力になる。社員の成長と企業の成長を両立し、Win-Win な関係となっていくことを目指しています。

これまでは会社主導で社員の仕事を決める時代だったかもしれませんが、これからは社員自らが自分の働き方をデザインしていく時代です。

Q どういった場合の利用を想定しているのでしょうか？

これまで土日や平日の終業時間以降しかなかった時間を1～2日増やすことができれば、選択肢も増えるはずです。社員がその休みを活用して大学院やビジネススクールに通ったり、副業や兼業に充てたりすることを見込んでいます。**目先のことを考えれば、企業としてはそのぶん貴重な労働力が減るということですから厳しい側面もあるのですが、**社外で得た知見やネットワークを生かし、**将来的にさらなる活躍につながることを期待**しています。

また、育児や介護などやむを得ない事情や家庭の都合でこの制度を利用したいという社員もいます。これまでは、一定の条件を充足する場合において本人の申請のもと、出産・育児にかかる支援制度や介護にかかる支援制度を利用することが可能でした。こうした既存の両立支援制度にくわえ、たとえば介護においては、要介護・要支援認定をとるまではいかなくても日常生活に支障が出てきている、心身の負担が増えてきているといった社員も、希望すれば週休3日・4日制を利用して介護に取り組むという活用のされ方もあります。

実際、これまでの制度だけではカバーしきれない個別の事由が出てきていることもあり、ニーズがあるだろうと考えていました。週休2日制のままもやもやしながら働いて、思うようにパフォーマンスが出ない社員が、制度を利用することで少しでも心が晴れて仕事に集中してもらえるならプラスになるのではないかと。

もちろん、いったん週休3日・4日制を利用したけれどまた週休2日制に戻したいという場合、もとの勤務時間に戻ることも可能です。

Q 「堅い」イメージもある金融機関としては、反発や懸念の声もあったのでは？

構造改革という基本方針があり、それを担う人材育成のしくみが必要という共通認識が社内にありましたので、制度そのものに大きな反対はなかったと思います。

ただ、制度内容を決めるにあたって、実務レベルでは懸念の声が出てきました。「特定の部署や支店、チームで複数名希望者が出てきたら、業務に支障を来たすのではないか」「人員が足りなくなったら、どのように対応するのか」といった内容です。それこそ、詳細について社内で発信する前日まで議論が続くほど、細かい調整がありました。

けれども経営計画を達成するためには、新しいこと、これまで経験のないことをやる必要があります。最終的には、試行錯誤をいとわずトライアル&エラーでやってみようという共通認識を持つことができました。個人的には、こういった考え方自体が変革の兆しでもあり、堅いイメージもある金融機関としては珍しいことではないかと思いました。

懸念に対する対応としては、制度利用を希望する1ヶ月前までに本人が上司に相談して、所属長へ申請し、承認を得れば制度を利用することができるという運用フローにしました。

基本的には社員の希望を優先しつつも、業務上の都合で時期を調整することは起こり得ると理解してもらっています。制度利用の事由について制限は特に設けておらず、本人が希望すればすべての人が制度を利用できます。

当社の場合、特に支店業務には一定数の人員を配置する必要があるので、特定の支店で複数名の社員が週休3日・4日制を利用して、人員が足りなくなるといったことが起こらないようにしなければなりません。そういったなかで、いかにこの制度を運用していくか、影響のないように人員管理していくかは、実際やってみてわかることもあるでしょう。必要であれば人員補充するなど柔軟に対応しながら、引き続き検証していきたいと考えています。

Q 所定労働日が人によって異なると、コミュニケーションがむずかしくなるのでは?

以前から、育児や介護といった理由で時短勤務や在宅勤務などを認めていましたから、改めて課題に挙がったわけではありませんでした。

また、コロナ禍の影響もあり、半ば強制的にリモートワークを実施することになり、改めてコミュニケーションの重要性を再認識もしていたので、重点的に対応していかなければならないとの認識はありました。

多様な働き方、あるいはリモートワークによって対面する機会が減るのは避けられないことではありますので、いかにチームビルディングを行うか、縦・横のつながりをどのように構築していくか、施策については引き続き議論したいと考えています。

現時点では、コミュニケーションツールとしてTeamsを導入しており、チャットやビデオ会議ツールとして活用しています。また、マネジメント向けの支援として、他社事例も含めたリモートワークにおけるノウハウの伝播やオンライン研修の実施などを行っています。

やはり、マネジメントからは「いままで同じオフィスで目の前にいたからよかったものの、リモートでどう部下を管理すればよいかわからない」「評価がむずかしくなった」といった懸念の声は寄せられていますので、人事としてもいろいろと模索しながら施策を考えていきたいです。

Q 休みが増えることで、人事考課や業務の習熟度への影響はないのでしょうか？

これは週休3日・4日制にかぎらず、産休・育休、時短勤務などほかの制度においても、制度の利用有無で人事評価が変わることはありません。

ただ現実問題として、業務量という観点では週5フルタイム勤務の社員との違いは出てきますから、個人の目標設定にはそれぞれ影響があると思います。ただ、目標をどのように設定し、どのような成果を出して、それをいかに評価するかという基本的な考え方は変わらないはずです。

あくまで上司は、本人のさらなる成長のため、1人ひとりと対話し、本人のキャリア志向や資質、課題と向き合い、目標の達成度に応じて公正に成果評価を行います。そのなかで正当な社内競争は起こりますから、業務量に差が出ているぶん、上長の判断に影響する可能性は否定できません。

けれども社外での学びや成果によって個人としての付加価値を高め、社内での活躍につなげてもらえれば、きちんと評価されるでしょうし、人事としてもそのための人事制度や評価体系を構築していこうとしています。

また、業務の習熟度については、確かにそういった懸念がなかったわけではありません。業務日数が減るぶん、業務量や習熟度、成果が必然的に下がるところはあるでしょう。ただ、当社としてはあくまで長期的な観点で考えています。

柔軟な働き方によって、家庭の事情などで思うように成果を出せない人も、無理なく業務と両立できるようになる。新たなチャレンジや社外での活動が可能となることで、自己研鑽やスキルアップにつなげられる……**その結果として、社員のやりがいやモチベーション向上につながるほうが会社にとっても得るものは大きい**と考えています。

Q 会社としては、休日に副業や兼業を行うことを推奨しているのでしょうか？

週休3日・4日制を利用する理由は問いませんから、あくまで本人の希望に任せています。そのうえで、会社としては、社外活動や新たなチャレンジによって自身のやりがいにつながり、会社にも好循環が生まれることを期待しています。

現在は、個人事業主として働く形での副業は認めています。また社内外兼業制度も拡充しており、新たにスタートアップをはじめとした社外企業の出向ポストをジョブ公募の対象にくわえています。

銀行では、もともと会社に籍を置きながら他社に出向することは珍しくないのですが、それを1週間単位で週3日はみずほ、週2日は出向先といった形式での働き方を認めています。社員にとってキャリアの選択肢を増やし、柔軟な働き方を実現したいところです。

Q 実際に制度をスタートして、新たに生まれた要望はありましたか？

社内の反響をお伝えしますと、おおむね想定どおりです。

希望者が殺到するというよりは、本当にそれを望んでいた社員の方々から申請をいただいています。若手は副業や自身の学びの時間として活用したり、いままで早退したり半休をとったりして介護をしていた方、子どもの習い事の送り迎えを行っていた方などが、それぞれの目的に応じて休日を増やしています。また、比較的年齢が高めのミドル・シニア層からは「これまでのキャリアを見直して自己研鑽の時間にしたい」「セカンドキャリアを見据えて動きはじめたい」といった理由で申請をいただいています。

世代ごと、ライフステージごとに制度を利用する事由に特徴があることがわかりましたが、いずれにせよ多様なニーズに対する働き方の選択肢の1つとして週休3日・4日で働きたいという要望が出てきているようです。

今回の制度は「利用する理由は問わない」ことが前提となっていることもあって、従来であればいろいろなリスクを考えて制限を付与したくなるところですが、金融機関としては珍しい、大きなチャレンジだなと感じているところです。

けれども5カ年経営計画しかり、新人事戦略しかり、さまざまなところで「自律的」といったキーワードが出てきますから、真意は伝わっているはずです。

自分で優先順位を考え、なにを学び、なにを行うか。あるいはプライベートの心配ごとをできるかぎり減らして、業務に集中できるような環境をつくるか。すべて自分に返ってきます。そのうえで当社としては、**社員1人ひとりが自律的に考え行動することを後押しするスタンスを選んだわけです。そのスタンス自体、当社が少しずつ変わろうとしている兆し**だと思います。

Q　コロナ禍によって、なにか影響はありましたか？

週休3日・4日制のコンセプト自体は以前からありましたが、こうして今回、制度設計するに至ったのは、コロナ禍が少なからず後押しとなった側面はあるかもしれません。

たとえば、密を避けるための交代勤務制を臨時的に実施したところ、ビジネスへの影響を最小限に留めながら実際に実施することができました。さまざまな課題はあったものの、一定の手応えを得ることができたという実感がありました。

個人的な思いとしては、これまで変革の必要性を感じていながらも、どこかで「決まった時間、決まった場所で働くのが当たり前だ」「銀行である以上、なかなか変えられない」といった意識が多くの社員にあったのかもしれません。

けれども今回の災禍を経て、「いままではできないと思っていたが、やれることはもっとあるのでは」「できるところからやってみよう」といった考え方ができるようになってきました。1人ひとりがスキルアップを図り、個人と個人が補完し合う体制を構築できれば、もっとできることが増えていくんじゃないかと。

とはいえ、ほかの先進的な企業よりは、まだまだこれからの部分もあるかと思います。支店業務というお客様との大切な接点がある以上「フルリモートで働く」といった思い切ったことはできませんが、これから変革を推進していくうえで、さらになにができるのか人事として考え続けていきたいです。

もちろん、新しいことを始めるわけですから、さまざまな課題は出てくるでしょう。それでも、何事もやってみて、走りながら考える。

まずはそこから始めていきたいと考えています。

高木のまなびメモ

◉ 週5日フルタイム＋残業でフルコミットする以外の選択肢をつくることは、目先のことだけを考えると労働力が減ってしまうが、社外で得た知見やネットワークを社内に還元し、将来的な活躍につながっていくことまで見込めばプラスと捉えている（人材の育成）

◉ 柔軟な働き方が可能になることによって、家庭の事情などで働けない人が無理なく業務と両立できるようになったり（雇用の確保）、社外でのチャレンジが可能になることでやりがいにつながったりする（モチベーションの醸成）ことを狙っている

◉ 実際に制度を選択する人の理由は、若手の副業や自己研鑽、中堅層の子育てや介護、ミドル・シニア層のセカンドキャリアを見据えた準備期間など、実にさまざま

◉ 選択肢を増やすことで、社員1人ひとりが自律的に考え、行動することを後押ししたい

あつめる

（条件を）
きめる

はたらく

はなれる

採用

契約

健康（安全配慮）

退職

時間

コミュニケーション／風土

場所

育成

配置／異動

ソニー

社内募集
キャリアプラス、FA制度
キャリア登録制度

報酬／評価

配置／異動

多くの日本企業では、これまで「配置／異動」に関して、強力な主従関係のもと会社が一方的に従事する職務を決める、という考え方がありました。そうすることによって必要な労働力を確保するコストを下げ、また同時に雇用を守ってきた、という背景があります。そんななか、可能なかぎり本人自らの意思でキャリアを形成しやすいようなしくみをつくり、また100％の異動がむずかしくても、一部の仕事に兼務という形で挑戦できるようにしている企業があります。

現地現物　07

自分のキャリアは
自分で築く

ソニーグループの「社内募集」と「キャリアプラス」「FA制度」「キャリア登録制度」

ソニーグループ株式会社
人事１部４課 統括課長　鈴木 謙太郎　すずき けんたろう
人事１部４課　塚原 麻紀子　つかはら まきこ
人事１部４課　今城 晴臣　いましろ はるおみ

Q　はじめに、ソニーの人材に対する考え方を教えてください

ソニーグループ（ソニー）では2021年4月に組織再編を行い、ソニーグループ株式会社をグループ本社とし、ゲーム&ネットワークサービス、音楽、映画、エレクトロニクス・プロダクツ&ソリューション、イメージング&センシング・ソリューション、金融の6領域をメインとして事業展開するグループ経営体制となりました。

それを機に新たな人事理念「Sony's People Philosophy」として「Special You, Diverse Sony」を制定しました。「自らの意志で、独自のキャリアを築き、自由闊達な未来を切り拓く『個』としての社員」と、「多様な個を受け入れる器であり、人と人とが影響し合い、新たな価値を創出するための『場』としてのソニー」を表しており、それぞれが対等な関係であることを示しています。

これは新しく制定した理念ではあるのですが、実はもともと創業当初から脈々と受け継がれてきた考え方を新しい言葉で再定義したものです。

ソニーでは1946年の創業以来、自立した多様な個を受け入れ、社員が能力を

最大限発揮し、多くの機会が得られるよう挑戦を支援する企業文化があります。設立趣意書には「自由闊達にして愉快なる理想工場の建設」「一切の秩序を実力本位、人格主義の上に置き個人の技能を最大限度に発揮せしむ」との創業者の井深大の言葉があり、また、もう1人の創業者の盛田昭夫も、入社式ではたびたび「ソニーに入ったことをもし後悔することがあったら、すぐに辞めなさい。人生は一度しかありません。そしてソニーで働くと決めた以上は、お互いに責任があります」と話していました。

これらはまさに、**社員と会社が対等であり、お互いに選び、応え合う関係であることを示している**と思います。そして**社員1人ひとりにも「自分のキャリアは自分で築く」という考え方が根づいています**。

Q 「社内募集」と「キャリアプラス」「FA制度」「キャリア登録制度」の内容と、制度を始めた経緯を教えてください

「社内募集」は、先ほど申し上げたソニーの考え方を象徴する制度の1つで、19

66年に導入されました。当時の社内報には、井深が「自らの努力でチャンスをつかむ」「向上心と意欲に支えられた能力を持った人に対して、会社は常にチャンスを提供する」と、その狙いを記しています。社内で公開された募集要項に対して、社員は上司を介さずに直接応募可能で、異動が決まれば、事後報告で上司に伝えられます。これまで約7500名の社員がこの制度を利用し、自らのキャリアを切り開いてきました。

転機となったのは2015年、それまでの構造改革に一定の目途がつき、再び成長戦略へと舵を切るにあたって、ソニーらしいチャレンジマインドを再活性化するために人事施策を見直すことになったのです。

そこで、まず最初に検討されたのが社内募集でした。当時、毎月イントラネットで部署ごとに求人票が公開され、募集をかける形だったのを、年2回（2月・8月）の「大募集」とそれ以外の月の「特別募集」とメリハリをつけることにしました。大募集では人事部のスクリーニングをかけず、希望するすべての部署が募集をかけることができ、特別募集では募集内容を人事部で審議して、重要かつ速やかに求人を出すべき案件のみ認定するようにしました。

くわえて、新たな社内募集のしくみとして導入したのが「キャリアプラス」です。

キャリアプラスは、社内募集の枠組みを利用して、現在の業務を続けたまま一定期間、新たな業務やプロジェクトに参画することができます。現職を続ける形になりますので、応募に際しては上司の承認を得る必要があります。

さらに、社内募集とキャリアプラスはあくまで会社側の求人募集ありきのキャリア形成となりますが、より個人の希望やニーズに即したキャリア形成を支援できるよう導入したのが「FA制度」と「キャリア登録制度」です。

「FA制度」は年に一度、特定の要件を満たし、継続的に業績をあげている社員に「FA権」を付与し、その社員は自らFA権を行使するかどうかを決めることができます。もしFA権を行使すれば、行使者のリストおよびレジュメが各部署のマネジメントに共有され、希望する各部門はその社員にオファーすることができます。社員本人が希望する部門にアプローチすることも可能です。各部門との面談後、双方のニーズが合えば異動することができますし、マッチングしなければ、もとの部門でそのまま業務を続けることができます。

「キャリア登録制度」は、上司とキャリア面談を行い、承認を得たうえで、社員が専用システムから自身の情報・レジュメを登録。データベースに登録すると、興味のある部門が本人にオファーして面談を行い、マッチングすれば異動することができます。もちろんＦＡ制度と同様、マッチングしなければ、もとの部門で働くことができます。

Q 制度はどのように運用されているのですか？

前提として、これら４つの制度に関する情報は、イントラネット内の共通サイトに掲載し、異動したい社員や兼務したい社員、あるいは新たに人員を補充したい部門側にとってもわかりやすいように情報公開されます。

社内募集では、イントラネット上で公開されている求人票のなかから、社員が自らの意思で応募します。その後、書類選考、面接選考と進み、異動が決まります。その場合、社員の上司に「イエローペーパー」という異動連絡書が発行されます。そこで初めて上司はその社員が社内募集に応募し、合格したのを知ることになります。異動はすでに決定事項となっているため、上司に拒否権はありません。そこに記された期日までに異動できるよう、上司と社員本人が面談し、引き継ぎなど具体的な手続きを進めてもらいます。また、残念ながらもし不採用となった場合、選考結果は本人のみに通知されるため、上司に知られることはありません。年間で100件以上の求人募集があり、500〜600名程度の社員が応募し、そのうち3割ほどの方が異動となっています。

キャリアプラスも基本的には社内募集と同様の選考フローですが、現職を続けることになるため、上司に承認を得たうえで応募してもらいます。兼務に際し、業務量の割合は最大でも3割程度、週の労働時間に換算してだいたい1〜1・5日程度が上限になるよう、兼務先の上司と面談のもと業務内容を決定してもらいます。

なお、あくまで本人希望による兼務となるため、主務側の業務量や成果目標を下げることを要件にはしていません。**異動するよりは、兼務のほうが未経験の業務に挑戦する心理的ハードルも下がる**でしょうし、**普段の業務では得られない知見や経験を得ることで、本人のキャリアや社内ネットワークづくりに生かしてもらいたい**という意図です。兼務する社員自身も、これまでの業務のやり方を見直したり、効率化したりしながら時間を捻出し、そのなかで兼務に取り組んでいるようです。年間で200件以上の求人募集があり、100名程度の社員が応募し、7割近くの方が兼務を決めています。

FA制度は、同部門に一定期間在籍し、継続的に高評価を得ている上位数%、数百名の社員を選出し、ＦＡ権を付与します。該当社員は自らのキャリアを検討し、ＦＡ権を行使するかどうかを決めます。ＦＡ権を行使すると、レジュメが登録され、マネージャー職以上に公開されます。その後、自部門も含めてオファーのあった部門や、本人が異動を希望する部門との面談を行います。面談後、オファーを受けるかどうか、異動するか自部門に残るかを本人の意思のもと決定します。付与されたうちの２割程度にあたる約１００名の方が行使、そのうち３割が実際に異動し、残り７割は自部門でそのまま業務に取り組むと意思決定されています。なお、ＦＡ権の付与は一般社員に限定しており、マネージャー職は該当しません。

キャリア登録制度では、まず上司とキャリア面談を行い、社員本人が他部門での可能性を探りたい、次のステップに移りたいという意思を確認し、上司の承諾のうえでレジュメを登録。マネージャー職以上に公開されます。その人に興味を持つ部門があれば、面談を行い、マッチングすれば異動が決定します。どの部門ともマッチングしなければ、その年のキャリア登録は一旦リセットとなりますが、翌年以降もまた登録することが可能です。登録した社員のうち約３割が実際に異動しています。

これら制度の一連のフローにおいて、異動や兼務の採用不採用にかかわらず、きちんと各部門と社員本人双方がフィードバックできるしくみを設けています。たとえば、FA権を行使する人のなかには十数件のオファーレターをもらい、そのなかから所属する部門1つを選ぶことになる人もいます。その際、こういう理由でオファーを受けられなかった、ほかの部門の話を聞いた結果、もとの部門に残ることにした……など、オファーを断った理由を記入してもらうようにしています。書類選考や面接選考も同様です。人事から選考結果をお伝えする際に採用・不採用の理由を共有するようにしています。あくまで社員の挑戦を支援したいというのが前提ですから、次に生かしてもらえるようなコミュニケーションを心がけています。

Q キャリアプラスで兼務する場合、人事評価や業務量の管理はどのように行っているのですか？

社内募集制度の拡充と同じ2015年に、当社ではジョブグレード制度を導入しました。年次ではなく、その人の役割と成果に応じて等級や報酬が決定されます。

ただ、ジョブグレード制と言っても、**一般的に「ジョブ型」と呼ばれる雇用とは異なり、そこまで詳細にジョブディスクリプションを作成したり、ポストを限定し**

たりしているわけではありません。厳密にジョブ型雇用を適用し、異動するたびに大幅に給与が変わるようでは、自律的にキャリアを選択してもらうのがむずかしくなるからです。あくまで社員自らキャリアを考え、やりたい仕事に挑戦してもらいたいと考えています。

キャリアプラスでも通常の人事評価と同様、主務側の部門の上長が最終評価を行います。兼務部門の上長にヒアリングし、兼務側の評価を加味、反映させたうえで決定します。

兼務側の業務量については、求人の段階で「週1日」「隔週水曜日」など、業務量や勤務形態を表記してもらっており、もしそれと大幅に乖離するようであれば、主務側の上司から兼務側に対してコミュニケーションを取り、調整しています。あくまで主務側に権限があり、兼務側では求人票の範囲内で活動してもらうことが前提となります。

Q 制度はいずれも本人の意思が重視されますが、在籍元の上司などから反発の声があがることはありませんか？

ソニーには自らキャリアを構築する意識が創業時からの企業文化として根づいています。また、社内募集制度を長年続けてきたこともあって、**上司自身も過去に社内募集で異動したり、チャンスをつかんだりしてキャリアを築いてきていることもあり**、ネガティブな声があがることはあまりありません。**上司と部下の面談のなかで定期的にキャリアを考える機会を設けていることもあり、本人が望むならそれを応援しようとする意識が強い**のです。もちろん、異動にともなって部門の人員が足りなくなり、業務に支障が及ぶ可能性もありますが、ＨＲＢＰ（ＨＲビジネスパートナー）が各部署とも連携しながら、フォローアップしています。

Q 本人の希望だけでなく、会社主導の異動やジョブローテーションはあるのですか？

いわゆる定期異動というものはほとんどありませんが、ビジネスの状況やプロジェクトに応じて会社主導で異動やジョブローテーションを行うことはあります。また、若手社員の長期的なキャリア形成を考え、領域横断的に経験を積んでもらったり、重要なポジションにキータレントをアサインするということもありますが、こうした場合においても、面談などを通じて把握した本人のキャリア志向や適性などを踏まえて決定しています。そのうえで社内募集やキャリアプラスといった制度は、より本人の意思を積極的に反映できるようなしくみとして、選択肢を提供しているということです。

Q 新制度を導入したことで、どんな影響がありましたか？

社内募集を年2回の大募集と特別募集に再編しメリハリをつけたことにより、異動の成約率は以前よりも高くなり、2割弱から3割程度まで上がりました。また、キャリアプラスの導入で異動だけでなく兼務という選択肢が広がったことで、自らやりたいことに挑戦するハードルも少し下がったのではないかと思います。

さらに、社員のエンゲージメントスコアも上昇傾向にあります。特に、制度を利用した社員のスコアは2割前後高くなっており、なかでもFA制度で異動した社員のスコアは3割ほど上昇しています。FA権を付与された社員は成績優秀者であり、所属部門に長くいることも多いのですが、FA制度をきっかけにさまざまな部署と面談をすることで、仮に最終的に現部署に残るという決断をしたとしても、「自身のキャリアを立ち止まって考える機会を持てた」「普段関わりのなかった部署や人とのつながりができた」「思いがけないオファーをもらったことで、キャリアに対する視野が広がった」など、好意的な意見をもらっています。

たとえばFA制度を利用し、エンジニアが商品企画部門へ異動した事例や、デバイスの品質管理部門からゲーム関連の事業企画へ異動した事例もあります。**社内募集だけなら、現職の知識やスキルを生かせる職場は……と考えがちですが、「企画部門にも技術に詳しい人が欲しい」といったニーズもある。自分だけでは思いつかないマッチングが実現しているのは、制度を拡充した効果が出ている**のではないでしょうか。

Q 制度を運用していて課題に感じるのはどういったことですか？

制度が拡充され、求人・利用者数も増えたぶん、**効果的に活用いただくために必要な情報をいかに届けるかというのが課題**となってきています。各施策のイントラネットサイトへの導線や掲載情報を整理したり、概要がわかる短い動画を作成したり、年に一度秋に実施される「キャリア月間」に合わせて、キャリアを考えるイベントとともに各施策のＰＲも行っています。

具体的な求人情報の検索に対しては、トライアル的にＡＩチャットボットを導入してフリーワードや勤務地、職種など各条件で絞り込んで検索できるようにしたりしています。実際に制度の利用を検討している方に対しては、求人職場によるオンライン説明会を実施したり、制度利用者の経験談が聞ける場を設けたり、個別の相談会・面談を実施したり、ニーズに応じてさまざまなアプローチでより多くの社員に必要な情報・サポートを届けられたらと考えています。

また、現状では異動や兼務を志望する社員より求人数のほうが上回っている状況で、求人を出しても採用に至らないことはたくさんあります。求人募集したものの、応募が来ないこともあるわけです。ですから、各部署にも求人票でしっかりとアピールしてもらい、どんな職場でどんな業務内容なのか工夫して伝えられるよう、求人票フォームにも基本的な業務内容のほか、組織・現場紹介や求める能力・人物要件、実現できる働き方・キャリアなど、なるべく詳細に書き込めるようにしています。

それでも、どうしても応募数の大小は職場によって偏りが出てきてしまいます。現状、求人数と異動・兼務決定数にはまだ開きがありますし、部門側としてもタイムリーに必要な人材を充足できるようなしくみは必要です。人事としては引き続き、部門側にとって必要な社員を採用でき、かつ社員1人ひとりにとって自ら望むキャリアに挑戦できるよう、さまざまな面でサポートしていきたいです。

Q 最後にひと言、今後の異動制度についてお願いします

冒頭に申し上げたとおり、ソニーでは社員と会社が対等であり、お互いに選び、応え合う関係であることを大事にしています。かならずしも異動することがすべてではなく、「1人ひとりが良いキャリアを実現するために、会社としては常に選択肢を提供する。そして社員はそのなかから選択し、責任を持つ」という考え方に基づいて制度を企画、運用することが重要だと考えています。

たとえば、これまではソニーのテクノロジーと言えば、エレクトロニクス、半導体、ゲームなどのイメージが強かったかもしれませんが、映画、音楽、金融などほかの領域でもテクノロジーの力を活用することがますます求められてきており、エンジニアが活躍できるフィールドがより広がってきています。そういった環境の変化にも柔軟に応じ、社員1人ひとりの能力を活かし、選択肢を広げて挑戦できる機会を増やせるよう、これからも人事として尽力していきたいと思います。

高木のまなびメモ

◉「兼務」という距離感であれば、いきなり「異動」するよりは、未経験の業務に挑戦する心理的なハードルが下がる

◉「兼務」によって、普段の業務では得られない知見や経験を得ること、社内ネットワークづくりに生かしてもらうことも意図している（人材の育成）

◉業務を自分で選択できる余地を広げるようなしくみを整えているのは、欧米社会のように職務（ポスト）を完全に限定した雇用にしたいわけではなく、あくまで「社員と会社は対等」という考え方のもと、自律的にキャリアを考えてもらいたいから（会社とマッチしなければ辞めるのも選択肢）

◉「自分で選択して異動したことがある」という経験を持つ人が上司にいることが、制度を使いやすい企業文化につながっている

◉自分で仕事を選べることがエンゲージメントスコアの向上につながっ

ている（モチベーションの醸成）

◉ 選択に必要な情報をどう届けるかが課題

あつめる

（条件を）
きめる

はたらく

はなれる

採用

契約

健康（安全配慮）

退職

時間

コミュニケーション／風土

場所

育成

配置／異動

報酬／評価

NTTデータ

ADP制度
TG制度

報酬／評価

多くの日本企業は「職能給」のため、職務(ポスト)の市場価値に関係なく評価するのが一般的です。実質的に年功的な運用になるため、勤続年数とともに給与も上がっていきます。そうして、だれでも階段をのぼれることがモチベーションの大きな源泉になっていました。

しかし近年では、高度な専門性を持つ人材を処遇するための制度として、職務(ポスト)をもとに市場価値で評価するコースをつくっている企業が出はじめています。

現地現物　08

専門性の高い
スペシャリストに
適切な処遇を

NTTデータの「ADP（Advanced Professional）制度」「TG（Technical Grade）制度」

株式会社NTTデータ
人事本部 人事統括部 制度企画担当　部長　岡田和恵《おかだ かずえ》
人事本部 人事統括部 制度企画担当　課長　土井玄景《どい のりひろ》
人事本部 人事統括部 制度企画担当　課長代理　早川武志《はやかわ たけし》
人事本部 人事統括部 制度企画担当　課長代理　安藤慣《あんどう なつき》
（部署名、役職は取材当時のもの）

Q 「ADP（Advanced Professional）制度」と「TG（Technical Grade）制度」の内容を教えてください

「ADP（アドバンスド・プロフェッショナル）制度」（以下、ADP制度）とは、高度な専門知識や技術を習得している人財を市場価値に応じた待遇で採用する制度です。

具体的には、AIやIoT、クラウド、セキュリティ分野におけるエンジニアやデータサイエンティスト、コンサルタントなどを主に想定しています。しかしこれらの専門分野は、獲得がむずかしくなっているため、給与の上限は定めていません。採用する人財によって給与水準は変動し、高額となることもあります。

ADP社員には上位クラスの業務を担当してもらうこと、一定期間で業績に直結する成果をあげることを求めています。給与もその考え方を踏まえて、個別に設定した「役割給」と業績に応じて変動する「業績給」で構成し、KPIの達成度を業績給に反映します。もし残念ながら低業績が続く場合、業績給とそれに連動して役割給も下がることがあります。

もう1つの「TG（テクニカル・グレード）制度」（以下、TG制度）は、業務内容や会社への貢献度に応じて給与を決める制度です。これまでは実態としてマネジメントが主軸のキャリアパスとなっていたのですが、そこにくわえて、専門性主軸のキャリアを整備することにしました。対象となるのは、専門性の高いプロジェクトマネージャー、ITスペシャリスト、営業やスタッフも含めた12の領域です。これらの領域は社内資格制度である「プロフェッショナルCDP」で定める「人財タイプ」であり、ビジネスの変化に合わせて見直しています。

TG制度の給与体系は、市場水準を勘案しながら役割や貢献の大きさに応じて給与が上下するしくみです。したがって、役割や貢献が大きい人財は、マネジメント職である部長や事業部長と同水準の給与になることもあり得ます。

両制度ともに**「専門性で評価してほしい」という社員ニーズに対応することで、多様な人財が活躍できるようにしていくのが狙い**です。

Q　両制度を始めた経緯を教えてください

前提として、NTTデータが2019〜2021年度で掲げている中期経営計画では「グローバル全社員の力を高めた組織力の最大化」、具体的には「社員のプロフェッショナリティの最大化」を明記し、社員の多様な自己実現に沿った制度見直しを行ってきました。その一環として２０１８年12月にＡＤＰ制度を、２０１９年10月にＴＧ制度を創設したという流れです。

これまでは、社会に必要不可欠なあらゆるしくみをＩＴを使って構築する「SIer（システムインテグレーター）」という当社の事業特性として、従来のようなメンバーシップ型雇用が最も効率的ではありました。

お客様からご依頼いただいた案件をできるかぎりのスピードで、かつ安定的に遂行することを第一に考えると、一定のスキルを持った社員を集めてプロジェクトチームを組み、しっかりと役割分担することで品質を担保してきたわけです。

ただ昨今、ＤＸ（デジタルトランスフォーメーション）が話題となっているように、お客様のご依頼に沿うだけでなく、新しいことを生み出す提案型プロジェクトへの期待が高まってきました。**大きな変化に対応しなければ、当社だけでなくお客様の事業成長に寄与することがむずかしくなってきた**のです。ＡＤＰ制度で意図したのは、そのような外的環境の変化やお客様からの期待に応えるために、**そのときに求められる分野の卓越した人財を採用し、しっかりと市場価値に応じた給与体系で雇**

用できるようにすることでした。

この制度で雇用する社員は、各自の専門分野に関して、いわゆるトップエキスパートと呼ばれるようなスキルの持ち主です。そのため、スキルの希少性やその時々の価値、高いパフォーマンスの発揮に応じた処遇を可能とするしくみとしています。

次に、TG制度についてですが、当社では社員育成にあたり、ジェネラリティ（マネジメントスキル）とプロフェッショナリティ（専門性）の2軸を重視し、両方を伸ばしていくことを推奨しています。これまでは、マネジメントスキルに長けた人が管理職として登用されていたのが実態です。けれども少なからず、人それぞれ得意不得意があり、マネジメントよりも専門性を発揮するほうが得意な社員もいます。

今後、社員のプロフェッショナリティの最大化を目的とするなら、管理職だけではなくスペシャリストが手を取り合い、新しいビジネス価値への貢献を生み出していくことが重要です。

そのため、管理職だけ給与が高いというのは実態にそぐいません。会社に貢献し、高い価値を生み出せるスペシャリストをしっかりと処遇するため、制度を創設しました。

Q 制度を実現するにあたって、反発や懸念の声はありましたか？

近年の技術の劇的な発展、そして労働市場の競争激化を踏まえると、当社がお客様の課題解決に取り組み、新たな価値を創造していくためには、必要性に応じてタイムリーに、柔軟な条件で、高いスキルを有する人財を社外から雇用する必要が高まっているのではないか——。

そういった、経営層の現状に対する危機意識や制度のしくみについて、社内のウェブサイトに役員のメッセージを掲載するなど、さまざまな制度理解の機会を設けました。その効果もあり、ＡＤＰ制度導入に対して特に反発はありませんでした。経営陣の要請に応じて、社内で必要とされる人財を迎えるための制度を人事本部が具体化してきたというのが実情です。

幸いＡＤＰ制度の開始当初から就任者が続きましたので、応募者側のニーズにも応えられたかと思います。実際に採用した人財は、業界でも著名でネームバリューも高い方々ばかりです。ですから、社員たちにとっても納得感があり、むしろ「あの人と仕事ができる」と、非常にモチベーションを高く感じている人もいるようです。

ＴＧ制度についても、経営層はもちろんのこと社員側にも「高い専門性を発揮することがビジネスにおいて重要であり、そういった能力を持った人を適切に処遇してほしい」という思いは、潜在的にあったと思います。これまでの制度のままでいいのかという問題意識を共有していたこともあって、比較的短期間で制度設計に取り組むことができました。

この制度で特徴的なのは、その認定方法です。既存制度では職能等級がベースにあり、そのグレードに応じて給与が設定されています。しかし、ＴＧ制度の場合、ジョブベースのグレード制度のため、高度な専門性を有していればハイレベルのジョブに挑戦できるしくみにしました。

そして、給与設定は担うジョブのレベルにひもづいたものとなります。技術の進化のスピードは目覚ましいものがあり、そのスキルがコモディティ化し、ジョブがなくなってしまうこともあり得ます。その場合、ＴＧを解任し、既存制度の下でさらなるスキルアップを目指すことになります。

必然的に市場性に基づいた処遇となるため、給与が高額になったり、下がったりすることもあります。このようなしくみであることを本人が了承することで、専門性を研鑽し続けるマインドを持ってもらうことができます。

卓越したスキルを持った社員を社外から迎えるにしろ、社内で育てるにしろ、管理職などマネジメントラインだけでなく、新たなラインを創設することで多様なキャリアパスを実現する。それが会社としての大きな方向性でした。

Q どのように評価基準を設定して、両制度を運用していますか?

ADP制度については、やはり市場価値が大きな判断軸となります。報酬サーベイなどを参考にしながら、当社が求める役割とスキルによって総合的に役割給を判断しています。専門性によって市場の給与水準はかなり違いますので、1人ひとり丁寧な査定が必要です。

また、それぞれにジョブディスクリプション(職務記述書)を明示し、設定されたKPI(指標)の達成度によって、業績給は変動していきます。

KPIは売上や利益など事業に直結した指標もありますが、たとえばエンジニアなら実装したコードのクオリティ、コンサルタントなら課題解決率などの指標も設定しています。また、普段の働き方としてはADP社員だからといって異なる点はありません。ほかの社員と一緒に働き、育成などを担ってもらうこともあるため、そうした組織貢献も評価指標になり得ます。

TG制度は「既存制度に戻ることもあり得る」と話しましたが、これはADP制度も同様です。ただ、ADP制度の枠組みで活躍している社員と話していると、ある種、不退転の覚悟というか、強い意志を持って厳しい世界に飛び込んでいただいた方ばかりだと感じます。**KPIの未達成が続くようならば、給与が次第に低減していくしくみとなっていますが、厳しい条件を前向きに捉え、むしろモチベーションにしている**ようです。

TG制度については、どういったジョブが必要なのか人事本部だけでは判断しきれない部分も多いため、まずは現場起点で、どんな専門スキルを持っている人にどんなジョブをお願いしたいのか、上長にジョブディスクリプションを作成してもらいます。そのジョブディスクリプションをもとに、人事本部がその難易度レベルを上長からの聞き取りも踏まえて6段階で判定し、そのレベルごとに給与水準を決定するしくみです。ジョブディスクリプションが確定すれば、だれがその役割にふさわしいのか、現場と人事本部が審査し、認定することになります。

ビジネスの撤退や専門領域のコモディティ化などによってジョブがなくなり、既存制度に戻ることもありますが、安易な運用にならないよう制度設計しています。具体的にはほかの業務へのアサインなどを通じて、専門性を発揮、成長できる領域を模索していくことも同時に行っていきます。

そうやって新たなポジションによる専門領域でＴＧ認定を行うか、いったん既存制度に戻って新たな専門領域の可能性を探るか、その人にとって最も能力を発揮できる環境を考えるのが人事本部の役目です。

社員１人ひとりが能力を発揮し、会社に貢献でき、労働組合もそれをサポートする。企業としてもお客様への提供価値を最大化するしくみを考える。そうやって、三者一体となってジョブ型雇用制度の創設に取り組むことができたのは収穫だったと考えています。

Q

ＡＤＰ制度やＴＧ制度に認定されたのはどういった社員ですか？

現在ＡＤＰ社員は８名います（２０２１年12月1日時点）。もともと当社で「Apache Hadoop」事業を立ち上げた濱野賢一朗をはじめとする3名が適用第1号となりました。ほかにもＯＳＳ（オープンソースソフトウエア）分野やセキュリティ分野、ＵＸ（ユーザーエクスペリエンス）分野を専門とする人財にＡＤＰ制度を適用し、当社社員から転換した方と外部からＡＤＰ社員となった方がいます。

適用する社員数は特に設定しておらず、卓越した人財が必要とされるジョブがあれば、そのジョブに個別認定するというプロセスです。あくまでビジネス環境次第で決定されるものですが、いまも「こんなジョブを設定したい」という相談が人事本部に来ていますので、今後少しずつ増えていくのではないかと考えています。

ＡＤＰ制度が適用された方はいずれも各分野でよく知られていて、当社に所属しなくても活躍できる方ばかりです。

そういった方々がなぜＮＴＴデータに所属してくれるのかというと、やはり自身の知見や経験、能力を発揮できる場があって、新たな経験につながったり、価値創造したりできるという期待感があるからなのではないでしょうか。

みなさん、スペシャリストとしてどこに行っても高い給与を得られるでしょうし、裁量を持って働かれてきた方ばかりです。しかし、少しでも高い給与を得られる企業かどうかより、ＮＴＴデータというある意味伝統的な日本企業で働くこと自体を腕試しとして、やりがいを感じてくださっているようです。

たとえば、セキュリティ技術部でアナリストを務める新井悠は「これまでセキュリティに特化した企業に勤めていましたが、ＮＴＴデータのお客様は層が広く、新しい世界が見えてきて非常にやりがいがある」と話していました。彼はセキュリティ分野のスペシャリストながら、最近はＡＩを研究していて、自身の専門分野に活かす手立てはないか模索しているようです。

Q 実際に、ＴＧに認定された社員の反応はどうですか？

ＴＧ制度は、第1回の認定で適用された社員は36名おりまして、第2回目は、10

名強の社員が新たに認定される見込みです（２０２１年12月時点では79名が認定）。認定プロセスはＡＤＰ制度と同様、あくまでジョブが先にあって社員を認定するという流れです。

ＴＧに認定された社員にヒアリングを行うと**「マネジメントだけでなくスペシャリティを評価され、会社として処遇してもらえることは非常にうれしい」「スペシャリストとして認められたことで仕事も進めやすくなった」**といった声があがっています。

たとえば、これまであるチームリーダーとして課長代理を務めていた社員がＴＧに認定されたことで、ＰＭ（プロジェクトマネージャー）直下の配置となり、複数のチームに対してアドバイスできる体制となったことでよりスムーズに仕事を進められるようになったという例があります。

これまでは、チームの枠組みを越えてアドバイスするのは職務権限上、むずかしい場合もありました。基本的に管理職職位に応じて権限が付与されているため、自身の職位レベルの範囲内で行動したり発言したりするのが前提だったわけです。

ＴＧに認定し、権限を一部委譲することで、会社としてスペシャリストに求める役割を明確にし、成果を出す責任を担ってもらう。そうやって、既存の枠組みを越えて能力を発揮してもらえるようになったことは、大きな変化だと思います。

Q やはり技術職以外への適用は、まだまだむずかしいところがあるのでしょうか？

これはＡＤＰ制度とＴＧ制度に共通する課題意識ですが、ジョブディスクリプションを考える際、技術や開発・運用などテクノロジー領域のほうがＫＰＩを明確に定めやすいです。おのずと認定する社員もそういった先進技術に関するスペシャリストが多くなります。

ただ、２０１９年に新しい専門領域を前述の人財タイプに追加しており、技術職にかぎらず、より広い領域を視野に入れ、あらゆる専門性を認めて適切に処遇していきたいと考えています（２０２１年12月時点で営業やコーポレートスタッフ等の技術職以外も10名超認定）。新規事業開発や、経営視点でお客様の課題解決に取り組むことのできる人財については、これからも重点的に採用を行っていきたいと考えています。

当社の価値観や常識にとらわれず、新しい視点を持った方々と出会えたらと思いますし、そういった方々にもNTTデータに興味を持ってもらいたいです。

Q　最後にひと言、今後の雇用制度についてお願いします

日本全体として、これまでの雇用のしくみをいかに転換するか、まさに過渡期にあると思います。

いわゆる「メンバーシップ型雇用」と呼ばれる職能等級制度やジョブ型雇用制度など、議論がさまざまなところで起こっています。雇用の形は働く人にとって重要なものであり、国の雇用政策を踏まえながら、社員1人ひとりが輝ける会社となる制度を整備していきたいと考えています。

そのなかで、わたしたちNTTデータとして、組織文化も含めて変化の兆しを発信していくことで、**日本の雇用制度に微力であってもなにかしら良い影響をもたらせたら**と思いますし、**社員のプロフェッショナリティを最大化するために、**人事本部として変化に敏感になり、引き続き、変革に取り組んでいきたいです。

髙木のまなびメモ

◉ 事業の性質、取り巻く社会環境によって最適な人事制度は違う

◉ 高度な専門性を持った希少な人材をタイムリーに獲得するには、一律横並びなんて言ってられない（雇用の確保）

◉ モチベーションのあり方も、管理職を目指すだけじゃなくなってきている。専門性を評価してもらえることがうれしいという人もいる（モチベーションの醸成）

◉ 高い専門性を持った人材を社外から採用するにせよ、社内で育てるにせよ、管理職を目指すコースだけではない、多様なキャリアパスを実現したかった

◉ メンバーシップ型雇用が悪いわけではない。それがうまく機能する場合もある

◉ メンバーシップ型雇用をベースとしつつ、職務・専門性を重視するコースを選択肢として増やしたという形

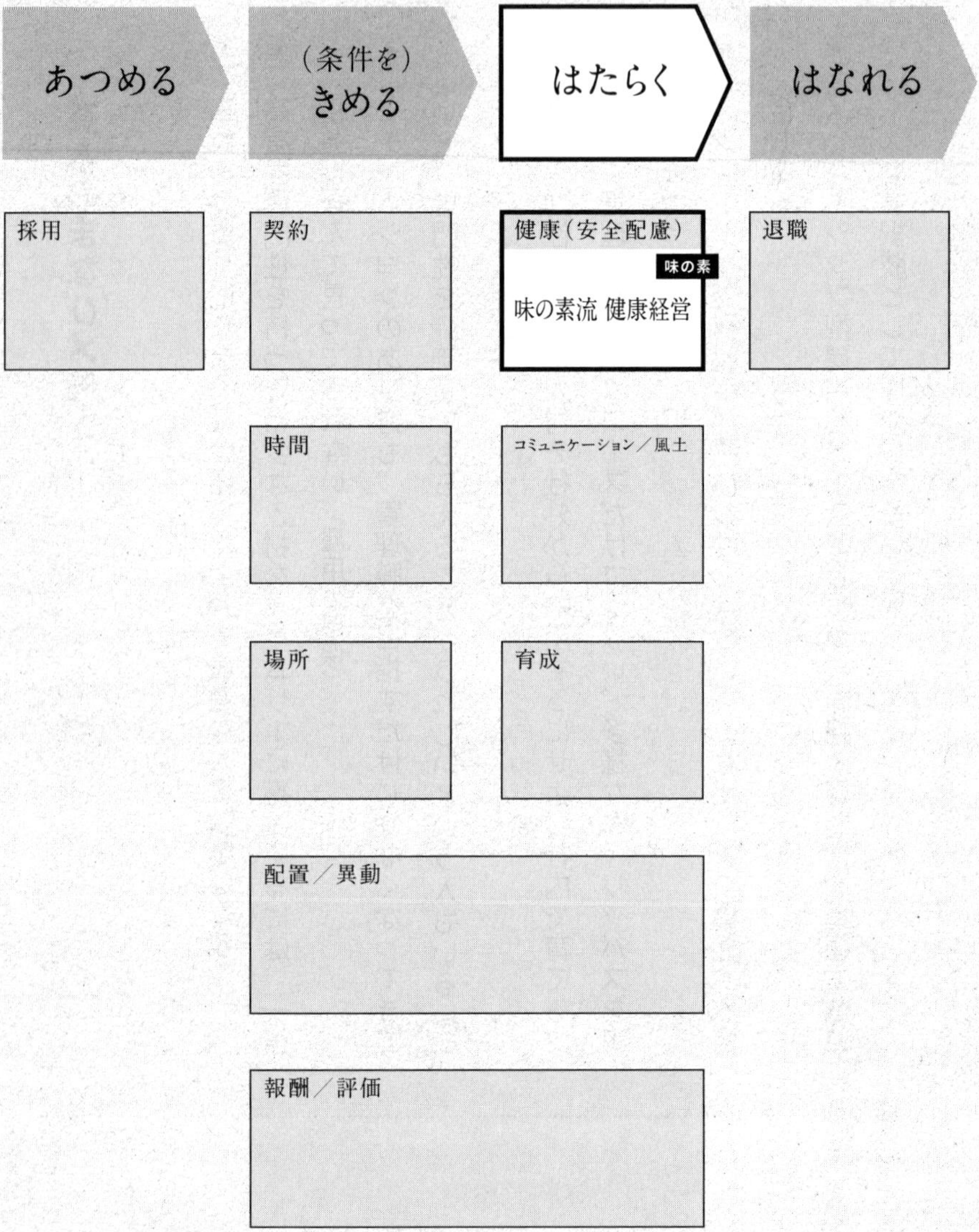
あつめる
（条件を）きめる
はたらく
はなれる
採用
契約
健康（安全配慮）
味の素
味の素流 健康経営
退職
時間
コミュニケーション／風土
場所
育成
配置／異動
報酬／評価

健康（安全配慮）

日本企業における健康施策は、残業規制をはじめとした一律の規制であることがほとんどです。それはそもそも、日本の会社のしくみや風土では、個別の支援以前に、長時間労働など、「命」をおびやかすほどの労働環境になってしまうリスクをはらんでいるからでした。

そんななか、さらに一歩踏み込んで、個別のセルフケアの支援に挑戦しはじめている企業の取り組みについて、話を伺いました。

現地現物　09

セルフケア意識を高め
「健康文化」を
醸成する

味の素の「味の素流 健康経営」

※2020年10月インタビュー

味の素株式会社
人事部 労政・総務グループ 兼 健康推進センター（健康経営担当）
浅井 誠一郎 あさい せいいちろう
人事部 労政・総務グループ 兼 健康推進センター シニアマネージャー
菊地 さや子 きくち さやこ

Q 「味の素流 健康経営」を始めた背景を教えてください

当社では、健康経営を「すべての施策を支える基盤」と位置づけています。この考え方に至った経緯としましては、味の素では、コーポレートメッセージとして「Eat Well, Live Well」を掲げてきました。創業以来、一貫して事業を通じて社会課題解決に取り組み、社会と共有する価値を創造することで経済価値を向上させてきたのです。

その取り組みを「ASV（Ajinomoto Group Shared Value）」と称し、ミッション・ビジョンを実現するための理念体系を「Our philosophy」と位置づけ、わたしたち従業員が社会的に信頼される人であるための行動指針を「味の素グループポリシー（AGP）」として設定しています。なかでも近年、**人事部門における価値創造として取り組んできたのが、働き方改革と健康経営**です。従業員の働く環境づくりと健康づくりを両軸として、その実現を目指しています。

2008年に「味の素グループWLB（ワークライフバランス）ビジョン」を策

定し、2013年に「Work@A～味の素流働き方改革～」を立ち上げるなど、働きがいを向上する最も強力な歯車として、テレワークや労働時間の削減も含めた働き方改革を推進してきました。2017年以降、さらにゼロベースの働き方改革として、マネジメント改革とワークスタイル改革を推進し、だれもが働きやすい会社づくりを行っています。

その方向性と連動するように、**健康経営を人財マネジメントにおける基盤と位置づけたのです。従業員の働きがいを高め、従業員と会社がともに成長していくためには、その基盤となる従業員自身の健康づくりが欠かせない**と。

2018年には「味の素グループ健康宣言」を策定し、従業員のこころとからだの健康を維持・増進できる職場環境づくりの推進に努めています。

Q 働く「時間」や「場所」だけでなく、「健康」にも力を入れたのはなぜですか？

経営戦略上、「食と健康の課題解決」に取り組むこと自体が当社にとって重要な競争優位性であると認識しています。

2017年には、味の素グループポリシーの1項目として「栄養に関するグループポリシー」とそれに基づく「栄養戦略ガイドライン」を制定。2020年には、グループビジョンに「アミノ酸のはたらきで食習慣や高齢化に伴う食と健康の課題を解決し、人びとのウェルネスを共創します」と掲げました。その具体的な数値目標として、2030年までに10億人の健康寿命を延伸すること、事業成長させながら環境負荷を50%削減することを設定しています。

そして、その目標を達成するために、いくつか重点取組項目を定めているのですが、その1つが「職場の栄養改善」です。

味の素にとって従業員の健康が最も重要な基盤の1つであることを前提として、職場の栄養改善に注力し、従業員の栄養に関するリテラシーの向上に取り組むことを明記しています。

「健康経営」という言葉を使いはじめたのは2015年ごろからでしたが、実は、それよりもっと前からいまのような「健康経営」に近いことを始めていたのです。

1990年代は安全配慮義務のもと、各拠点の事業所で体調不良となった従業員に対して診療を行っていたのですが、予防を重視した従業員の健康に働きかけられる体制を構築しようということで、２００１年頃から産業医による全員面談を開始し、２００３年に健康推進センターを設立して、健康管理規程を策定しました。そこで「セルフケア」の重要性について明記したのです。

２００８年にメンタルヘルス回復プログラムを開始し、２０１５年のストレスチェック制度義務化に伴い、施策を進めるとともに、２０１７年から本格的に健康経営を打ち出しました。同年に産業医と保健スタッフによる全国横断チームを結成し、地道に従業員をサポートできる体制を整えました。

体制の特徴として、産業医は嘱託扱いですが、保健スタッフは当社の従業員であることが挙げられます。ですから、会社のビジョンを実現するためにはどんな施策を行うべきかと保健スタッフが主体的に取り組んできたというのが大きいのです。

Q 「味の素流 健康経営」とは、どんな内容ですか？

「味の素グループで働いていると、自然に健康になる」というのが理想の姿です。

味の素グループが目指す健康経営とは、会社が従業員の健康増進を支援するとともに、従業員自身が健康に対する高い意識や知識を持ち、心身の健康が維持される**「健康文化」が醸成されている状態を目指す**ことです。従業員が「バランスの良い食事」や「適度な運動」「良質な睡眠」を意識したセルフケアを習慣化して、健康な状態を保てることを目指しています。

そのために、当社では健康推進体制を構築し、さまざまな施策を提供しています。

まずは、健康推進体制について。

グループ全体を管轄する健康増進責任者のもと、各社に健康増進責任者を配置し、各社の事情に即して従業員の健康増進を支援しています。

特に味の素（株）では、産業医9名と保健スタッフ13名を擁する健康推進センター、人事部門、健康保険組合の三者が連携し、綿密にコミュニケーションを図りながら各々の職務を果たし、従業員のセルフケアを支援する体制をとっています。

具体的な施策として行っているのが、1つは「全員面談」です。

健康推進センターの産業医や保健スタッフが味の素社の全従業員約4000名と面談しています。そこでは健康診断やストレスチェック、アンケート結果などをもとに、各自の価値観や生活スタイルを尊重した健康指導を行います。1人当たり年に1回、30分ほどの面談を行うことで、通常の健康診断だけでは見えてこない、潜在的な心身の不調なども見逃さないように配慮したり、セルフケア行動が向上できるように支援しています。

この全員面談はさまざまな施策のベースとなるもので、面談の内容をもとに従業員自身が主体的にさまざまなプログラムを活用してもらえたらと考えています。

もう1つが、ICTによる「健康状態の可視化と活用」です。

「MyHealth」という個人向け専用サイトで、各自の各種健康データを集約し、経年変化など蓄積されたデータを一覧できます。健康診断結果をはじめ、月次の就労状況や日々の生活習慣が表示され、健康保険組合のホームページから通院履歴や医療費がどれくらいかかっているかもわかります。

また、日々の生活習慣を記録するのに活用しているのが、健康アドバイスアプリ「カロママプラス」です。スマートフォンにアプリをダウンロードして、社員食堂のメニューを自動で取り込んだり、撮影した食事写真からカロリーや栄養を分析したりすることで、食事を記録。運動状況や体重、体脂肪率などの身体情報、睡眠時間や気分などの情報も記録することで、健康状況を可視化します。健康維持やダイエットなどそれぞれの目的に応じてプログラムを選び、AI管理栄養士が健康管理をサポートできるようにもなっています。

そのほかにも、受動喫煙対策や生活習慣病リスク対策、職場の栄養改善といったフィジカルヘルス施策、ストレスチェックを活用したメンタルヘルス予防や職場復帰支援の回復プログラム、総合健康管理支援システム「HM-neo」による各種予約の効率化やアンケート実施の簡便化・健診データの一元化など、セルフケア意識を高め、体調不良のときにも早めに対策できる取り組みを行っています。

Q 従業員のセルフケア意識を高めるため、どんな呼びかけをしましたか？

当社では健康経営とともに、働き方改革を推進してきました。

そこで、標語として設定したのが「るるく」という言葉です。るるくとは、「知る」「考える」「動く」のサイクルを回しながら、前向きかつ主体的に推進するための行動指針です。

働き方改革においては、対象の施策・物事について「知る」、自分が（組織が）

どうありたいのか「考える」、ありたい姿の実現のために「動く」ことが従業員にとって重要だとして、従業員同士で自らの気づきや行動を発信する社内ポータルサイト「るるく」を立ち上げました。

それにならい、健康経営においても、知る・考える・動くという「るるく」のサイクル……自分自身の健康状態を知って、それがどのような状態であるかを理解し、必要な行動を自らとることができるようになろうと呼びかけています。そのサイクルを回すことで、少しずつ健康文化を醸成していこうというわけです。

また、毎年「味の素グループ健康白書」という「社員のこころとからだの健康に関する取り組み」をまとめた小冊子を発行し、従業員への周知を図っています。「MyHealth」内でも、健康情報に関する「Live Well 通信」、受動喫煙対策や禁煙への取り組みに関する「スワン STEP 通信」を掲載しています。これらは保健スタッフが制作しており、メルマガなどでも直接従業員に向けて発信しています。そのほか「HM-neo」は個人宛のメッセージが届くようになっており、健康診断のお知らせや各種アンケートへの協力呼びかけなどを行っています。

当社の社風なのかもしれませんが、真面目な人が多く、メールを送ると施策へのアクション率も上がり、意識的に行動してくれる人が多いようです。

身近なところでは、社員食堂で全事業所で統一のコンセプトに基づく栄養バランスを考えた「MyHealthランチ」を導入したり、女性や海外赴任者向けの健康支援も行っています。

それと同時に、人事部としての基本方針として、ＡＳＶを実現し、個人と会社がともに成長できるよう、会社は「多様な人財の共創」と「組織の生産性向上」を、個人は「自律的・継続的成長」と「働きがい・生きがいの実感」を実現できるしくみと制度設計、人材育成に取り組んでいます。

なかでも「自律的・継続的成長」「働きがい・生きがいの実感」は、従業員自身が自ら働き方を選び、自らキャリアプランを描くことで実現できると考えています。その延長線上で考えれば、自らの健康に対して意識を向けセルフケアを行うというのは必然的だと思うのです。

あくまでも従業員自身が知ろうとして、考えて、動くことがセルフケアの本質です。当社として**なにか強制するというより、さまざまな情報や施策、サービスの提供によって1人ひとりの価値観に合ったセルフケアを行ってもらえたら**と思いますし、そのサポートを行っていきたいと考えています。

Q 健康情報という個人情報を会社が管理することについて、従業員側が不安に思うことなどはありませんでしたか?

やはり、長らく全員面談を続けているからこそ、会社と従業員との信頼関係が培われているのが大きいと思います。

前提として、健康情報を含む個人情報をどのように管理し、活用するのか、それによってなにが可能となるのか、プロセスをオープンにしてしっかりと説明して、了承を得るようにしています。それから実際に使いはじめて、その利便性や可能性を実感してもらえるようになったと思います。

全員面談でも保健スタッフが「MyHealth」や「HM-neo」のデータなどをもとに健康指導を行いますし、「カロママプラス」は年に一度だけでなく、もっとこまめに保健師の健康指導ができるようなしくみがあればという意図で、2018年から導入しました。従業員にも、会社側がきちんと自分たちのことを考えて健康のためのサポートをしてくれているという理解があるのではないでしょうか。

当社の健康管理規程には「会社および従業員の責務」という項目があります。会社は従業員の心身の健康を促進する職場環境を提供し、有益な健康情報の配信や教育を行い、さらに健康のための商品開発を通じて、従業員やその家族の健康をサポートする責務があると定めています。

一方で従業員には、自分自身のために健康の保持や増進に努める責務がありますし、もし治療などで仕事の調整が必要となれば、会社に状況を知らせる必要があります。それに対して会社は、必要なサポートと配慮を講じます。そういった、会社と従業員双方に資する施策や情報共有を行うという相互理解があるのです。

Q　健康経営は「経営戦略の一環である」と感じられますが、健康かどうかが人事評価に影響することもあるのですか？

あくまでこれは「セルフケア」ですから、強制ではなく従業員本人の意思に任せるものです。

「こうしなければならない」と健康管理を強いられるようなら、本来の意味で「健康文化が醸成されている」とは言えません。それに、セルフケアや疾病予防に取り組んだからといって、かならず健康でいられるとはかぎりません。

ですから人事評価には一切影響しませんし、採用にも関係はありません。

味の素では2020年4月から全事業所で就業時間内禁煙がスタートし、2022年度までに社内屋内全面禁煙を目指していますが、だからといって喫煙者を採用しないというわけではありません。実際、2019年時点で従業員の喫煙率は13・7%となっています。

会社としては従業員の健康に資する施策を提供しつつ、従業員にはそれを自分の意思で選んでもらえたらと思っています。施策を提供しているわたしたち人事部としては、「健康に良さそうだからちょっとやってみよう」「社食のメニューは栄養バランスも良いし、カロママに登録しやすくて便利だな」といったように、自然と健康に対する関心が高まるような仕掛けをしていきたいと考えています。

Q　従業員には、どんな変化がありましたか？

本格的に施策を始めた2017年から健診データを比較すると、従業員の平均血圧や肝機能数値、血糖値、脂質や尿酸値など、生活習慣病の原因となり得る数値はすべて改善傾向となっています。

また、施策の1つとして、生活習慣病のリスクがある人を対象に、糖質コントロールについてレクチャーする「適正糖質セミナー」を全国で開催しているのですが、2018年から2019年にかけてその参加者約460名の血糖値とBMI値を調査したところ、生活習慣病リスクが減り、健康体になった人の割合が増加しました。人事部としても、KPIを設定して職場の栄養改善や従業員の健康増進に取り組んでいます。

最も重視しているのは、2017年から導入したエンゲージメントサーベイです。初回のサーベイでは「働きがいを実感している」従業員は79%、「自らのこころとからだが健康だと感じている」従業員は76%いました。その数値は年々少しずつ上がってきていますが、今後もスコアアップを目指したい、と考えています。

ほかにも、2019年の実績で健康診断の閲覧率は98・2%、運動習慣者比率28・9%、カロママプラスのダウンロード率35%といった数値ですが、2020年度はそれぞれ100%、30%、50%といった数値目標の達成を目指しています。

Q　コロナ禍によって、なにか影響はありましたか？

当社では、１回目の緊急事態宣言が発令される直前の２０２０年3月27日から6回に渡って、社長や役員が従業員へ励ましのメッセージを発信しました。感染拡大防止に関する取り組みとして、商品や原料供給という根幹事業はもちろんのこと、「おうち時間」を充実させるレシピコンテンツの拡充など、さまざまなことを行っています。

健康推進センターとしても、Livewell 通信を「新型コロナウイルス情報誌」として、定期的に最新情報を発信するようにしました。

また、かねてより働き方改革を推進して「どこでもオフィス（在宅勤務）」の**環境インフラ整備を進めてきたのも幸いして、**スムーズに在宅勤務へ移行することができました。

どこでもオフィス導入以前の在宅勤務制度は、月4回を上限とし、前の週までに上長の承認を得る必要がありましたが、どこでもオフィス導入時に、週4回上限・前日までの申請としました。そこで**「会社に来なければ／対面でなければコミュニ**

ケーションがとれない」という発想はやめようと、組織風土から変えることを意識したのです。

コロナ禍に入ってからは日数制限も完全に取り払い、フルリモートでも対応できるような体制を取り、セミナーや1on1なども順次オンラインに移行しました。

従業員を対象にアンケートをとっていますが、コロナ禍において心身の負荷が増えたという人は増えていますが、改善したと答えた人もいます。定量データだけではなく、全員面談にも質問項目を入れて、しっかり定性データも見ていきたいですね。

上司にせよ部下にせよ、オンラインに移行することでコミュニケーションがうまくとれるようになる人もいれば、そうでない人もいます。きちんとオンラインでコミュニケーションをとれなければ孤立につながってしまいますから、人事として引き続きマネジメント支援を行っていきたいです。

Q 健康経営のために、かなりの投資をしているように感じます。なぜそれほど思い切ったことが可能だったのでしょうか？

２００１年時点でなぜ全員面談するような体制を敷くことができたのか、当時の担当者ではないのでわかりかねるのですが、その年から契約した産業医は、当社と関わる以前の会社でも全員面談をしていたと聞いています。人事部と産業医がそこでよく議論し、会社として新たに注力すべきなのは「予防」だろうと意思決定し、全員面談に踏み切ったのだと思います。

２０１７年からさらに健康経営に注力したのは、西井（孝明 代表取締役社長）が過去に人事部長を務めていたこともあり、健康に対する意識と理解があったのも大きな要因だったと思います。経営会議でしっかり議論し、禁煙への取り組みや「MyHealth」、カロママプラスの導入など、さまざまな施策に積極的にコミットしてきました。

そして、やはり「健康」は、当社の重要な経営資源の１つなのです。

健康推進に関する取り組みの一環として、自社事業の活用も行っていますが、血液中のアミノ酸濃度バランスを測定することで疾病リスクを評価する「アミノインデックス®リスクスクリーニング」検査、さわやかな目覚めをサポートするサプリメント「グリナ®」、アスリートのための栄養プログラム「勝ち飯®」など、「アミノ酸のはたらきで食と健康の課題を解決」するための事業を展開しています。こうした事業活動と連動して健康を推進していくことが、従業員にとっても会社にとっても、その成長につながると考えています。

Q　最後にひと言、今後の健康制度についてお願いします

セルフケアの性質上、あくまで健康のための取り組みは「個人で考えるもの」という前提で制度設計されてきたため、個人にいかにアプローチするかという視点で情報発信や健康指導を行ってきました。健康情報は極めて個人的な情報のため、広く共有することがむずかしかったのです。

けれども個人データを匿名のものとして取り扱い、なにか特定の傾向があるのか、だれを対象にどんな施策を行い、それがどれだけ効果があるか、などと分析するこ

とで、各事業所に対してより具体的な提案やフィードバックを行うことができるかもしれません。人事部と健康推進センター、健康保険組合がしっかりと連携し、より精度の高い健康推進施策を行っていけたらと考えています。

また、セルフケアに対する意識をもっと楽しく向上できればと考えていて、2020年から「MyHealth チャレンジ健診戦」という企画を始めました。健康診断にエンターテインメント性を持たせて、健診を「1年間の健康に関する頑張りを披露する舞台」に見立て、前年度からの健康改善度を評価し、表彰しようというものです。

在宅勤務の時間も長くなっていますから、自分自身で意識しなければなかなか健康を維持・増進することはできません。会社としてさまざまな施策を提供し、情報発信をしていますから、それらを自ら生かして、前向きに健診に取り組んでもらえたら。そして、わたしたちの取り組みをグループ各社や全世界にも広げ、味の素グループ全体として健康経営を推進していけたらと考えています。

髙木のまなびメモ

◉まずは長時間労働の削減やテレワークの推進など、「時間・場所」の改革に力を入れたうえで、「健康」面のセルフケアにも投資をしている

◉1人ひとりと丁寧にコミュニケーションをとることで、健康状態を把握する

◉ICTも活用しながら健康状態を可視化していく

◉社員が自分で考え、自分に合った健康施策を選択してもらう

◉働く時間や場所が多様になっていけばいくほど、(過重労働の防止は大前提として）一律の規制ではなく、1人ひとりの状態を可視化・認識しながら、セルフマネジメントを後押ししていく方向にいくのかもしれない

あつめる	（条件を）きめる	はたらく	はなれる
採用	契約	健康（安全配慮）	退職
	時間	コミュニケーション／風土 コンカー オールハンズミーティング フィードバックする文化	
	場所	育成	
	配置／異動		
	報酬／評価		

コミュニケーション／風土

日本企業が持つ「フルコミット」「ヒエラルキー」「クローズ」という風土が問題を引き起こしているのは、先に書いたとおりです。

そんななか、5年連続で「Great Place to Work（働きがいのある会社）」中規模部門で1位を獲得し、8年連続でベストカンパニー賞を受賞した企業があります。外資系の企業ではありますが、徹底してコミュニケーションや風土の改善に力を入れている企業の人事施策とはどのようなものなのか、そして、それはどのようにつくられてきたのかを伺ってきました。

現地現物　10

徹底した情報・意見の
共有が
「働きがい」を生む

コンカーの「オールハンズミーティング」と「フィードバックする文化」

株式会社コンカー
CCO（チーフ・カルチャー・オフィサー）
田中 由香 たなか ゆか
管理部 総務グループ　マネージャー
足立 繭子 あだち まゆこ

Q 「オールハンズミーティング」と「フィードバックする文化」を始めた経緯を教えてください

コンカーは、米コンカーの日本法人として２０１１年に創業し、「Concur Expense」など出張・経費精算システムを提供しています。

製品や資本に関しては米本社のサポートがありますが、人材については日本法人として独自に取り組む領域ですので、しっかりと注力していく方針をとっています。

経営戦略として「ヒトによる競争力の最大化」を掲げています。

その施策として「働きがいのある会社づくり」を推進しており、当社では「働きがい」という言葉に、それを高めるうえで３つの「ドライバー（原動力）」があると定義しています。

１つ目は「夢や志、大義との一体感」。自分の仕事が会社の大義に貢献できていると実感を持てること。

２つ目は「視座の高さと裁量の大きさ」。経営者視点を持つことで、自分の役職に留まらない自発的な活動を裁量を持ってできること。

3つ目は「成果や失敗を通じた成長の実感」。業務に取り組むなかで、成功しても失敗しても自らの成長を実感できること。

3つのドライバーをサイクルしていくことが働きがいにつながると考えています。

これらを具現化する取り組みが「Concur Japan Belief」という企業理念・行動指針への共感、業務内外における各種施策の実行、そしてフィードバックし合い・教え合い・感謝し合う「高め合う文化」の構築です。

ドライバーの3つ目である「成果や失敗を通じた成長の実感」というのは、失敗しても成功しても、それをフラットに受け止めフィードバックし合える環境がなければ成り立ちません。失敗したときに「なんでこんなことになったんだ」と一方的に責められたと感じてしまえば、挑戦しようとは思えなくなります。

働きがいのある会社づくりのため、硬軟取り混ぜてさまざまな施策を行っているのですが、「戦略の可視化の実行」という領域において具体的な一例として挙げられるのが「オールハンズミーティング」であり、「コミュニケーション」という領域では「フィードバックする文化」です。

Q 施策の内容を教えてください

「オールハンズミーティング」は、四半期に一度、全社員が原則参加で、経営戦略や経営課題、各部門の事業状況や戦略などを発表する場です。

成果やアワードの授賞、昇進昇格祝いなどポジティブなものはもちろん、課題や失敗などネガティブなことも包み隠さず、半日かけて議論しています。

会社にある情報を提供することで、経営者視点を持ってもらい、社員1人ひとりが持つタレントやスキルを生かして課題解決につながればという狙いがあります。約300名の社員全員が参加します。

コロナ禍以前は1フロアに全社員があつまり、経営陣や各部署のマネージャーがプレゼンテーションしていくスタイルでしたが、現在はオンラインで開催しています。**リアルだとどうしても一方的に聞くスタイルになってしまいますが、オンラインに移行したことでチャットによる発言量が増え、コロナ禍前より活発に意見が交わされるようになった**と感じています。

「フィードバックする文化」は、職位や職場に関係なくお互いに建設的なフィードバックができる文化のことです。

フィードバックというと「上司から部下に」といったイメージがありますが、当社ではあくまでお互いの成長のために「上司、部下、同僚など全方位から行うものだ」という共通認識で、さまざまな施策によってその文化を構築しています。

まず、入社研修の一環として社長自身がファシリテーターとなり、座学と演習を含めた半日のプログラムを行います。そのなかでは、相手の良いところを捉え、それをさらに伸ばすような「ポジティブフィードバック」や、理想とするところからどういった点が足りないのかを指摘し、成長を促す「ギャップフィードバック」などの技術について、あるいはどういった準備を行い、どんなタイミングや場所で行うのが適切なのかなど、テクニカルなことを教えています。

それからロールプレイとして、ペアやチームでフィードバックを実践し、技術を身につけます。当初は外部講師に依頼していましたが、より自社に即した内容とすべく、2019年からは資料やケーススタディなど、すべて当社で作成したものを用いています。

また「コンストラクティブフィードバック」として、年1回全社員にアンケート調査を行い、会社全体と他部門、上司に対して、それぞれ建設的な改善点やその打ち手、あるいは良い点・優れている点を集約しています。会社全体と他部門については記名式、上司については匿名での記載です。

チーム内や同僚同士の飲み会で、会社や上司に対して陰で不満を言うことって、よくありませんか。しかし、陰でコソコソ言っていても、なにも改善されないし建設的ではありません。それをきちんと会社のしくみとして、改善すべき点や要望を集約できるように始めたものです。

特に会社全体について見えてきた課題や改善点は、年に一度、全社員で会社の課題を議論するオフサイトミーティング（合宿）の議題として共有し、具体的な施策や課題解決につなげています。

各部門、上司に対してのフィードバックは各自に共有され、部門内で議論されたり、マネジメントの改善につながる機会になっています。フィードバックのコメントも、単に「これができていない」と指摘するのではなく、課題を提示し、それを解決するための打ち手や施策を考えてもらうしくみになっています。

だれに対しても良い点、悪い点をフィードバックする文化が前提としてあると、オールハンズミーティングで経営上、課題や問題点などネガティブな情報が公開されても、**社員たちは「どうすれば改善できるか」「どのように解決すればいいのか」**

といった意識になり、おのずと経営者視点を持って、自分ごととして考えられるようになります。

経営陣やマネジメント層にも「社員が不安になるんじゃないか」「情報漏洩してしまうんじゃないか」といった懸念はありません。情報を全社員に公開して問題に取り組むことが会社のためになるという確信のもと、課題や問題意識を共有する意義を十分に理解し、合意しています。

そもそも経営者視点があれば、あえて会社の不利益になるようなことをしようという気は起こらないはずですよね。

Q あえて「文化」という言葉を多用されているかと思いますが、文化とは、会社にどのように根づいていくのでしょうか？

もともとは、代表取締役社長である三村（真宗氏）の強い危機感から始まった取り組みです。組織が急速に拡大していくなか、経営戦略として社員の「働きがい」

に注力することになりました。

「Concur Japan Belief」も、毎年開催しているオフサイトミーティングの場で、全社員が議論するなかで２０１８年に完成したものです。

当社の信念に深く共感し、「高め合う文化」に対して適合性の高い人を優先的に採用し、定期的にさまざまな議論の場を設けることで、企業としての連帯感や１人ひとりが成長できる実感を持てるしくみづくりを行ってきました。

ただ、フィードバックする文化というのも「文化」というくらいですから、すぐに定着したわけではありません。

２０１５年から年に数回、既存社員向けにフィードバック研修を行ってきました。「悪いところを指摘するときは、場所を変えて、周りに人がいないところで」「悪いところだけでなく、良いところも伝えて」といったフィードバックのテクニックを学び、ケーススタディで実際に演じるときも「いまのケースはどこが良かったか、悪かったか」と、みんなで考えてもらうようにしました。そうやって、少しずつフィードバックするテクニックがみんなに身についていったんです。

フィードバックは上司から部下だけでなく、部下から上司、他部署から他部署、他部署の上司……どんな役職や職種であってもフィードバックすることが大切だということを伝え続けて、その文化を定着させてきました。

フィードバックには、行う側にも受け取る側にもテクニックが必要です。フィードバックに慣れていないと、自分自身が否定されてしまったと感じられたり、素直に受け入れられなかったりします。

けれどもフィードバックするのはあくまで、相手の成長を願ってのことです。指摘された側にとっては成長機会につながると伝え続けることで、素直に受け入れられるようになるのではないかと考えています。

もちろん、日頃から信頼関係を築いておくことも、良いフィードバックのためには重要です。**本人にとっては耳の痛いギャップフィードバックをするためにも、いつもきちんと見ていることが伝わるように、こまめにポジティブフィードバックしたり、コミュニケーションしたりすることが大切**だと考えています。

そのためにも、会社がランチ代を負担して「縦横斜めのコミュニケーション」を促進しています。部門内で上司と部下の関係構築とフィードバックを促進する「コミュニケーションランチ」、他部門のマネージャーからフィードバックを受けられる「タコランチ」、社長の三村と話す「ミムランチ」などです。

上司と部下には1on1ミーティングの場がありますが、どうしても業務中心になってしまい、雑談が起こりにくい。ましてや他部署の人となるとますますわかりませんし、**相手の考え方や価値観、個人的な事情がわからないままだと、業務でも齟齬が起こりがち**です。さまざまな関係性でランチミーティングを行うことで、お互いを理解し、信頼関係を深め、より良いフィードバックにつながるのです。

年間で最も活発にフィードバックした社員に「MVF（Most Valuable Feedbacker）賞」というアワードを贈ったり、年に2回「感謝の手紙」で普段言えない思いを伝えたりするなど、さまざまな施策によって、フィードバックを会社の文化として定着させています。

オールハンズミーティングの場でも、オンラインになってからは、経営課題に対する真剣な議論からカジュアルな雑談まで、合間合間に投稿が飛び交っています。それも、**普段からコミュニケーションをとっているから「発言してもいいんだな」という安心感が生まれている**のだと思います。

Q フィードバックから生まれた課題は、どのようなしくみで解決を図るのでしょうか？

コンストラクティブフィードバックで課題や改善点を可視化し、オールハンズミーティングやオフサイトミーティングの議題として話し合ったら、該当部署や立ち上がったタスクフォース（特別な役割を一時的に担うチーム）などが主体となり、課題解決を図ります。

マネージャーなど個人に対するコンストラクティブフィードバックは、社長と管理部門部長、カウンセラー担当がその内容を精査し、対象となるマネージャーにどのように伝えるかを考えたうえで共有します。

「こんなフィードバックがありました」と機械的に振り分けるのではなく、そのフィードバックをどのように捉え、いかに解決・改善していくのか、道筋が見えるような形で提案しているということです。

また、会社の横断的な課題を解決する組織としては、タスクフォースが重要な役割を果たしています。

タスクフォースは、原則的に手上げ方式で「やりたい人が取り組む」ことをモットーにしています。CCO（チーフ・カルチャー・オフィサー）が各タスクフォースメンバーの活動をサポートすることで「高め合う文化」の醸成を推進しています。

そもそもタスクフォース自体も、ある若手社員の声から始まった取り組みです。2013年に初めて行われたオフサイトミーティングで、会社の課題について議論していたところ、その社員が「コミュニケーション活性化に力を入れるべきでは」と発案したのが、タスクフォースの1つである「文化部」なんです。

文化部では、最初の数年間は忘年会や新年会など宴会の幹事を引き受けていたのですが、メンバーが増えるにつれて、花見やファミリーデーなどコミュニケーション活性のためのイベントを企画運営するようになりました。

ほかにも、全国4拠点のコミュニケーション活性を行う「ハ部」やコンカーのコアバリューを楽しく浸透させることを目的とした「わくわく推進室」など、毎年さまざまな社員がタスクフォースに携わっています。

Q 会社主導でタスクフォースが決まることはあるのですか？

トップダウンで「これをやってくれ」と言っても、あまり良い成果は得られないのではないでしょうか。社長にも「タスクフォースメンバーの自主性にお任せください」とお願いしていて、あくまで社員の自主性に任せています。

やはり、社員自身がやりたいかどうかが重要です。「来年はだれがやるの？」と押し付け合うようになっては、良い施策にならなくなってしまいます。

タスクフォースは自主的な活動ですが、会社をより良くするための業務の一環と捉えており、本業に差し障りがなければ業務時間内に活動しても問題ありません。

オフサイトミーティングなどで「こういうことをしたい」という社員が1人、2人と出てきたら、仲間を募ってタスクフォース化します。2年目以降継続するかどうかもメンバーに委ねられ、そのまま続けたり、新メンバーを募って仕切り直したりと自由に活動してもらっています。

「会社の横断的な課題を解決する」という重要な役割がありますが、それに携わる社員たちが仕事と両立できないというのは、本末転倒です。

根底にあるのは「楽しみながら、やりたいことをやる」ということ。その結果として課題を解決することが理想的なしくみですし、楽しんでやれるからこそ、良い結果を生むのではないでしょうか。

Q　そもそも採用の時点で、自立的、意欲的な人が多いのでしょうか？

採用基準には独自の指標を設けており、採用率が３％程度と非常に狭き門となっています。優秀な人を採用し、最大限のポテンシャルを発揮してもらい、できるかぎり離職率を抑える。そのための施策として働きがいのある会社づくりを追求しています。

なかでもコンカーが大切にしている「高め合う文化」に共感しているか、企業文化との適合性が高いかどうかをかなり重視しています。

そこで見ているのは「コーチャビリティ」……相手からなにかを学ぼう、教わろうとする意欲です。自分とは異なる他者からのアドバイスをどれだけ素直に受け入れられるか、環境変化に柔軟に対応できるかどうかが、当社で働く社員にとっては大切な価値観なのです。

採用プロセスで各部門の責任者がそれを踏まえて選考を行い、もしスキルが高くても文化の適合性が低い場合は、採用を見送ることもあります。逆に、スキルがまだ追いついていなくても、文化に適合しそうな人であれば採用することもあります。最終的には社長である三村自身が最終面談を行い、判断しています。

Q コミュニケーションツールは、どの程度活用していますか？

いまでこそどの部署も、社内ポータルや各種ツールを分け隔てなく活用できていますが、導入当初はばらつきがありました。営業部はお客様とのやりとりもメールや電話がほとんどなので、社内でもメールを使うことが多かったのです。

もっと営業の人にもSlackを活用してもらいたいと思い、当時、わたし（田中）は社内向けに番組を持っていたので、Slackをうまく活用しているカスタマーサポートのメンバーにインタビューをしたんです。どんなときにどんなやりとりをしているのか、どれだけ便利なツールなのかと。

するとメンバーからは「営業のみなさんが契約をとったときに、スタンプでお祝いしたい」という声があがりました。それを聞いた営業部長が「それはいい」と営業部用にチャンネルをつくって、契約成立したらレポートを上げるようにしたところ、投稿のたびに200個くらいスタンプがつくようになりました。

それが習慣になると、営業部のメンバーにもSlackが浸透して、チーム内のコミュニケーションもそこで行うようになったようです。

Q 施策を行ううえで、参考にしている指標はありますか?

年に一度のコンストラクティブフィードバックのほか、四半期に一度行われる社員の心身のコンディションを測る「パルスチェック」では、全社員が記名式で「仕事量は適切か」「仕事にやりがいを感じられるか」といった設問に答えます。また、部門のサイロ化やセクショナリズムの発生を防ぐため、その部門が連携しやすい環境かどうか調べる「部門間連携調査」も年に一度、行っています。

また、当社は5年連続で「Great Place to Work（働きがいのある会社）」中規模部門で1位を獲得し、8年連続でベストカンパニー賞（2022年時点）を受賞していますが、ここにエントリーするのはモニタリングの一環でもあります。客観的な指標から見て、社員みんなが働きがいを感じられているか確認する機会でもあるのです。

これら4つのモニタリングを参考にしながら、コミュニケーションや働きがいを生み出せているか、PDCAサイクルを回しています。

Q コロナ禍によって、なにか影響はありましたか？

2020年2月の段階から、会社としてどう向き合っていくのか、今後の情勢など含めて社長がメッセージを発信し続けてきましたから、社員としても落ち着いて業務を行うことができたと思います。

当社では社員の9割以上がリモートワークとなり、オールハンズミーティング、フィードバック研修などは基本的にオンライン開催に移行しました。

コミュニケーションランチなど、リアルな場でのランチミーティングはできなくなりましたが、代替手段として「タコティー」「ミムティー」など、ランチよりももっとカジュアルな形式で、オンライン上でお茶しながら語れる機会を設定しています。各種ランチミーティングは基本的に社員側の希望で行うものですが、ティーの場合は上司側でも希望できるようにしました。

リモートワーク中心となって雑談が減ってしまい、他部署の動きが見えづらくなったのも確かです。そのため、「俺の話を聞け」という社内ウェブラジオ番組を企画して、CCOの田中がインタビューする形式で、自部署の紹介をしてもらっています。ほかにもオンラインイベントを企画するなど、タスクフォースも活発に活動しています。

2019年から始まった「教え合う文化ワークショップ」も、プレゼンやTOEIC、RPA講座など、社員自身が講師となって得意分野を教える勉強会として定着してきましたが、オンライン開催にしたことで参加者も毎回100名近くあつまるようになりました。

また、隔週木曜日に「絆ミーティング」といって、社長が主催するオンラインミーティングがあります。そこでは社長自身の考えを伝えるだけでなく、社員からの質問に答えたり、社員1人ずつをピックアップして、社長がその人をインタビューしたりしています。

リモートワークが主流となってしばらくしてアンケートをとったところ、「リモートでも生産性を維持できている」「最初は戸惑いもあったけど、いまは孤独感を感じません」といった声が多くあがりました。これまでしっかりとコミュニケーション施策を行ってきたからこそ、信頼関係の基盤を築くことができて、リモートワークにもスムーズに移行できたのだと思います。

一方で、この1年でも組織は拡大し、コロナ禍後（2020年2月）以降に入社した社員が約100名と、全体の約3分の1を占めるまでになりました。そういった社員は、ほかの社員と比べるとどうしても信頼関係の基盤……いわゆる「信頼残高」がまだあまり貯まっていません。彼らとは個別にミーティングしたり、タスクフォースでその月に入社した社員の紹介スライドを作成して休み時間にスライドショーを流したり、絆ミーティングで社長と語ってもらったり、オンライン上でも信頼関係を築ける取り組みを進めています。

今回、オフサイトミーティングもオンライン開催となりましたが、リモートワークでも生産性が高く、エンゲージメントも高く、働きがいもある職場環境とはどんなものか、全社員で議論して、さまざまなアイデアが出てきました。これからも引き続き、リモートワークにおける働きがいの高め方、コミュニケーション活性の方法を追求していきたいと考えています。

Q 会社の「コミュニケーション／風土」を育てるうえで大切だと思うことを教えてください

わたしたちが考える「働きがいのある会社づくり」に必要な要素は、3つあると思っています。

1つ目はトップのコミットメント。

当社では社長の三村の信念として、働きがいのためには職場でのコミュニケーションが重要だと認識しています。人間関係がうまくいかなければ、仕事への意欲まで失ってしまいかねない。ですから、これだけのコミュニケーション施策を行っているのです。

２つ目は、社員の声をしっかり聞き、フィードバックを施策に生かすしくみをつくること。

あくまでこれは、当社の考える働きがいのある会社づくりであって、会社によって文化も風土も異なるなか、それに馴染む施策は社員に聞いてみなければわかりません。社員の声を集約し、適切に生かせるしくみづくりが重要です。

そして最後に、施策を実行し続ける人がいること。

当社では田中が担っている「ＣＣＯ（チーフ・カルチャー・オフィサー）」という文化醸成や社員エンゲージメントを促進する専任職を置くほか、適材適所で人員を配置し、継続的な施策の実行に取り組んでいます。

この３つどれもが欠けてはなりません。

コンカーの「働きがいのある会社づくり」におけるネクストステージはどういったものか、全社員で考え、話し合い、フィードバックし合うことで取り組んでいきたいと考えています。

髙木のまなびメモ

◉ 経営戦略の一環として、「コミュニケーション／風土」にかなりの投資をしている（ITツールを活用した仕組みの構築、研修教育、場づくり、制度による支援など）

◉ 経営情報も含めて徹底的に情報を共有する、メンバー同士がお互いにフィードバックする、それが視座の向上やお互いの学び（人材の育成）、やりがいにつながっていく（モチベーションの醸成）

◉ コミュニケーションチャネルの選択肢を多く持つことで、いろんな人たちがコミュニケーションをとれるようにしている

◉ チームメンバーの考え方や価値観、個人的な事情を知ることは、業務にも活きてくる

◉ 情報を共有するためには「発信してもいいんだな」という安心感の醸成が必要

あつめる

（条件を）
きめる

はたらく

はなれる

採用

契約

健康（安全配慮）

退職

時間

コミュニケーション／風土

場所

育成

ソフトバンク

ソフトバンクユニバーシティ

配置／異動

報酬／評価

育成

多くの日本企業では「職場ＯＪＴ（On-the-Job Training）」がメインで、補助的に階層別研修と呼ばれる一律の「Off-JT（Off-the-Job Training）」を行うのが一般的でした。特に日本社会は教育と職業の結びつきが薄いため、企業が職業訓練を充実させてきた背景があります。「Off-JT」については、職能資格や職位に応じたスキルを身につけることが目的で、学ぶ内容が画一的だったり、タイミングを自分で選ぶことができないという側面があります。

今回はそうした社内の研修を自分で選択できる企業に話を伺いました。

現地現物　11

自ら手を挙げた人同士が
学び合う

ソフトバンクの「ソフトバンクユニバーシティ」

ソフトバンク株式会社
コーポレート統括 人事本部 採用・人材開発統括部 人材開発部 部長
岩月優 いわつき ゆう

Q 「ソフトバンクユニバーシティ」を始めた経緯とその内容を教えてください

ソフトバンクにおける人材育成の柱として、3つの大きな施策を掲げています。ソフトバンクグループの後継者およびＡＩ群戦略を担う事業家を発掘・育成することを目的としている「ソフトバンクアカデミア」（2010年開校）、社員による新規事業の提案実現を支援する社内起業プログラム「ソフトバンクイノベンチャー」（2011年開始）、そしてソフトバンクグループの経営理念実現に貢献する人材の育成を目的とした「ソフトバンクユニバーシティ」（2010年設立）。

ソフトバンクユニバーシティの立ち上げ背景としては、2006年にボーダフォンと日本テレコムがそれぞれソフトバンクモバイル、ソフトバンクテレコムと改称され、会社ごとの社風や特徴があるなかで、グループとしてより一体となっていく必要があったことがあります。総合的に補完し合いながら、体系的に人材育成していく重要性を改めて認識し、企業内育成機関をつくることにしました。

それまでは「コア能力研修」と呼ばれるプログラムがあり、外部の研修会社にお願いしていたのですが、企業内でしっかりしくみづくりをし、自社に合わせたプログラムを提供することが最も効率的な人材育成ではないかと考えました。

ソフトバンクユニバーシティは**「自ら手を挙げた人が学び合う実践的プログラム」**をコンセプトに、年間約1万人が受講しています。

内訳としては、新入社員研修や新任課長・部長研修といった階層別研修が約25％、各部門の個別課題を解決し、組織力を高める部門研修が約10％、残り65％が語学やマーケティング、統計学、ファイナンスといったビジネスプログラムです。

最近では事業戦略として、特にＡＩ・ＤＸ（デジタルトランスフォーメーション）や新規事業開発に力を入れており、そのために必要なコア能力やテクニカルスキルを養えるプログラムを重点的に開発・提供しています。

特徴的なのは「社内認定講師制度」で、グループ内の社員が認定講師となって自らの知識やノウハウを共有するしくみです。基本的にはボランティアとして参加してもらっているのですが、約１２０名の従業員が研修を企画・実施しており、約８割の講座を内製化しています。

毎年講師の募集を行い、面接や試験を経て5～10名程度が認定されています。面接では持っている専門性や資格、実務経験などを詳しく聞き、実技試験としてトライアル研修を行い、ファシリテーション能力を見極めます。講師に認定されたら、登壇のための研修トレーニングを受け、講師としてのスキルを身につけて既存講座の補佐に入ってもらい、晴れて講師デビューとなります。

Q　スタートにあたって、苦労したのはどんなことでしたか？

立ち上げ当初は特に、研修開発と講師のクオリティを担保することに苦労しました。初年度は18コースでスタートしましたが年々コースを拡充し、認定講師も増えていくなかで、少しずつ社内にノウハウが蓄積され、内製する企画の精度も高まったと思います。

講師としてのスキルアップにつながるプログラムを提供したり、新たな専門性を身につけるための支援をしたりといったサポート体制は、事務局でも用意しています。受講生からも「実践のなかで必要な知識を学ぶことができる」「業務に生かすことができた」といった意見をもらっています。

Q 「認定講師になることで業務時間が削られる」といったことはないのでしょうか？

ソフトバンクのポリシーとして**「手を挙げた人に機会を提供する」ことを大切にしており、あくまで社員自身の意志が前提**となります。

講師をするといっても年間でほんの数日程度ですし、自分の持っているスキルやノウハウを会社のために生かしたいと考える社員をとがめようとする上司は、さすがにいないのではないでしょうか。

ただ、毎年業務状況は違ってきますから、どのくらい登壇できそうか、講義を行うなら何曜日がいいか個別に本人確認をとり、場合によっては登壇を見送ることもあります。認定講師とその上司には受講生からのアンケート結果を半年ごとにフィードバックし、その講義内容がいかに役立ったか、率直な反応を伝えています。

本業として自部署で働きながら、自らの持つ多様なスキルを社内外の受講生に伝え、教えることによって、教える側にも学びがあるとの声もよくいただきます。自分の知識をわかりやすく伝えるためには、より深いレベルでの理解が必要になってきます。教えることで自分の本業にもプラスに働くので反対の声があがることはありません。

また、あくまでボランティアですのでＭＢＯ（目標管理制度）の項目などには入れていません。**認定講師を務める社員からも「目標管理に組み込んでくれ」といった要望は出てきていませんし、あくまで本人の意志を尊重して「強い想いが人を動かす」ということを大切にしています。**

Q 受講者はどのように研修プログラムを受けているのでしょうか？

全社員が対象の研修としては、大きく分けて階層別研修と手挙げ式の研修の２つに分かれます。階層別研修では、新人研修、３年目研修、「エルダー」と呼ばれる新入社員のメンターである先輩社員向けの研修、それと課長や部長など新任管理職向けの研修があります。

それ以外の研修は手挙げ式で研修を提供しており、社員が自ら学びたいといったタイミングで研修を受講してもらうしくみになっています。研修を受講するということも「自ら手を挙げる」ことを大切にしています。

この「自ら手を挙げる」あるいは「自ら機会をつくる」というのは当社の企業文化として、あらゆる場面で重要視されています。ジョブポスティングや社内FAなど人事制度もそういった思想のもと設計されています。人事本部としては社員の主体性や自主性を尊重し、多様な選択肢を用意して、各々に必要なものを選びとってもらいたいと考えています。

Q 社員の受講を促すため、どんなことを工夫していますか？

地道な工夫を重ねることがいちばんですね。

まずは、経営戦略や事業の方向性と合致した研修内容を提供するということでしょうか。つねにニーズとマッチした研修プログラムを提供できるよう心がけています。

もう1つは、研修に興味を持ってもらえそうな従業員に対してのプロモーションです。管理職に就いた方や新入社員の育成担当になった方、部署異動のあった方など「学びたい」という気持ちが高まるであろうタイミングで、メールでご案内をしています。

それと、細かいことですが研修の企画やネーミングは重要だと思います。「ソフトバンク流〇〇」などと銘打つと、なんだか「ソフトバンクで働く人なら知っておいたほうがいいかな」という気になる、そんな工夫も行っています。

Q 今後、制度を運用するうえでどういった課題や展望を持っていますか？

社員数も多いですし、ラインナップも約75コースに渡るので、**いかに情報を届けるかは悩ましい**ところです。本人の自主性に任せることが前提ではあるものの、**その人が学びたいと思うタイミングで、いかに適切に情報提供できるか。**その試行錯誤は永遠の課題だなと感じます。

また、コロナの影響により働き方や学び方のスタイルも大きく変わりつつあります。アフターコロナを見据えて、オンラインとリアルのベストミックスを模索し、新たな学びの場を構築することが我々にとってのミッションだと考えています。

特にリモートワークにおいて、ますますマネージャーが自覚的に果たすべき役割は大きくなってきています。マネージャーが適切にリーダーシップを発揮し、チームのパフォーマンスを最大化することが、ひいては組織全体の活性化にもつながる。ですから、**マネージャーに対しては意識的にアナウンスを増やし、スキルアップやトレーニングの機会を提供していきたい**ですね。

これだけ変化が激しいと、計画通りのキャリアを描くのが難しいこともあるのではないかと思います。

ただ、新しい仕事にチャレンジしてみて、さまざまな経験を通じて、初めて自分にとって大切なものに気づくという場面もあるのではないでしょうか。さまざまな経験をすることで、自分なりの生存戦略やスキルの活用方法、学ぶべきこと、もしくは譲れない価値観などを見出すこともあるのではないかと思っています。

経験や研修を通じて学び続けていくことが、いまの時代にはとても重要なことなのではないでしょうか。

髙木のまなびメモ

◉ 社内のメンバーが講師となって自らの知識やノウハウを共有する

◉ 自ら手を挙げ、学びたいタイミングで、学びたいことを学んでもらう。自分で選択してもらうことで、意欲高く学んでもらう（人材の育成）

◉ いかに適切なタイミングで情報提供できるかが課題

◉ リモートワークの普及に伴い、マネジャーに対するトレーニング、スキルアップを促進していく必要がある

◉ 他企業の取材でも、多様な時間・場所で働くメンバーを束ねるマネジャーをどう育成していくかという話が出ていた。これからいろんな人が同じ職場で働くようになったとき、マネジャーの役割は、いままで以上に重要になってくるのかもしれない

あつめる

（条件を）きめる

はたらく

はなれる

あつめる	（条件を）きめる	はたらく	はなれる
採用	契約	健康（安全配慮）	退職 良品計画 バックパス制度 カムバック採用
	時間	コミュニケーション／風土	
	場所	育成	
	配置／異動		
	報酬／評価		

退職

「退職」について、多くの日本企業には「定年退職」という慣行があります。会社によっては、定年を迎えるまで勤め続けることが美徳とされる雰囲気もあります。そのため、途中で辞めることが裏切りのように見なされてしまったり、また戻ってくるなどもってのほか、という会社も依然として存在します。

しかし最近では、辞めてもまた戻ってこられるようなメッセージを会社として出し、そのためのしくみをつくっている会社があります。

「また戻ってきてもいい」
という安心感

良品計画の「バックパス制度」「カムバック採用」

株式会社良品計画
人事総務部　組織・人材開発課長
高田 美樹 たかだ みき（2020／9／1付で異動）

Q 「バックパス制度」と「カムバック採用」を始めた経緯と内容をお教えください

「バックパス制度」は、介護や配偶者の転勤など、やむを得ない理由で退職する勤続5年以上の社員に対して、「バックパス」を発行して再雇用を約束する制度です。バックパスの有効期間は5年間。雇用条件としては退職時と同等のものを約束しています。ほかの社員と同様、店舗配属の場合もあれば本社配属の場合もありますが、再雇用する場合は本人との面談のうえ配属先を決めるため、個別の事情をできるかぎり配慮したうえで配属を行います。

「カムバック採用」は、当社を一度退職した方を、過去の勤務実績も総合的に勘案して選考を行ったうえで採用する制度です。

制度導入以前は、入社時に一律、試用期間を経てグレードレベル1からのスタートになっていたのですが、勤務していたときの実績や能力を加味してグレードを決定し、給与にも反映するようにしようということです。

いずれの制度も2016年に導入したのですが、それ以前から、退職したメンバーが「もう一度働きたい」と現場に戻ってきてくれることはたびたびありました。でも、「またイチから」が前提で、どんなに勤務歴の長いベテランの方でも、グレードレベル1からスタートすることになっていたのです。「なんとかならないか」という声もありました。

その条件を踏まえたうえで戻ってきてくれるメンバーはいたのですが、なんとかその方の経験やスキルに報いることはできないかと。

会社としても新規出店や増床など積極的な店舗展開を推進するなか、いかに人材を確保するのかが課題の1つでした。勤務経験のある優秀なメンバーが戻ってきてくれれば、店舗にとっても大きな力になりますし、以前なら店舗のなかった地方にも出店が増えてきていますから、そういった意味でも、もう一度縁をつなぐことができるかもしれない。

また、他社でも少しずつ再雇用する企業が出てきたので、経営陣からも「うちでこういう制度はできないか」と要望がありました。そこで、人事としてきちんと制度化しようと検討を始めたのです。

個別で対応するよりも、一律のルールとして制度化したほうが公正ですし、「また働かない？」と声も掛けやすくなります。

そういう意味では、辞めるときにも「また戻ってきてね」と言えるようになったのは、制度化したメリットの1つだったかもしれません。ご結婚や介護、転勤など、引き留められない事情もあるなかで、「また働きたくなれば、制度を使えば」と声をかけて、ポジティブに別れられますからね。

Q「バックパス制度」「カムバック採用」を始めるにあたり、反発や懸念の声はありましたか？

現場としても経営陣としても「きちんと制度化したほうがいい」という共通認識はありましたので、特に反対の声はなかったと思います。だれに相談しても、「それはいい制度だね」と好意的でした。

議論したのは、制度設計をどうするのか。当社ともお取引のあるワークスアプリケーションズさんが以前から「カムバック・パス制度」を運用されていて、お話を伺い参考にさせてもらいました。そちらでは理由を問わず、全社員にパスを発行されているのです。

ただ、当社で行うとなると社員数も多いですし、運用面で課題が出てきてしまうかもしれません。本当に現場のためになるような制度をと考えると、バックパス制度についてはだれを対象とするのか、どんな条件にするのか、かなり細かく議論を重ねました。「勤続5年以上という条件はいらないんじゃないか」「退職者全員にパスを発行すべきなのでは」『やむを得ない理由』をもっと定義したほうがいいんじゃないか」など、さまざまな意見が出ました。

最終的には、「介護や配偶者の転勤などやむを得ない理由で退職する勤続5年以上の社員」という条件を設けました。人事としては、あとから条件を追加するほうがむずかしいので、スタート時にはなるべく厳密に条件を設定することにしよう、実際に制度を運用してから必要であれば調整していこうと。

「やむを得ない」というと少し曖昧かもしれませんが、現段階で想定していなかったことも起こり得るかもしれないと。そこは都度、本人からしっかり話を聞いて人事として判断しようとなりました。留学や結婚などは「やむを得ない」とまでは言えませんが、それならカムバック採用のほうを使ってくださいと提案することもできる。2制度あるからこそうまくニーズをすくいとることができたのではないかと考えています。

あくまで重要なのは、本人が望めばまた戻ってこられるようにすることと、現場にとって意義のある制度になること。それを意識して制度設計を行いました。

Q 「バックパス制度」では、退職時の労働条件で復職が可能なのですか？

辞めたときの条件で会社に戻ってこられることをお約束しています。

当社業務から離れている間に得た経験を今後の仕事に生かすことができると思いますし、**「辞めた会社へまた戻ろう」と思ってくれるのは、とても勇気がいることだと思うのです。ですから、その思いにできるかぎり応えたいと思いました。**

一方で、本人がかならずしもそれを望まず、以前と同じグレードで職責を果たすのがむずかしいと考える場合もあるでしょう。ブランクが長くて、変化についていけるかどうか不安に思う人もいます。そういったときは本人との面談をもとに、希望すれば退職時のグレードよりも下げることは可能です。

また、退職時とまったく同じ部署・ポジションに就くことまではお約束していません。本部に勤めていた社員が、店舗に配属されることもあります。

そもそも良品計画の基本的な考え方として、「すべての起点は店舗にある」というのがあります。これは当社の大切にしている思想や考え方をまとめた「良品計画カルチャーデッキ」にも記載されています。

わたしはいま人事総務部で働いていますが、店舗経験もありますし、店舗から本部そしてまた店舗へ、というキャリアも珍しくありません。

当社の大切にしている「人と社会の『役に立つ』」という思想を最も体現しているのが、店舗という場です。わたしたち社員はその思想を大切にしていることが前提ですし、それぞれの仕事でそれを体現することが求められています。もし特定の役職にこだわるようでしたら、残念ながらその思いには沿うことはできません。

この制度自体も、現場が欲しているものをつくろうとして実現したものですし、現場で本当に活用しやすいものとして運用していきたいと考えています。

Q 「カムバック採用」は、通常の選考フローとなにが違うのですか？

カムバック採用といえども通常通りの選考を行いますので、特に大きくフローが異なるわけではありません。基本的には面談の際などに自己申告してもらい、勤務経験があるとわかれば、人事で勤務歴を確認し、当時の情報も参考にしたうえで選考を進めます。

以前はどのメンバーも1段階ずつステップアップしていく制度になっていましたが、2020年に制度自体が改定となり、勤続年数にかかわらず、個人のスキルやスタンス、能力を評価するようになりました。試用期間後、評価に基づきレベルが決定されます。個人の評価に応じて、場合によっては飛び級することもあります。

Q　制度を利用している社員はどのくらいいるのですか？

実際にバックパスを発行したのは、介護退職を余儀なくされた方や、社内結婚で1人が海外赴任となり、その配偶者に同じ国で同様のポジションを用意するのがむずかしく、「退社してついていく」となった方などがいます。

ただ、制度が始まったのは2016年ですし、バックパスの期限が5年ということもあって、実際に復職したのはまだ2名なんです。毎年数件バックパスを発行していて、初年度に発行した方も期限を迎えたので、これから戻ってこられる方が出てくるかもしれません。

カムバック採用については、2017年は270名、2019年は377名と、年々利用者が増えてきましたが、2020年は262名となっています。同年に制度が改定され、勤続年数にかかわらずスキルやスタンス、能力を評価するようになったので、自己申告する方が減った可能性もあると考えています。

Q　なにか良い影響はありましたか？

やむを得ず辞めなければいけなかった方に「また一緒に働けるといいね」とポジティブに伝えられるのは、やはり良いことだなと感じます。なにより**「また無印良品で働きたい」と思ってくださるのは、本当に感謝すべきこと**ですよね。

カルチャーデッキにも「良品計画は人と思想でできている」とあるのですが、商品やものというのは、ほかにもさまざまな企業がつくり、販売しています。でも当社のものづくりや社会、地域、あるいは幸福のあり方に対する思想に共感し、理解してくれるからこそ、「ここで働きたい」「仲間とともに働きたい」と思ってくださるわけです。

入社するメンバーには人材育成やトレーニングの場で、会社としてのビジョンや思想を伝えていますが、それがしっかりと伝わって、良品計画のものづくりを、暮らしのあり方を好きになって、それを仕事としていきたいと思ってもらえるのは、本当にありがたいことです。

Q 今後取り組んでいきたい課題や展望はありますか？

働き方の多様化については重点的に制度改定を進めているところです。

夜間営業延長など地域特性に応じた営業時間を設定していくと、どうしても「1日実働8時間、週休2日制」という従来の働き方だけでは、十分に人員を確保できない場合も出てきます。そのため、より働き方に柔軟性・多様性を持たせるべく、2021年に導入したのが、「バランス型勤務」「チャレンジ型勤務」の2制度です。

「バランス型勤務」は週休3日制、つまり週4日勤務の働き方。「チャレンジ型勤務」は従来、付与されている年13日のメモリアル休暇・リフレッシュ休暇がない分、現業務のさらなる追求や、自部門外の業務にチャレンジする働き方です。本人の申告によって、コースを変更することができます。さらにアルバイトについては65歳の定年を撤廃し、意欲のある方は働き続けられるようになっています。

制度改定したことで、子育てがひと段落した方、定年退職された方などに対して、「働いていたころよりも勤務体系にバリエーションがあるので、戻ってきませんか?」と声掛けや情報発信ができるようになりました。より多くの方の活躍の場を提供したり、ワークシェアリングしたりできればと考えています。

Q 「出戻り」について、正直、社会にはまだネガティブな印象がありますが?

「バックパス制度」と「カムバック採用」をきちんと制度化することで、まさにポジティブなメッセージを発信することになったのかなと感じています。

もしかしたら、個人レベルでは「辞めた人が戻ってくるってどうなの？」と、ネガティブに思う方もいるかもしれません。**でも会社として「戻ってくるのはウェルカムですよ」と制度を通じて発信することで、「会社がそういうなら、わたしたちも歓迎したほうがいいのかな？」と、少しずつ意識が変わってくるのではないでしょうか。**

もちろん、それぞれの事情もありますし、割り切れないこともあるとは思いますが、やっぱり会社として「戻ってきてね」と制度としてしっかり姿勢を示すことで、「そういう考え方もあるのか」「そう考えて良いんだな」と、自然に伝わっていくのではないかと。

そうやって良品計画の思想や考え方に共感する仲間として、また一緒に働けるようになることが、現場にとっても良いことなのではないかと考えています。

高木のまなびメモ

◉ 制度があることによって、職場のコミュニケーションとして、「また一緒に働けるといいね」と言えるようになることが重要

◉ 辞めた人がまた戻ってきてくれることが人材不足の解消にも寄与する（雇用の確保）

◉ 会社を辞めた人が別のところで経験を積むことも成長と捉えている（人材の育成）

◉ 会社を一度離れてまた戻ってくることにポジティブなメッセージを出したり、週4勤務で働けるコースをつくったりと、多様な距離感が想定されている

◉ これまでの取材でも、新しいしくみをつくることで日常のコミュニケーションや風土が変わっていくことを期待している、あるいはそうした風土とセットで制度を機能させる、という企業が多かった

12の企業取材

あつめる	（条件を）きめる	はたらく	はなれる
採用 富士通 職種約束コース	**契約** タニタ 日本活性化プロジェクト 副業制度、グループ外出向 ANA	**健康（安全配慮）** 味の素 味の素流 健康経営	**退職** 良品計画 バックパス制度 カムバック採用
	時間 WAA ユニリーバ 時間と場所に捉われない働き方 ヤフー 週休3日・4日制 みずほ	**コミュニケーション／風土** コンカー オールハンズミーティング フィードバックする文化	
	場所 WAA ユニリーバ 時間と場所に捉われない働き方 ヤフー	**育成** ソフトバンク ソフトバンクユニバーシティ	

配置／異動
ソニー
社内募集
キャリアプラス、FA制度
キャリア登録制度

報酬／評価
NTTデータ
ADP制度
TG制度

「みんなの理想」を求める時代から、「1人ひとりの理想」を求める時代へ

取材に出る前、ぼくは日本の会社のしくみについて、さまざまなことを学びました。「会社の平等」こそが「1人の人間として重視されている感覚の薄さ」を打ち破るものだった時代があったことや、無限の忠誠と終身の保障を前提としたしくみが「会社の成長」を推し進めてきたこと。つまり、無限の忠誠と終身の保障をベースにしたしくみを一律平等に適用することこそが、社員の幸せと会社の理想実現を叶えるための方法だったことを。

しかし、12社の企業取材を終え、ぼくにはそれまでとは違う世界が見えていました。まず1つ目に感じたことは、個人から会社に対する要求の変化です。

かつては強く望まれた「一律平等」でしたが、いまはそれだけでなく「個性を重視」することを社員から求められている、という声を多く聞きました。

「(新卒でも)入社時からやってみたい仕事がある」「副業(複業)がしてみたい」「個人事業主として、会社と対等な関係で仕事がしたい」「出向などでほかの会社での仕事も経験してみたい」「(給与が減ったとしても)短時間や短日数で働きたい」「自分が希望する時間帯・場所で働いてみたい」「自分の希望する仕事を(100%の異動じゃなかったとしても)やってみたい」「管理職を目指すのではなく専門性を磨いていきたい」「自分の心身の状態に合った健康管理をしたい」「自分が学びたいことを学んでみたい」「また古巣に戻って働きたい」

1人ひとりの理想や生き方・価値観の多様性が顕在化するようになってきた。言いかえれば「みんなの理想」を求める時代から「1人ひとりの理想」を求める時代に変化してきた、ということなのかもしれません。

戦後から経済成長期にかけては、だれもが幸せに感じる理想に置いていかれないように、社員をできるだけ一律平等に処遇することこそが「1人の人間として重視されている感覚」を生み出していました。

しかし時が流れ、1人ひとりが目指す幸せの形が違ってきているなかで、個人が持つさまざまな理想を安心して表明できること、またそれを認めてくれることを欲するようになってきている、そんな価値観の変化があるように感じました。

「多様性」を押しつけるわけではなく

さらに興味深かったのは、12の企業はそういった個人の理想と向き合うときに、しくみを一律につくり直そうとするのではなく、まずは選択肢を1つずつ増やしていく、というやり方をとっていたことです。なかには、小さくトライアルを実施して、メリットやデメリットをつまびらかにしながら少しずつ社内に浸透させていく、というやり方をとっている企業もありました。

すでにあるしくみにマッチしている人まで、「多様性」の名のもと、むりやり別のしくみに強制移行させていくのではなく、あくまでしくみによって自分のことを重視されていないと感じる人がいたら、あるいはもっとマッチする道を提示できるのであれば、その人に合わせて新しく1つずつ選択肢を増やしてみる、という姿勢がそこにはありました。

そしてもう1つ、現地現物を重ねるなかで変化を感じたことがありました。

それは「会社の成長」を後押しする競争力の源泉そのものが、少子高齢化、デジタル化、グローバル化、顧客ニーズの多様化といった不可逆な社会変化によって少しずつ変わってきているのではないか、ということです。

日本企業のしくみが生み出していた「モチベーションの醸成」「雇用の確保」「人材の育成」におけるメリットは、「一律平等」ではなく、1人ひとりの「個性を重視」するというやり方によってこそ、まったく新しい形で生み出せるのではないか、と。

モチベーションは、「出世」から「＋人それぞれ」へ

まず、「モチベーションの醸成」におけるぼくの発見は次のようなものです。

これまでの日本企業では「階段をのぼる」、いわば出世して高い給与をもらうことだけがモチベーションとされてきました。

しかし、取材した企業では、そもそもなにをモチベーションと感じるかは人それぞれ違う、という考え方に変化していることを感じました。

自分のやりたい仕事にチャレンジできること、高度な専門性を評価してもらえること、複数の会社で働けること、自分がいちばん集中できる時間帯・場所で働けること、仕事の割合を減らして自分の時間を大事にしながら働けること、指揮命令関係ではなく1人のプロフェッショナルとして働けること、一度社外に出て働いてみること、自分から学んでみたいと思うことを学べること。

社員が主体性を持って、自分が最もパフォーマンスを出せる環境や合意の仕方を選択できるようにしていくことが多様なモチベーションを引き出していく、という考え方がそこにはありました。

雇用は、「主従」から「＋インクルージョン」へ

「雇用」についても、考え方の転換を感じました。

これまで多くの日本企業は、絶対的な主従関係のもとに強制的な人事権を働かせて、長期的な雇用（労働力）を確保することを主眼に置いていました。もちろん、多くの会社がそのしくみを廃止しているわけではありませんが、それにくわえる形で、多種多様な人材をインクルージョン（包摂）できるようになることこそが競争力につながる、という考え方が生まれていることを感じました。

新卒時点で自分のキャリアを描けている人、高度な専門性を持った市場価値の高い人、長時間働くことがむずかしい人、場所的な制約がある人、会社の指揮命令下で働くというスタイルが馴染まない人、特定の仕事をすることに強いこだわりのある人、兼務（社内）、副業（社外）など、いくつもの仕事を同時に経験したい人、一度会社を辞めてまた働きたい人。

これまで、力を借りられなかった人たちに仲間になってもらうことこそが雇用（労働力）を確保するうえで重要になってくる、という考え方がそこにはありました。

また、雇用の維持という点から見ても、副業を許容したり、まったく資本関係にない会社間を行き来するグループ外出向をしたり、1つの会社だけで雇用を維持するのではなく、複数の会社で雇用を維持していくケースが増えていたことも印象的でした。

育成は、「継承」から「＋アップデート」へ

そして、最後は「育成」においての発見です。

職場ＯＪＴや研修（Off-JT）は、これまでどおり上の人が経験してきたことを下の人に継承していく、という形で行われていましたが、今回興味深かったのは、それにくわえて、既存のメンバーにない知識や経験・人とのつながりを新しいメンバーが組織のなかにもたらしてくれることが競争力につながる、という考え方が多く見られたことです。社外で副業すること、社内でも自分の職場だけでなくほかの職場を兼務しながら働くこと、個人事業主として働いてみること、一時的に他社に出向すること、一度退職して外の世界を見ること。そのなかで培える経験やスキルなども、育成の要素の1つとして入っていたのです。

まさに、自社のなかにある常識を継承し続けるだけでなく、外の知見も踏まえて

アップデートしていこう、という考え方です。また研修（Off-JT）も、受講するタイミングや内容を自分で選択できるようにすることが主体性につながり、学びの効果を加速させる、という話もありました。

こうした発見の数々は、閉塞感などという個人的な感情だけでしくみを変えた方がいい、と浅はかに考えていたぼくにとって、一筋の光になりました。

というのも、どの会社も日本社会の構造を認識したうえで、これまで日本企業が守り続けてきた「個人の幸せ」と「会社の理想実現」を別の形で両立すべく、1人ひとりの個性を重視する方向にしくみを変化させていることがわかったからです。

新しい風土が新しいしくみを機能させる「多様な距離感」と「自立的な選択」

そしてぼくは、新しいしくみ以外に「会社の変革」を実現するために必要な、もう1つのことに気づきました。それは「コミュニケーション／風土」の大切さです。

取材を進めていくなかで、文化やカルチャー、価値観、バリュー、社風、意識、マネジメントなど、言葉は違えど、職場における「コミュニケーション／風土」のあり方について言及している企業が非常に多かったことが印象に残っています。

10のしくみを変えていくこと自体が、まさに目指したい風土を体現するためであったり、そのしくみを選択肢として用意することがメッセージとして機能し、職場の風土を変えていくことを狙ったケースも多く見られました。

もちろん、大事にする価値観はそれぞれの企業によって違っていましたが、取材したすべての企業に共通していた考え方をあえて言語化するとすれば、それは「多様な距離感」と「自立的な選択」という言葉であるようにぼくは思いました。

コミットする時間の長短や働く場所という量的・物理的な遠近、すべて会社に委ねてさまざまな仕事を経験するか特定の仕事や専門性にこだわるかといったキャリアの方向性、会社の指揮命令下で働くか成果物だけを約束するかといった会社と個人の関係性、1つのチームで働くか社内外含め複数のチームで働くかという所属のあり方、ずっと同じ会社にい続けるか一度辞めてまた戻ってくるかといった組織との関わり方も含めて、「会社（チーム）と個人との間に、多様な距離感の形があっていい」という価値観が少しずつ浸透している、あるいは浸透させようとしているように思いました。

またそのうえで、入社の仕方、契約のあり方、働き方、仕事、評価のされ方、健康面のケアの仕方、学び方、辞め方も含め、あらゆるしくみをしっかりと「自分で選択をしてもらうこと」が大切だ、という考え方もセットになっているように思いました。

これまでの日本企業は、「無限の忠誠」と「終身の保障」を前提とするしくみを「一律平等」に適用することによって、競争力の源泉となる「モチベーション」「雇用」「育成」といったメリットを得ていた一方、それらのしくみが「フルコミット」「ヒエラルキー」「クローズ」といった風土を生み、別の問題を引き起こしていました。

しかし、今回ぼくが見た企業は、1人ひとりの「個性を重視」するしくみにくわえて、「多様な距離感」「自立的な選択」といった風土をセットで形づくっていくことで、「個人の幸せ」と「会社の理想実現」を両立させようとしていました。

あたらしい風土：
「多様な距離感」と「自立的な選択」

あつめる	（条件を）きめる	はたらく	はなれる

採用
個性を重視
（新卒職種約束コース）

契約
個性を重視
（個人事業主コース、副業、グループ外出向）

時間
個性を重視
（柔軟な時間配分、短日数勤務可）

場所
個性を重視
（テレワーク可）

配置／異動
個性を重視
（本人希望の重視、兼務可）

報酬／評価
個性を重視
（職務（市場性）重視コース）

健康（安全配慮）
個性を重視
（セルフケア支援）

コミュニケーション／風土
多様な距離感
自立的な選択

育成
個性を重視
（選択型研修）

退職
個性を重視
（出戻り可）

サイボウズの制度改革の裏側にある真の教訓とはなにか？

取材に出る前、ぼくはこう考えていました。「サイボウズのような特殊な企業を変革の事例に出すことは意味があるのか？」と。

２０２１年、アジア地域における「働きがいのある会社」ランキング／Best Workplaces in Asiaで、サイボウズはベストカンパニーに選出され、大企業部門において5位にランクインしました。これは、日本企業のなかでトップの順位です。HPにもその受賞歴が掲載されているからか、こんなふうに言われることがあります。

「サイボウズは、本当に社員の幸せを考える会社ですね」

「こんなにやさしい会社があるんですね」

ぼく自身でさえ、そう思っている節がどこかにありました。

とにかく社員の幸せだけを考えて、ぼくの持つ閉塞感もなくしてくれる会社、サイボウズ。しかし、日本企業の歴史を学んだぼくにとって、会社の理想実現や利益を二の次にして、社員の幸せだけを考えるような、そんな特殊なサイボウズという会社のしくみを「これが新しい時代の会社のあり方です！」とあなたに提案することが有益なことなのか、自信が持てなくなっていました。

ところが、こうして現在進行形で改革を実践している企業を取材してきたいま、ぼくの目にはサイボウズという会社が違った姿で映るようになっていました。

本当にサイボウズはやさしいだけの会社なのでしょうか。

客観的に見れば、サイボウズは他社よりも早く変革を進めてきた会社です。しかし、なぜサイボウズは「会社の変革」を進めることができたのでしょうか。表面的な成果や施策ではなく、サイボウズの変革の足跡にこそ、あなたに伝えるに値するなにかが隠れているのではないか。

ぼくはこの疑問を解消するため、今度は自分が勤めるサイボウズについて、改めて「現地現物」してみることにしました。

次のレポートは、サイボウズの人事制度の変遷をまとめたものです。10の会社のしくみごとに、それぞれの担当者や過去の裏話を知る人に取材して、それぞれの具体的な施策、その目的や背景・経緯も含めて時系列に並べてみました。

サイボウズのさまざまな施策の概要自体は社長の青野や元・副社長の山田などによっていろいろなメディアで語られていますし、すでにご存知の内容も多いかと思いますが、すべてのしくみの成り立ちとそのつながりを人事の視点から捉えた考察は、いままでになかったものだと思います。

少しでも、あなたが考える「会社の変革」の参考になれば幸いです。

第6章

サイボウズ人事制度の変遷レポート

情報の民主化が、しくみと風土を変えていく

「100人100通り」の働き方は、経営危機から始まった

サイボウズという会社のしくみは、どのような背景・経緯でつくられてきたのか。最も大きな転換期は、社長が青野に交代した翌年の2006年だったと言います。サイボウズは離職率28%、業績も二度の下方修正という経営危機を迎えていました。社内の雰囲気も悪く、毎週のように退職の挨拶があり、次はだれが辞めるのかと疑心暗鬼の状況が続いていたそうです。苦悩した末に青野は「人は理想に向かって行動する」という原理原則にたどり着き、当時副社長だった山田とともに、大きく人事制度の方針を転換していくことになります。

そこから「100人100通りの人事制度」というスローガンのもと、社員1人ひとりの声を聞きながら、より多くの人（多様な人）が働ける会社にするための改革が始まりました。

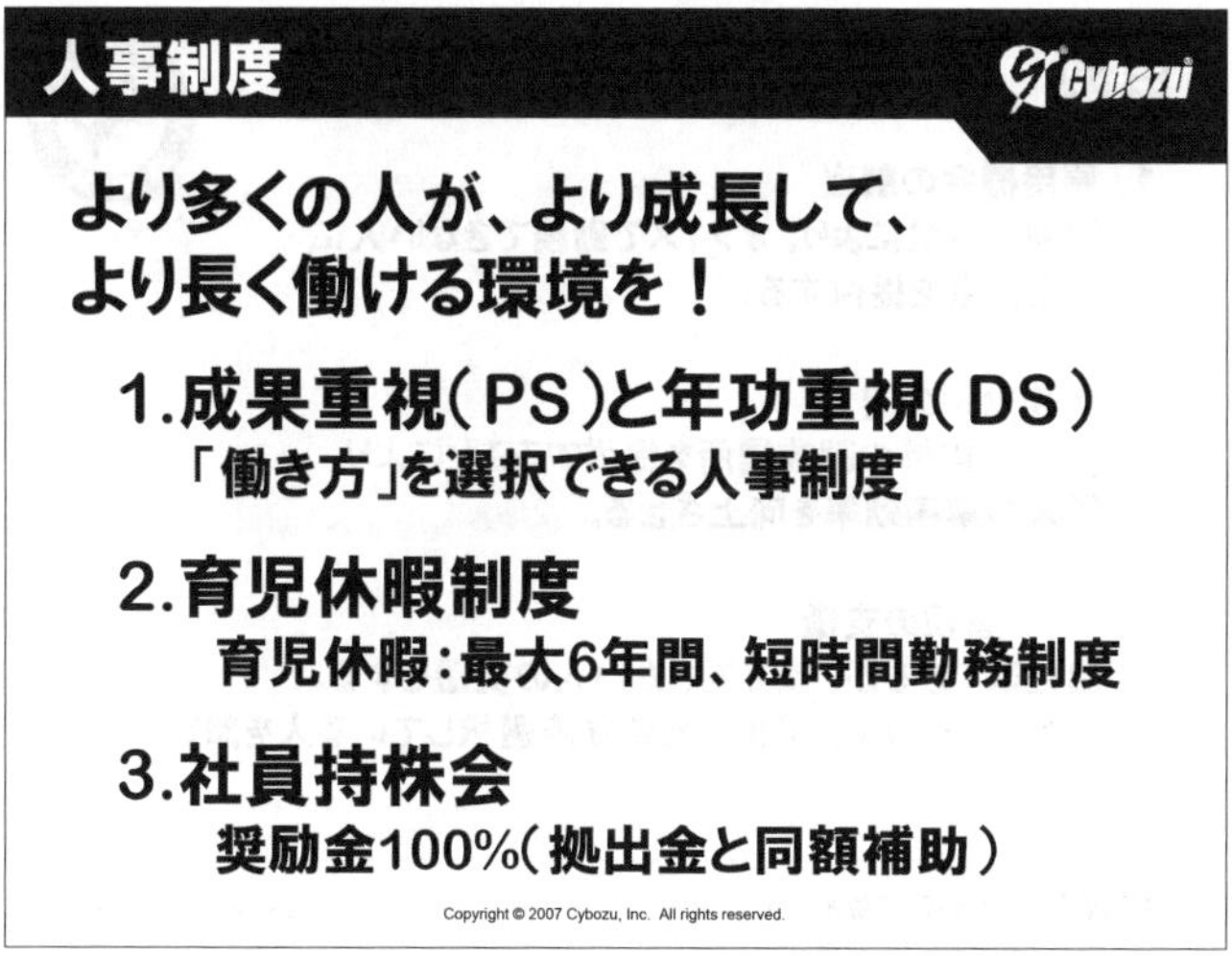

２００７年、まずは働き方（時間）について「ワーク重視」と「ライフ重視」のコースが選択できるようになりました（図・上）。

制度の名前も、選択に優劣はないことを明確にするために当時流行していたゲーム機の名前を借りて、「ＰＳ（ワーク重視）」と「ＤＳ（ライフ重視）」としたそうです（どちらを選んでもそれは本人の趣向であって、どちらもすばらしい選択である、というメッセージだったそうです）。

２０１０年には、働く「場所」について、在宅勤務制度のトライアルをまずはリモート接続できる人で、回数制限などを設けながら小さく始めていき

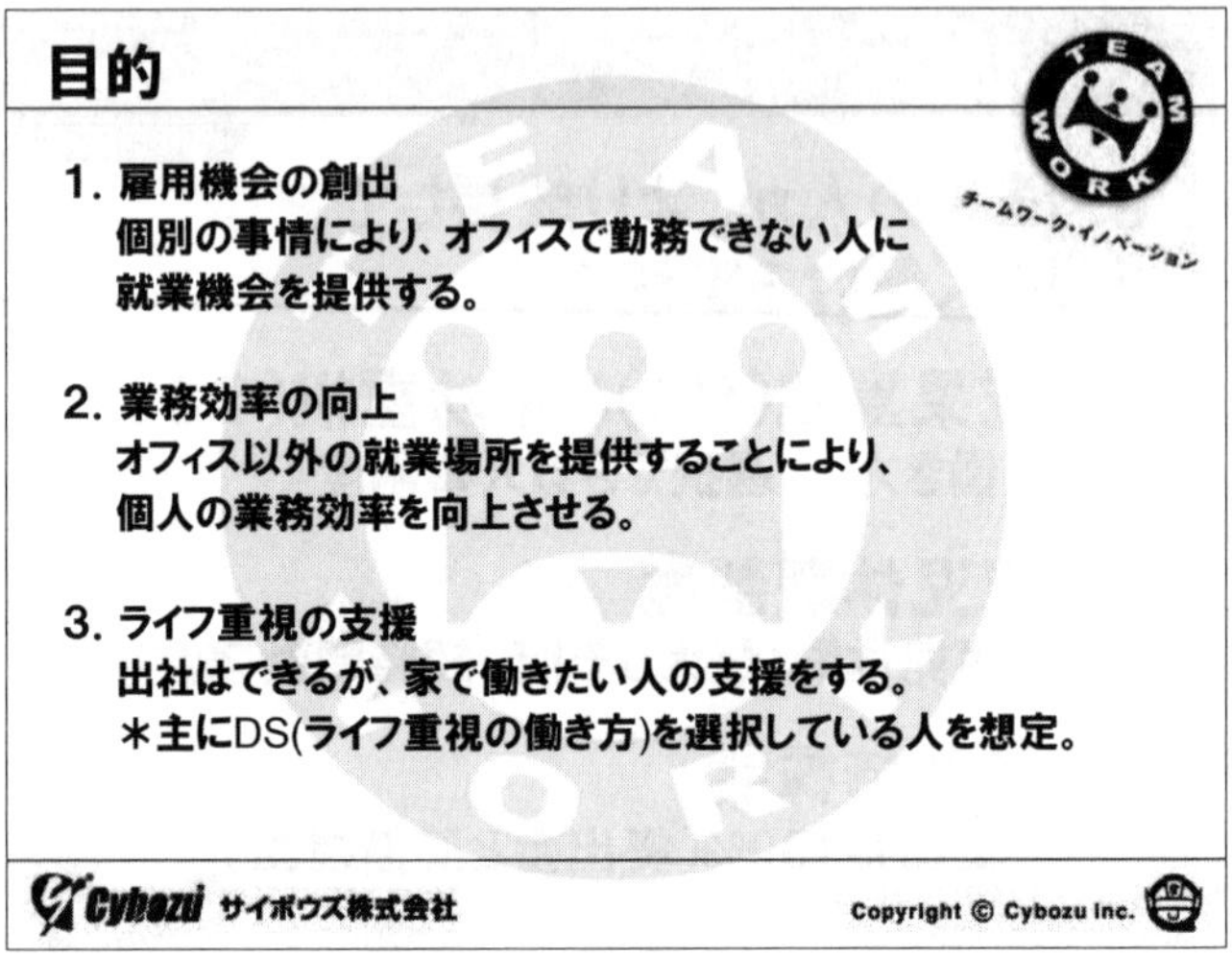

目的
1. 雇用機会の創出
個別の事情により、オフィスで勤務できない人に
就業機会を提供する。
2. 業務効率の向上
オフィス以外の就業場所を提供することにより、
個人の業務効率を向上させる。
3. ライフ重視の支援
出社はできるが、家で働きたい人の支援をする。
＊主にDS(ライフ重視の働き方)を選択している人を想定。

ます。

当時の資料を見ると、その目的には「雇用機会の創出」「業務効率の向上」といった言葉が並んでいます（図・上）。

このトライアルを経て、見えてきたメリットやデメリットを全社に公開しながら、新しいルールを追加したり、適用範囲を徐々に拡大していきます。

考え方① 個人の理想（モチベーション）を会社がコントロールすることはできない

2011年には在宅勤務制度を正式に導入し、働き方の種類もさらなる多様性に対応するために3分類（バリバリ働く、少し残業して働く、定時・短時間で働く）とするなど選択肢を増やしていきました。同年以降「働き方（時間・場所）」だけではなく「報酬／評価」や「配置／異動」についても、次々に新しい取り組みが始まります。まず「報酬／評価」については、賃金の階層を廃止。「成長評価（本人の能力向上に対する評価）」と「給与評価」を分離し、給与評価は社外の市場性も加味して決めるように変更しました。

その背景には、社内にあった賃金テーブルの階層とエンジニアの給与相場が乖離してしまい人材獲得がむずかしくなってしまった、という事情があったそうです。人材不足と言われるITエンジニアをはじめとする職種では採用競争が激化しており、外部労働市場での価値がどんどん高くなるため、社内での本人の仕事や貢献度が変わっていなかったとしても給与を高くしなければ他社に引き抜かれてしまう、ということが起こり得ます。

つまり、「本人がどれだけ成長して能力を高めているかとその人に支払われる給与は（もちろん相関関係にある場合は多いものの）かならずしも一致しない」ということがわかったために、成長評価と給与評価を切り離すことにしたそうです。そうすることで、市場での給与が高くなっているエンジニア人材を雇用できるようにすることが目的であり、苦肉の策、という側面もあったようです。

そして「配置／異動」についても、この時期から強制配転や強制転勤を廃止する方針を打ち出していきました。徐々に人数規模も拡大し、社内の業務も増えはじめてきたタイミングだったこともあり、社内の役割分担について「やりたいこと」「できること」「やるべきこと」をマッチさせるためのしくみを整えていきます。

そこには、人の理想はさまざまで会社がコントロールすることはできない、という考えと、「やるべきこと」「できること」「やりたいこと」が重なったときに人は最もモチベーション高く働ける、という考え方があったと言います。

人は、自分が「理想だ」と思う状態に向かって意欲をもって取り組みます。自分の自然な「やりたい」という気持ちと、チームの「やるべき」ことをやることによって得られる対価や周囲からの感謝、そこに自分の「できる」ことによって貢献できているという実感が加わったとき、人は最も幸せに、そして意欲高く仕事に取り組んでくれる、と。主体性をもって自分の理想につながる選択をしてもらうことが個人のモチベーションにつながり、会社の理想実現にもつながっていく、という考え方がそこにはありました。

考え方② 労働力（雇用）をグラデーションで見ることを良しとする

2012年ごろから、（制度として開始したものではないため時期は明確ではないですが）たとえば営業と人事というように、徐々に「兼務」という形で仕事をする人も出てきました。

そもそも、サイボウズは決して欧米企業のように「職務（ポスト）」を切り出してそこに人を当てはめていく、という会社ではありません。多くの日本企業と同じように「人」を雇用管理の中心に据えているわけですが、そのうえで、社内にある「やるべきこと」「できること」「やりたいこと」がマッチするよう、自分で選択してもらう方針をとっていくようになりました。

サイボウズにおける「やるべきこと」は、かならずしも「ポスト」という大きな単位ではなく、もっと小さな「タスク」単位にまで分解することが可能です。労働力をグラデーションで見て、役割分担することも良しとされています。そうすることで、いきなり丸々1人分を異動させるのはハードルが高かったとしても、一部の業務だけでも経験してみたいと思っている人と一部の業務をお願いしたいと思っているチームがマッチする、というケースも生まれてくるようになります。

そして、この労働力をグラデーションで見るという考え方は、社外にまで及びます。同年（2012年）、サイボウズではすでに一部許可しはじめていた副業を完全に解禁します。多様な事例が出てくるなかで、かならずしも本来業務に支障をきたす副業だけではなく、相乗効果がある副業もあるという認識から、業務にマイナスになるもの以外は許容する方針としたのです。

また副業が解禁されたことによって、人材の獲得につながるケースもありました。当時の社長（青野）より高い給与のハイエンド層の人材を採用しようとしたとき、あまりの金額水準の高さにこのままでは採用できないとなり、サイボウズでコミットする時間を少なくして副業という形で採用したことがあったそうです。つまり、いまのサイボウズではみんなに門戸の開かれている副業制度も、相乗効果など会社へのメリットが見えてきたことや、スーパープロフェッショナルな人材をフルコミットで獲得するだけの給与は払えない、といった非常に現実的な理由から活用が進んでいったわけです。

考え方③　中長期的に見れば、副業や退職さえも「育成」の一環になり得る

その後も徐々に副業をやってみたいという人は増えていきますが、特に大きな問

題が起きることはなかったそうです。むしろ、サイボウズとの多様な距離感を認めることで、本人の主体性や意欲を喚起したり、あるいは社内に閉じているだけではなかなか得ることができない知識・経験・つながりを獲得していける、といった「育成」の点でもメリットが見えはじめたため、この流れは加速していきました。

現在のサイボウズは、会社の資産（時間、場所、PC機材、ノウハウ、ブランドなど）を利用する場合と他社で雇用契約を結ぶ場合以外での副業は、申請すら不要というルールになっています。

そして副業も含めた、多様な距離感を自分で選択してもらうことが多様な知識や経験・つながりを得る機会となり、育成につながるという考え方は、ついには会社を離れた人にまで及ぶようになります。それが「育自分休暇制度」という制度です。

これは、一度退職したあとも6年以内であればまた戻ってくることができる、という制度です。サイボウズでは育児休暇を6年まで取得できることから、その期間に合わせて、自分を新しい環境で育てるために外に出ることを支援する制度をつくりました（条件は戻ってくるタイミングで要相談）。

制度ができた当時、社内に掲示された通達文には左のキャプチャの文言がありました。

■背景
これまでも、退職後、サイボウズに再就職して活躍している社員がいます。
また、サイボウズで十分に成長の機会を設けられないことによって退職する社員がいることも事実です。
より成長し、より長く働ける環境を整備することについては、今後も引き続き取り組んでいきますが、一方で、自分を成長させるために他社、留学等、別の場所でチャレンジしてみたいという理由でサイボウズを退職する社員について、より再就職しやすくすることで、優秀な人材に、より長く働いてもらうことを目的とし、この制度を創ります。
期間は、サイボウズですでに制度化している、育児休業、介護休業の取得可能期間と合わせました。

ご不明点等はこちらに登録してください。
事業支援本部総合窓口
秘密の相談窓口

☺いいね！

会社を退職するという、ある意味では最も遠い距離感を選択することでさえ、中長期的にみれば「育成」の一環になり得る、という考え方をここから垣間見ることができます。

こうして徐々に「多様な距離感」「自立的な選択」が風土として根づきはじめると、さらなる要望が聞こえてくるようになります。

2012年からは雇用契約に記載された条件とは異なる働き方（時間・場所）を単発でできるようにする「ウルトラワーク」のトライアルが始まり、その議論のなかで、そもそもベースとなる働き方（雇用契約上の働き方）ももっと選択肢を増やしていこう、という動きが持ち上がったため、2013年には働き方の種類が3分類から9分類に増えました。

個人とチームが合意できれば、どんな働き方も認める「新・働き方宣言制度」

そして2018年、ついに「新・働き方宣言制度」という制度が導入され、サイボウズの働き方は本当の意味で「100人100通り」になりました。これは、働き方の分類そのものがなくなり、(もちろん法令の範囲内で)個人がチームと合意できるのであればどんな働き方でも許容する、という制度です。

合意された働き方は全社員、社内のグループウェア上に公開(宣言)してもらいます。短時間勤務や短日数勤務、どのくらいの時間の残業を想定しているか、どこまで緊急対応できるか、深夜勤務は可能か、といった部分まで、1人ひとり細かくチームと働き方を合意することで、それも踏まえて役割分担や給与といった条件を話し合うしくみに変化していったのです。

また、さまざまな働き方・キャリアパスが増えてくるに従って、「育成」においいてはＯＪＴは継続しつつも、一律の階層別研修は減っていき、どちらかといえば社内で自発的に行われている勉強会を支援するためのプラットフォームをつくる方向へとシフトしていきました。

変革は連鎖する

動きはじめた歯車は止まることなく、次々とほかのしくみに影響し、人事本部のなかでも、さまざまな部署間で連携をしながら、この変化に対応していくことになります。社内に多様な働き方が増えてくると、「採用」の入り口時点でさまざまな選択肢があることを明示しておくことで人材確保がしやすくなる、という考え方が生まれてきました。

２０１５年からは、キャリア入社者でもそれまでの経験を問わない「ポテンシャル採用」を（当時は「Ｕ－《ユニーク》29採用」という呼称で29歳以下対象。現在は年齢制限を撤廃)、2016年には、同じ新卒でも最初から市場価値の異なる層がいることから、初任給を一律にすることをやめました。2017年には、事業拡大に伴う人員不足を背景に、「サイボウズで副業したい」という人も積極的に受け入れていこうという方針が出され、「複業採用」がオープンします。2018年には、新卒でも面接時点で配属先を確約する「職種約束コース」が始まり、大学時代から専門性ややりたいことが明確になっている人向けにも選択肢を用意するようになりました。約束のないコースであっても、配属可能人数をオープンにしながら可能なかぎり本人の選択を重視した配属を行う方針を明確にしたのもこの時期です。

そして、「働き方(時間・場所)」と「配置/異動」が100人100通りになった、ということは、当然に「報酬/評価」も100人100通りにならざるを得ず、市場価値も加味しながら1人ひとり個別に条件を合意していく、というスタイルに変化していきました。サイボウズの人事本部長の中根も、「働き方を多様化していくためには、『報酬/評価』も多様化させていかないと、人を受け入れていくのが困難だった」と当時のことを振り返ります。

1人ひとりの「健康」に関わるケアの形も変わってきます。2019年からは、人事本部内に「すこやかチーム」と呼ばれるセルフケア支援の専門部隊が立ち上がり、社外のＩＴサービスも活用しながら、1人ひとりが自分の健康について自分に合ったケアを選択できる施策の検討を開始しました。

そして、現在。

これまでは無期雇用社員（正社員）の働き方がどんどん多様化していましたが、最近では雇用契約だけにかぎらず、1人のプロフェッショナル（個人事業主）としてサイボウズの仕事を一部受ける形での距離感がいい、と契約を結び直す人も出てくるようになりました。また、コロナ禍でほとんど全員がフルリモートワークになったことで、サイボウズのオフィスがない土地に移住する人、海外で日本の業務をリモートワークでやることを検討する人も出はじめています。くわえて、地方自治体やまったく業種も業界も違う企業など、資本関係のない団体からの出向を迎えいれたり、反対にこちらから出向することも増えはじめています。

	2006	2007	2008	2009	2010	2011	2012	2013	2014	2015	2016	2017	2018	2019	2020	2021
採用										U-29採用	新卒初任給多様化	複業採用	職種約束（新卒）			
契約				副業一部許可			副業許可								雇用→個人事業主	グループ外出向
時間		2分類				3分類	ウルトラワーク	9分類					働き方宣言			
場所					在宅トライアル	在宅OK										移住
配置／異動						本人希望重視	兼務					体験入部				
報酬／評価	能力評価					市場価値							個別合意			
健康														セルフケア支援		
育成		階層別研修	資料公開データベース			2年目研修廃止						体験入部		3年目研修廃止	社内勉強会支援	
コミュニケーション／風土	多様な距離感／自立的な選択															
退職							育自分休暇									

社員にやさしい会社は、「苦肉の策」から生まれた

サイボウズの変遷を学んで、ぼくはあることに気がつきました。

自社だからこそ、あえて言葉を選ばずに言えば、サイボウズは「社員にやさしい会社」になるために改革を進めてきたわけではなく、会社として生き残っていくために、1つずつ、1人ひとりの個性を重視するしくみをつくり上げていくしか手段がなかったのではないでしょうか。業績の低下、離職率28%という経営危機を脱するためには、「100人100通りの人事制度」というスローガンを声高に掲げ、1人ひとりの理想にしっかり耳を傾けることで、主体的に「モチベーション」を維持してもらうほかなかったのではないでしょうか。

働き方を柔軟に選べるようにしたのは、サイボウズで働ける人の母数を増やすためでしたし、一律の給与テーブルを廃止して市場価値の考え方を取り入れたのも、

エンジニアの人材獲得がむずかしくなってしまったことによる苦肉の策でした。副業をいち早く解禁したのも、相乗効果が見込めることがわかったから。また、それによって給与の高いハイエンド層の人材を、コミットする時間を少なくすることで採用できるという副産物もありました。採用の入り口から多様な選択肢があることを明示しておくことで人材確保がしやすくなるという狙いから、ポテンシャル採用や職種約束コースなど多様な入り口も用意されました。こうしたあらゆる施策の裏には、「雇用（労働力）」をなんとか確保したい、という明確な目的があったことが見えます。

また多様な働き方やキャリアパス、距離感を選択していけるようにすること、そして、それらの知見を共有するためのプラットフォームや場を提供していくこと、自分で学びを選択できるようにしていくことは、組織のなかに新しい知見やアイデアを取り入れ、つねに社内の常識をアップデートし続けていくことで人材を「育成」していく、という狙いが含まれていました。

つまり、サイボウズもなんとかして、これまで日本企業の競争力の源泉とされていた「モチベーションの醸成」「雇用の確保」「人材の育成」を、いままでとは違うやり方で達成しようとしていた、ということなのではないでしょうか。

サイボウズの売上高と離職率

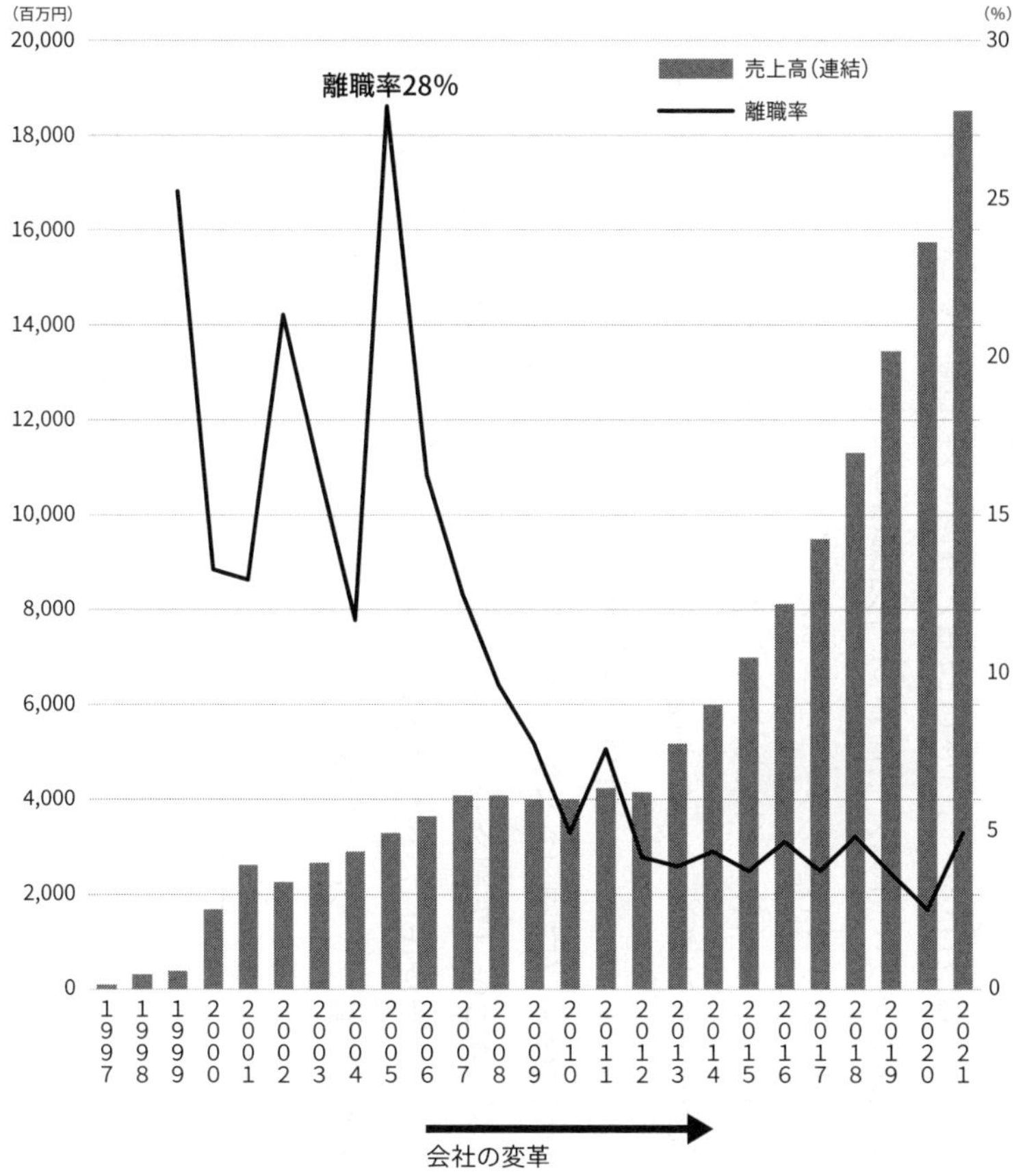

風土は一日にして成らず

サイボウズでは、少しずつ「多様な距離感」「自立的な選択」といった風土が浸透していくことによって、そのしくみが機能するようになっていったことがわかります。

当時の制度担当者に聞いたところ、一番最初にPS（ワーク重視）とDS（ライフ重視）の2分類の選択肢を用意したとき、実際にDS（ライフ重視）を選択したのは、片手で数えられる程度の人数しかいなかったそうです。

しかし、それからも社員の声を聞きながら選択肢を増やし、1人また1人と制度利用者が出てくると、徐々に社内に事例が生まれ、それが共有されていくにしたがって「それなら自分も選択してみたい」という人が出てくるようになった、と。

「いろんな距離感の人がいていい」「自分で選択することが大事」という認識が広まっていくなかで、さらに新しい選択肢を選ぶ人が出てきて、さらに事例ができて……と、こうしたフィードバックループを繰り返していくことによって、いまではその認識が社内の共通合意になるまでに至った、と言います。

「徹底的な情報共有」こそが、変革のアドバンテージになったのでは？

しかし、ここまでの話を聞いてもなお、ぼくにはまだ大きな疑問が1つ残っていました。

「個人の幸せ」と「会社の理想実現」を両立させるために、1人ひとりの「個性を重視」できるしくみを1つずつ選択肢として増やし、それを選ぶ人が出てくることで徐々に風土が変わっていく。

一見、ストーリーとしてはきれいに見えますが、本当にそれだけで、「いろんな距離感の人がいていいよね」「自分で選択することが大事だよね」と、会社のコミュニケーションや風土が変わったりするでしょうか。むしろ、選択肢を増やしたとところで、その選択をした人たちが肩身の狭い思いをしながら働くだけになったり、会社としてのメリットが享受されている実感が湧かないまま職場の雰囲気が悪くなってしまったり、ということにはならないでしょうか。

そもそも、社員1人ひとりの声に向き合って個性を重視するしくみをつくっていく、ということを思いついた企業は、おそらく会社の変革が叫ばれはじめた30年前からたくさん存在していたのではないでしょうか。

もちろん、サイボウズが変革を進めやすかった理由として、当時の人数規模が小さかったことは間違いなくあると思います。ただ、それならほかにも規模の小さい会社で似たような企業が生まれていてもおかしくはないはずです。しかし、実際にはここまで振り切った変革を進められた会社は生まれてきませんでした。

もしかすると、サイボウズには変革を進めていくにあたって、まったく別の、なにか大きなアドバンテージがあったのではないか。

……そこでぼくは、あることに思い至りました。

ぼくがサイボウズという会社に転職したとき、一番最初に驚いたことはなんだったか。

それは「徹底的な情報共有」でした。

サイボウズでは、経営会議の議事録や動画に始まり、社内メンバーとの日々の業務コミュニケーション、会社経費をだれがどのくらい使っているかまで、とにかくありとあらゆる情報が共有されていました。

もしかすると、サイボウズがいち早く改革を進めることができたのは、徹底的な情報共有によって、「多様な距離感」「自立的な選択」から得られる会社のメリット(「モチベーション」「雇用」「育成」)を最大化させることができていたからなのではないか。

ぼくは、この仮説を持ったうえで、改めてサイボウズの変遷を見直すことにしました。

情報の共有が「主体性」を加速させる

まずは「モチベーション」の視点からです。

新しいモチベーションのあり方は、そもそもなにをモチベーションと捉えるかは人それぞれ、という前提にたったうえで、ベストなパフォーマンスが出せる環境や条件を自分で選択してもらう「主体性」にありました。

しかし、人が主体性を発揮してなにかを選択しようとするとき、必要なものがあります。それは情報です。そもそもどんな選択肢があるのか、その選択にはどのようなトレードオフがあるのかといった情報が共有されていなければ、なにかを選択することはできません。また、自分自身の状態を可視化しておくことも大切です。

サイボウズでは、2011年に強制配転や強制転勤を廃止し、異動したい場合には自ら仕事を選択していくという方針を打ち出しました。そのとき最初に行ったことは、情報を共有するアプリケーションを用意することでした。

「やくわリスト（図・右上）」と呼ばれる、社内の業務をすべて登録し、募集要項も含めて可視化するものだったり（※現在は「ジョブボード」という別アプリに統合）、「Myキャリ（図・右下）」と呼ばれる、自分のやりたい業務やできるスキルなどを公

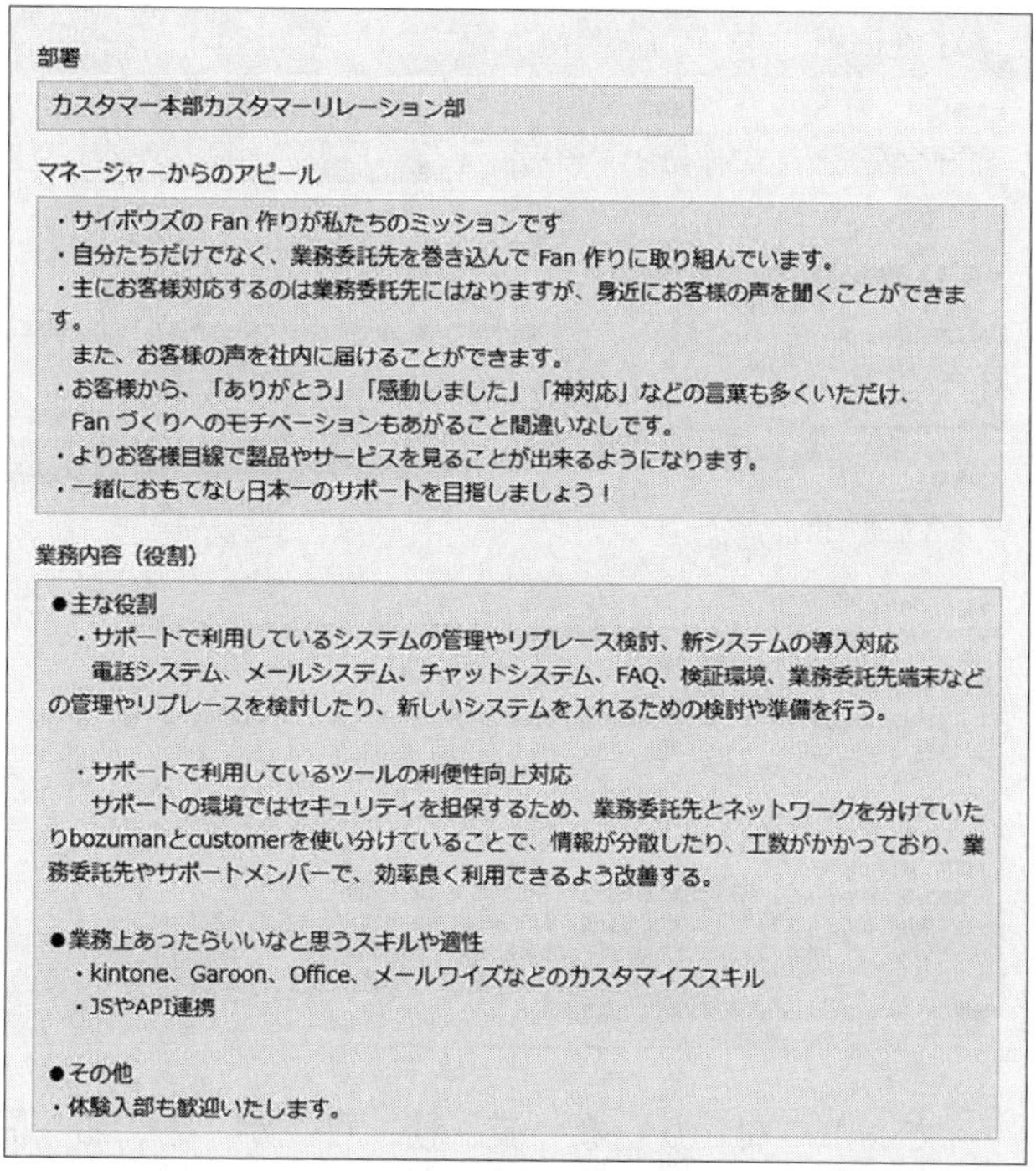

部署

カスタマー本部カスタマーリレーション部

マネージャーからのアピール

・サイボウズの Fan 作りが私たちのミッションです
・自分たちだけでなく、業務委託先を巻き込んで Fan 作りに取り組んでいます。
・主にお客様対応するのは業務委託先にはなりますが、身近にお客様の声を聞くことができます。
　また、お客様の声を社内に届けることができます。
・お客様から、「ありがとう」「感動しました」「神対応」などの言葉も多くいただけ、
　Fan づくりへのモチベーションもあがること間違いなしです。
・よりお客様目線で製品やサービスを見ることが出来るようになります。
・一緒におもてなし日本一のサポートを目指しましょう！

業務内容（役割）

●主な役割
　・サポートで利用しているシステムの管理やリプレース検討、新システムの導入対応
　　電話システム、メールシステム、チャットシステム、FAQ、検証環境、業務委託先端末などの管理やリプレースを検討したり、新しいシステムを入れるための検討や準備を行う。

　・サポートで利用しているツールの利便性向上対応
　　サポートの環境ではセキュリティを担保するため、業務委託先とネットワークを分けていたりbozumanとcustomerを使い分けていることで、情報が分散したり、工数がかかっており、業務委託先やサポートメンバーで、効率良く利用できるよう改善する。

●業務上あったらいいなと思うスキルや適性
　・kintone、Garoon、Office、メールワイズなどのカスタマイズスキル
　・JSやAPI連携

●その他
・体験入部も歓迎いたします。

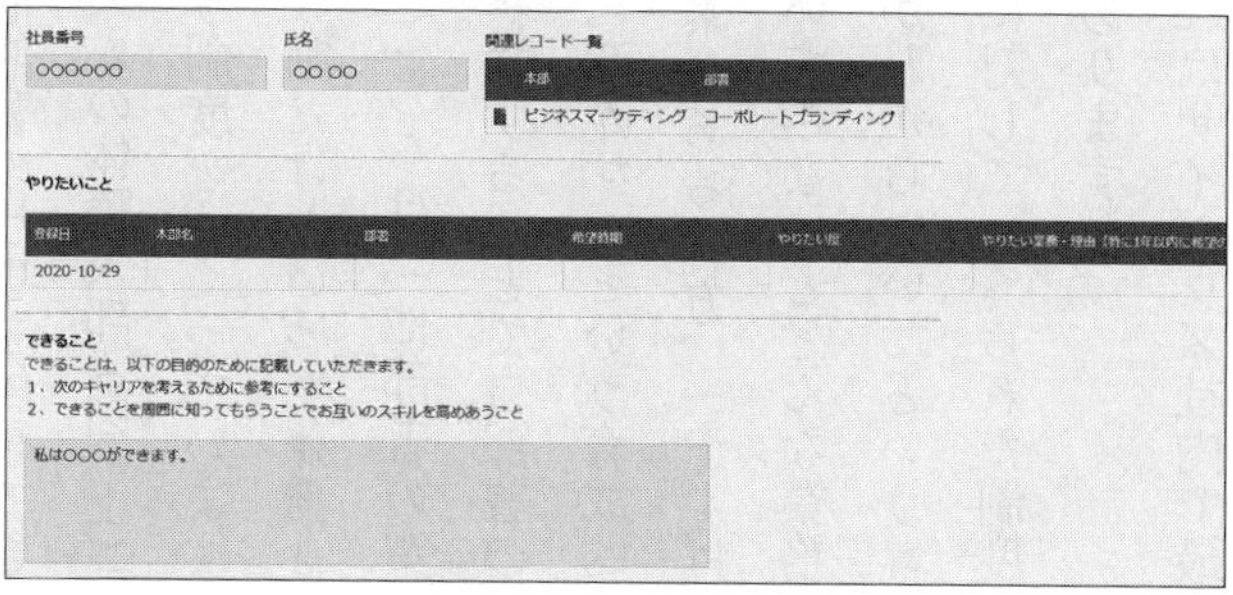

社員番号　〇〇〇〇〇〇
氏名　〇〇 〇〇
関連レコード一覧

本部	部署
ビジネスマーケティング	コーポレートブランディング

やりたいこと

登録日	本部名	部署	希望時期	やりたい度	やりたい業務・理由（特に1年以内に希望の
2020-10-29					

できること
できることは、以下の目的のために記載していただきます。
1、次のキャリアを考えるために参考にすること
2、できることを周囲に知ってもらうことでお互いのスキルを高めあうこと

私は〇〇〇ができます。

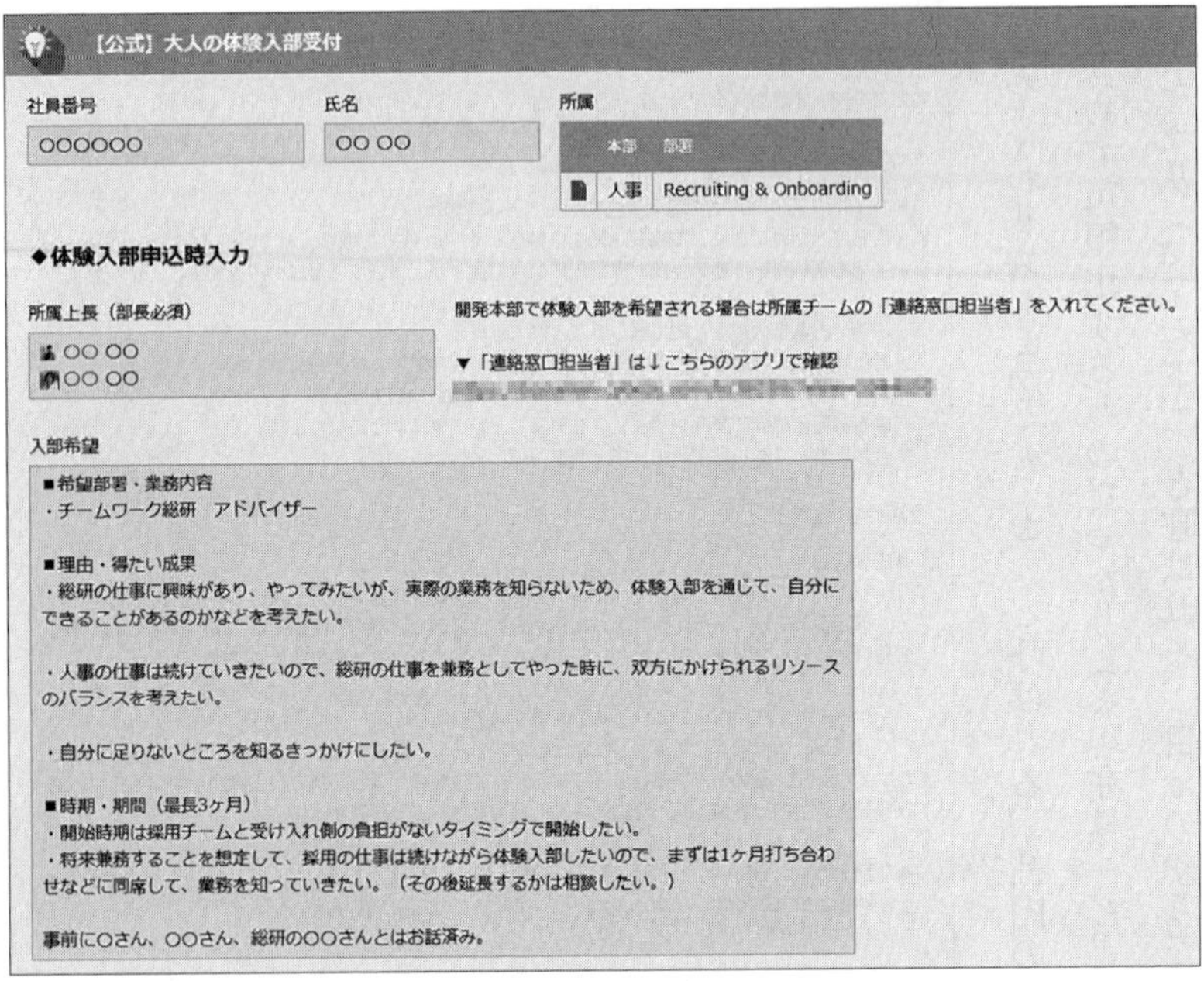

【公式】大人の体験入部受付

社員番号　○○○○○○

氏名　○○ ○○

所属

本部	部署
人事	Recruiting & Onboarding

◆体験入部申込時入力

所属上長（部長必須）

○○ ○○
○○ ○○

開発本部で体験入部を希望される場合は所属チームの「連絡窓口担当者」を入れてください。

▼「連絡窓口担当者」は↓こちらのアプリで確認

入部希望

■希望部署・業務内容
・チームワーク総研　アドバイザー

■理由・得たい成果
・総研の仕事に興味があり、やってみたいが、実際の業務を知らないため、体験入部を通じて、自分にできることがあるのかなどを考えたい。

・人事の仕事は続けていきたいので、総研の仕事を兼務としてやった時に、双方にかけられるリソースのバランスを考えたい。

・自分に足りないところを知るきっかけにしたい。

■時期・期間（最長3ヶ月）
・開始時期は採用チームと受け入れ側の負担がないタイミングで開始したい。
・将来兼務することを想定して、採用の仕事は続けながら体験入部したいので、まずは1ヶ月打ち合わせなどに同席して、業務を知っていきたい。（その後延長するかは相談したい。）

事前に○さん、○○さん、総研の○○さんとはお話済み。

開で登録するアプリケーションです。

　2016年には最長3ヶ月間、他部署の仕事を体験できる「大人の体験入部（図・上）」という制度をつくっていますが（3割だけといった兼務も可）、こちらは「他部署の業務を経験することで自部署の業務に活かす」という育成的な要素もある一方、「やっぱり働いてみないとどんな業務なのかわからない」というニーズに対してつくられた制度でもあります。

　これはサイボウズ社内で最

も活用されている制度の1つですが、ある意味で、本当にその仕事が自分のやりたいことなのか、あるいはチーム側からしてみても「やるべきこと」「できること」がマッチしているのかという情報を透明化するために実施するトライアル期間、という見方もできます。

また、ぼくが採用育成部からチームワーク総研という部署に兼務異動したい、となった際に実感したことですが、そもそも日常のコミュニケーションがオンライン上に公開されているため、異動したい部署の実際のやりとりを見ることで、どんな雰囲気の職場なのかを先に知ることができたり、そこで必要そうな能力も想像しやすいということがありました。経営会議の議事録や動画がすべて公開されていることから、事業戦略上どういう人材がどの部署に必要になりそうかということも、比較的早い段階から知ることができます。

「複業」についても、サイボウズでは複業の申請（とそれにまつわる上長・人事とのコミュニケーション）がすべて1つのプラットフォーム（図・次ページ）に公開されており、だれでもその情報にアクセスできるようになっています。社内にどんな複業をしている人がいるのか、上長や人事とどのようなコミュニケーションをしているのかを見られることで、自分が副業を選択する際の参考にできます。

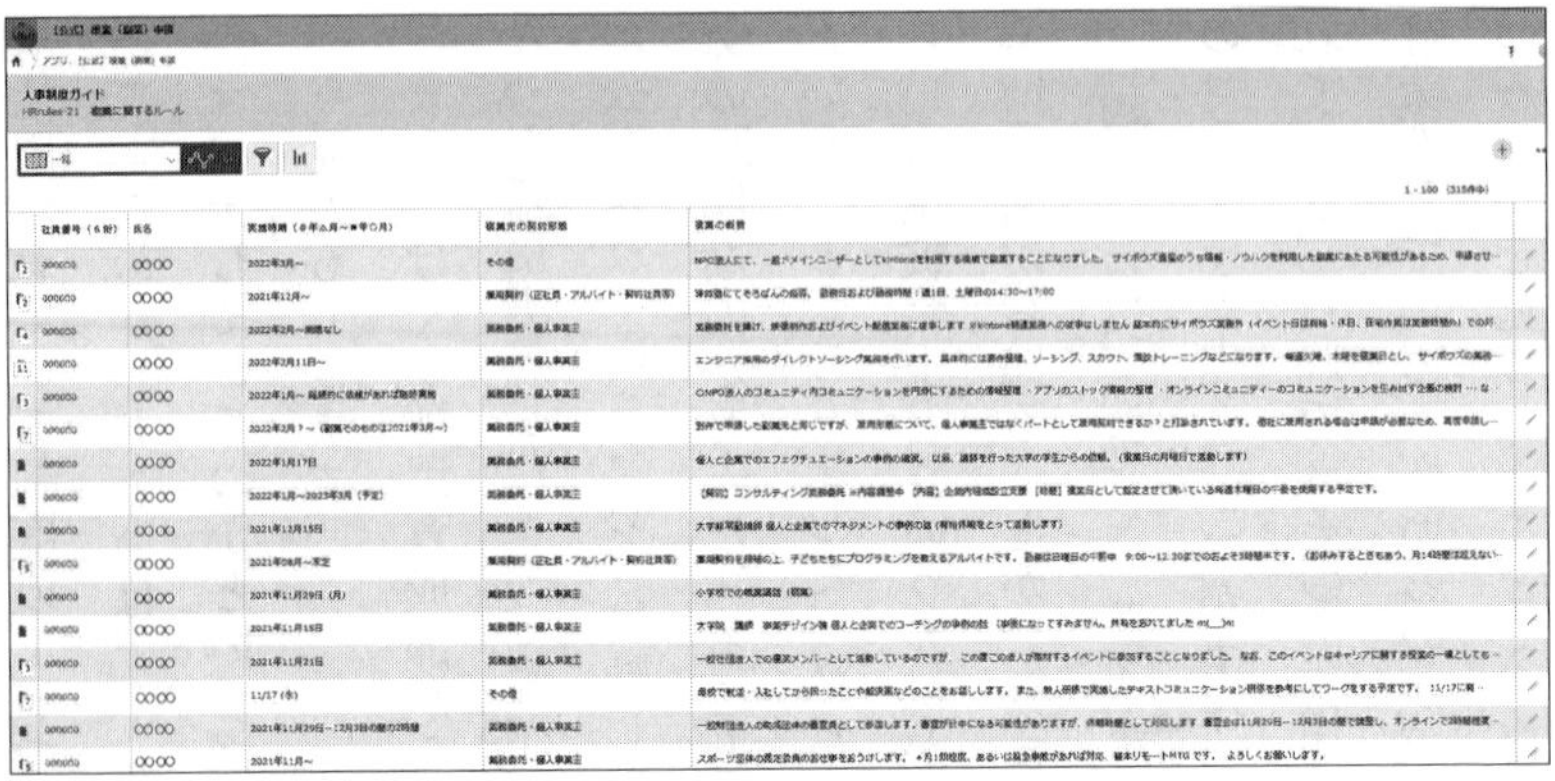
人事制度ガイド
社員番号（６桁）
氏名

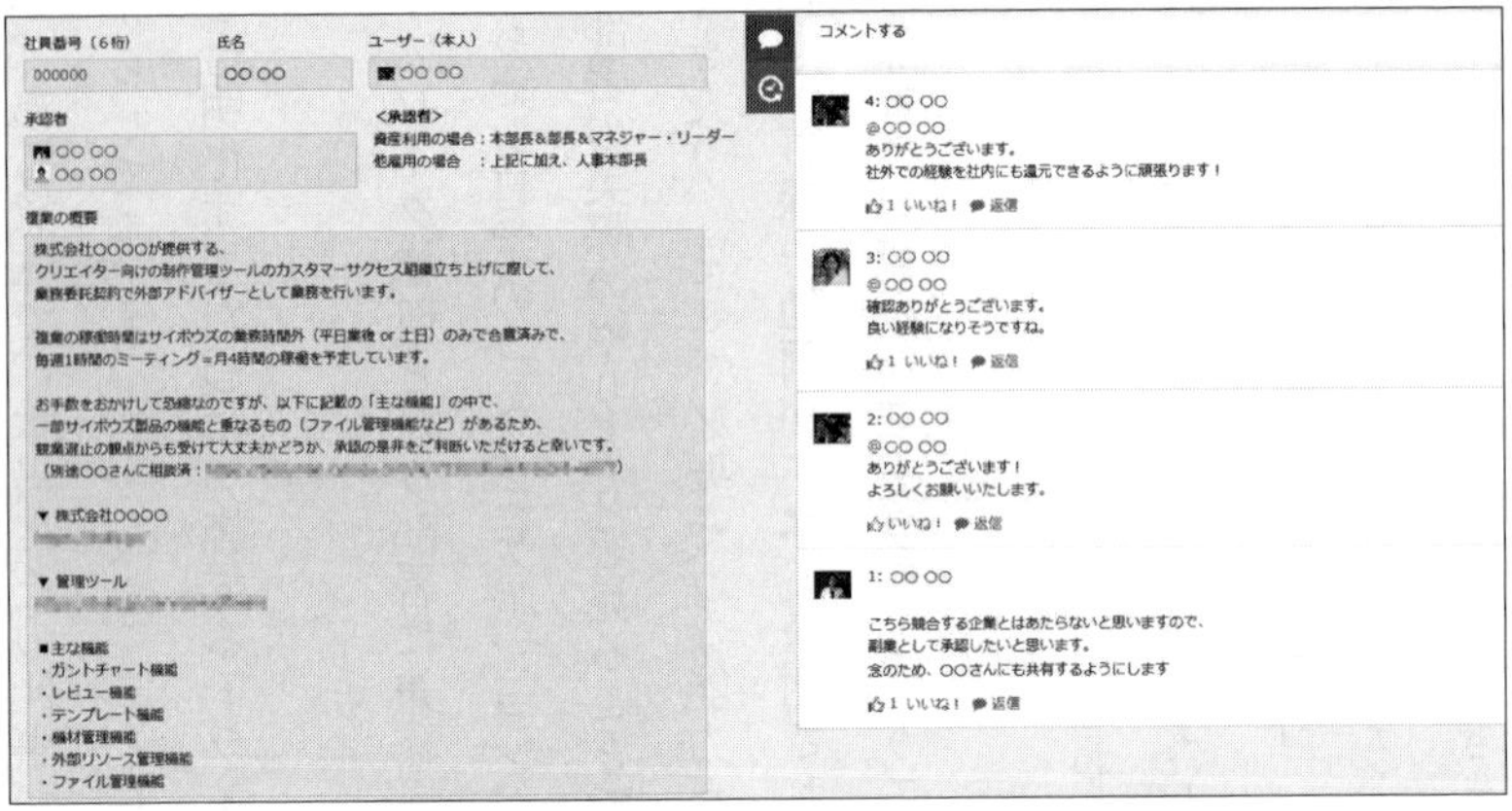
社員番号（6桁）
000000
氏名
OO OO
ユーザー（本人）
OO OO
承認者
OO OO
OO OO
<承認者>
資産利用の場合：本部長&部長&マネジャー・リーダー
他雇用の場合　：上記に加え、人事本部長
複業の概要
株式会社OOOOが提供する、
クリエイター向けの制作管理ツールのカスタマーサクセス組織立ち上げに際して、
業務委託契約で外部アドバイザーとして業務を行います。
複業の稼働時間はサイボウズの業務時間外（平日業後 or 土日）のみで合意済みで、
毎週1時間のミーティング＝月4時間の稼働を予定しています。
お手数をおかけして恐縮なのですが、以下に記載の「主な機能」の中で、
一部サイボウズ製品の機能と重なるもの（ファイル管理機能など）があるため、
競業避止の観点からも受けて大丈夫かどうか、承認の是非をご判断いただけると幸いです。
（別途OOさんに相談済：）
▼ 株式会社OOOO
▼ 管理ツール
■主な機能
・ガントチャート機能
・レビュー機能
・テンプレート機能
・機材管理機能
・外部リソース管理機能
・ファイル管理機能
コメントする
4: OO OO
@OO OO
ありがとうございます。
社外での経験を社内にも還元できるように頑張ります！
1 いいね！ 返信
3: OO OO
@OO OO
確認ありがとうございます。
良い経験になりそうですね。
1 いいね！ 返信
2: OO OO
@OO OO
ありがとうございます！
よろしくお願いいたします。
いいね！ 返信
1: OO OO
こちら競合する企業とはあたらないと思いますので、
副業として承認したいと思います。
念のため、OOさんにも共有するようにします
1 いいね！ 返信

プライバシーの要素が強い「報酬／評価」については、本人と上長など一部の人のみ閲覧が可能という形で、1人ひとり個別に「いくら欲しいか」をアプリケーションに登録してもらっています。まずは自分の給与がいくらだと思うのか、自分で考えてもらい、しっかりと言語化してもらうわけです。その際、考えるために必要な情報（社内の給与水準、賃金統計、社外に転職する際の給与水準を調べられるウェブサイトなど）は、できるかぎり人事が提供するようにしています。

1人ひとりの個性を重視する、とは、逆に言えばそれだけ選択肢の数が増え、また必要な情報が増えていく、それらを整理するための運用も大変になっていく、ということです。

しかしサイボウズでは、そうした情報共有にかかる負担を、ITをうまく活用することによって軽減していました。つまり「徹底的な情報共有」を進めたからこそ、自分が最も「モチベーション」の高まる選択をしてもらう（そして、その選択の納得感を高めてもらう）ことが可能だった、と言えるのではないでしょうか。

情報の共有が「多様性」を加速させる

次は「雇用」の視点です。

新しい雇用のあり方は、働く時間や場所、あるいは業務の限定範囲などがバラバラな多種多様な人たちを同じチームのなかに包摂していく、というものでした。

しかし、それは会社にとって決して楽なことではありません。多様な人たちが職場で働く、そして距離感も時間の経過によって流動的に変わっていくとなれば、コミュニケーションに非効率が生じます。同じチームの人が異なる時間や場所で働いていたら、いざコミュニケーションをとりたいと思ったときにとることができません。会議の調整も大変ですし、同じ場所にいなかったせいで得られない情報があると仕事が回らなくなってしまいます。複数の部署を兼務している人がいる場合、そのメンバーの状況を各チームメンバー（マネジャー）が把握するのもひと苦労です。

また業務の限定範囲が人によって違うとなると、どこまでの仕事をお願いしていいか、人によってコミュニケーションが変わってきます。くわえて、異動（含む兼務）や時短、副業、転職・再復帰など、距離感が変わるたびに業務の引き継ぎコストが発生します。ただ、こうした非効率さも「徹底的な情報共有」によってある程度緩和されているのではないか、というのが実際にサイボウズで働いて感じたことです。

たとえば、サイボウズが「働き方宣言制度」を運用しはじめたとき、なぜ、わざわざ社員に働き方を「宣言」してもらったのでしょうか。

そこには、1人ひとりがどんな働き方をしているか透明化しておくことで互いに協力を得やすくする、という目的があったそうです。つまり、あらかじめ互いの働き方を認識しておくことで、会議の時間調整をはじめとしたコミュニケーションコストを下げられる、という狙いがあったのです。

また、ほぼすべての業務コミュニケーションをグループウェア上でオープンにしているため、同じ時間・同じ場所にいなくとも全員が格差なく情報を得ることができます。複数の部署を兼務しているメンバーがいたとしても、ほかのチームでどんな仕事をしているのかは、検索する、あるいはそのメンバーがコミュニケーションしているスペースをフォローしておけば、ある程度までなら認識することも可能です。

業務内容に関しても、「組織図アプリ（図・左）」で兼務なども含め、その人が本部内でどんなミッションをもっているかは調べればすぐにわかるため、ある程度は会話も楽になります。

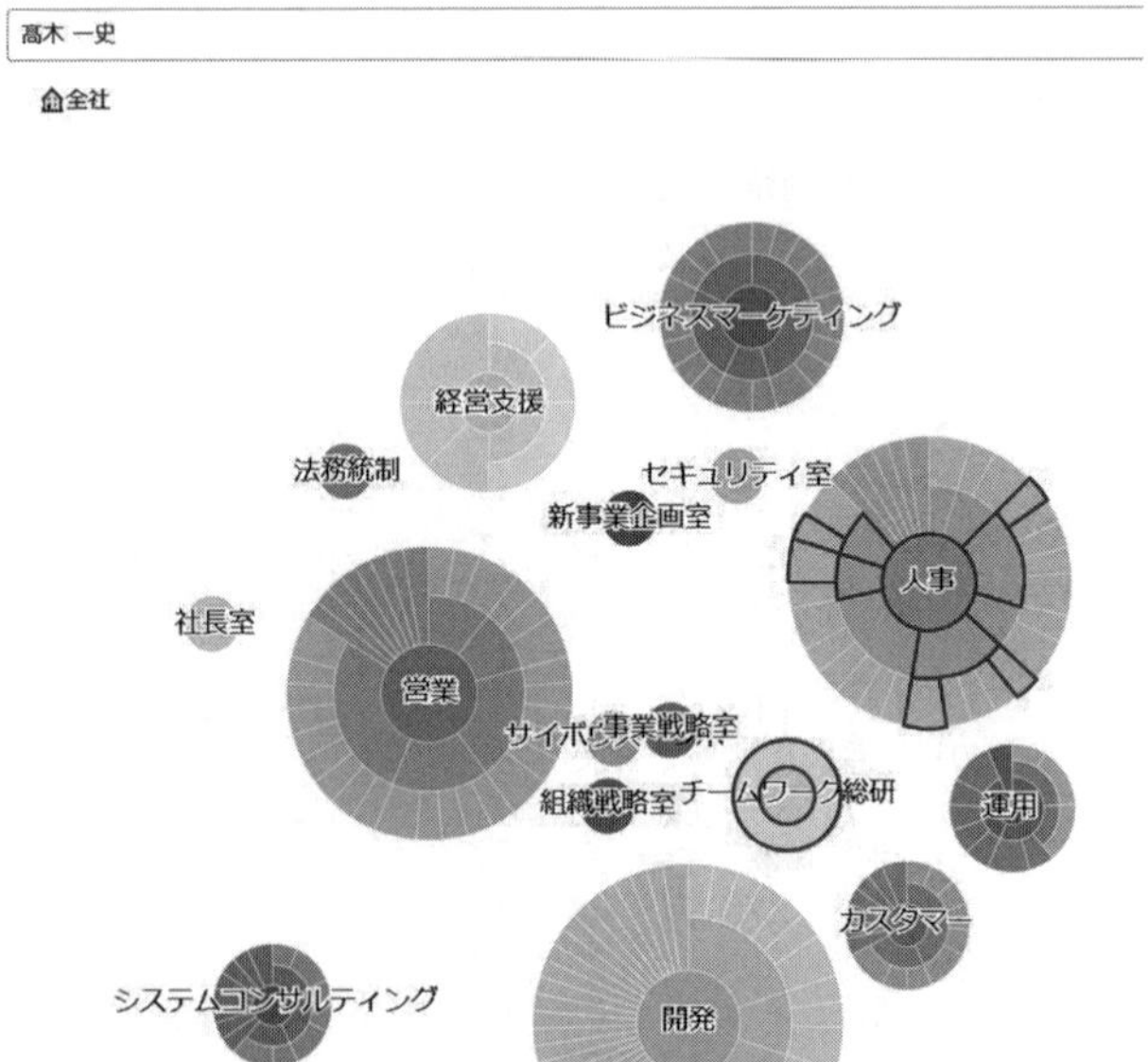

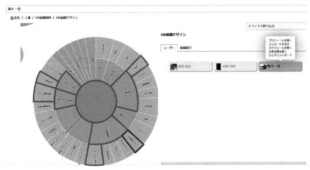

※太枠で表示されているのが高木の所属部署

そして、さまざまなバックボーンの人が一緒に働くには、互いのことをよく知っておく必要があります。個性を重視するといっても、個性を知らなければ、そこに配慮したり、経験を活かしてもらったりすることはむずかしいからです。そのため、組織図アプリからも可能な範囲で互いの情報を見られるようにしてあります。その組織に所属するメンバーのスケジュールや公開の社員名簿、また働き方宣言の情報にも瞬時に飛ぶことができます。

「ひとダッシュボード」(図・次ページ上)というアプリでは、①基本情報(社員名簿、配属履歴など)②働き方(働き方の宣言内容、タイムカードの記録、休暇登録、休日/深夜勤務申請など)③成長支援(面談報告、目標設定、Myキャリ、研修受講履歴など ※一部マネジャーのみ閲覧可)④健康関連(パルスサーベイの結果など※一部マネジャーのみ閲覧可)⑤給与評価(条件コミュニケーション、給与評価の記録※マネジャーのみ閲覧可)⑥各種費用(費用公開アプリ、通勤交通費、スマホ費用など)といったその個人にひもづく情報の履歴を(プライバシーを除いて)だれでも見ることができるようになっています。

また、互いを知るために、業務時間中に「ざつだん」と呼ばれる1on1をしている職場があったり、「ピープル」(図・次ページ下)と呼ばれる個人ページで自分の

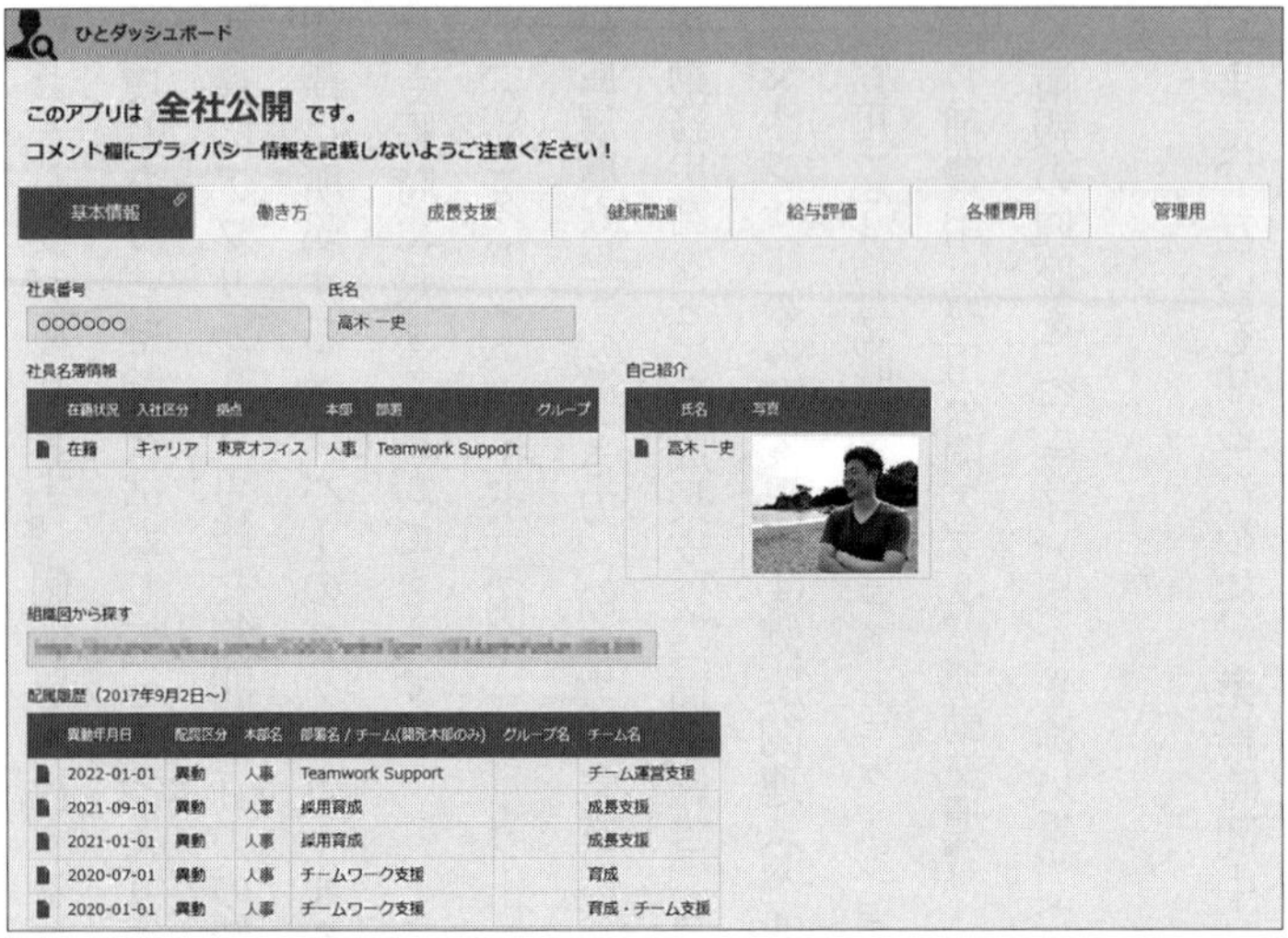

○○ ○○

（最終回）○将来に向けて
とりあえず、自分が「BM本部長」という役割をやりながら、普段こんなこと考えてます、というのを書き始めましたが、16回書いてだいたいネタが尽きたので、そろそろ終了にします。

将来に向けて、ただいま自分が考えているあたりを書いてみます。

これまでいろいろ書きながら改めて自分の関心事項を考えましたが、「チャレンジを繰り返しながら進化していくために、僕たちはどういうチームになり、どう業務を進めていくといいのか？」あたりが自分の主要関心事項と思いました。施策や活動に正解が有るわけでもない中、いろいろ試す中でチーム全体としてレベルアップしていきたいと思っています。


自分の関心事項を考える中で、そういえば以前から「こんな風にありたい」と思っていたチームについての事柄について最近思い出しました。

○凡人のチーム
自分自身そんなに強みがあるわけでもないと思っていて、「我慢強い」？みたいなところが強みかなー、など思っていましたが、世の中、そんな感じの「自分の強みは何？」と考えている方も少なからずいらっしゃるように思います。そういう人たちが寄り集まって知恵を出し合いながら、何かすごいことができたらいいな、と思って今に至ってます。

「凡人が集まっていいチーム作っていい仕事していけるといいな」という自分の長期目標です。

ちなみに、サイボウズには、自分の強みとかきちんと言葉で説明できるタイプの方が結構（世の中よりも）多いのではないかと思います。自分の周りにいる人たちが（悪い意味で）凡人とまではあんまり思わないですが（結構みなさんいろいろなことできるし。。）、思えば自分の長期目標と「チームワークあふれる社会を作る」というのが、似たようなところ目指しているように（勝手に）感じているのが、サイボウズでずっと働き続けている理由のように思います。

ことを投稿している人もいます。

さらに、こうしてオンライン上にすべての情報がオープンに共有されていることによって、メンバーが退職したり、業務が変わったり、あるいは働く時間を変えるなど、距離感を変える際に発生する業務の引き継ぎコストも軽減することができます。

これが、メールをはじめとするクローズなコミュニケーションだけだった場合、1つひとつのコミュニケーションを転送しなければならなかったり、引き継ぎ漏れが発生したときにリカバリーすることがむずかしくなったりします。しかし、日頃からすべてのアウトプットやコミュニケーションが共有されていれば、万が一、引き継ぎが漏れてしまったとしても検索であとから見つけることが可能です。

くわえて、情報が共有されているということは、あとからチームに入ってくる人たちが「暗黙知」を比較的理解しやすい、という点も挙げられるかもしれません。

ぼく自身サイボウズに転職した当初は、独特な社内用語も多く、文化の違いや仕事の進め方の違いにかなり戸惑いました。多様なバックグラウンドのメンバーが入ってくるとはいえ、やはり1つの会社には、その会社なりの企業特殊性があります。

しかし、日常的なコミュニケーションがすべて公開されているため、既存メンバーとあとから入ってきた自分との間の情報格差はずいぶん少なかったように感じます。

実際、1つの資料をつくるにしても、この会社ではどこまでつくり込めばいいのか、どのような表現が好まれるのか、どのタイミングでだれに相談すればいいのか、といった生の情報を比較的早い段階でキャッチアップすることができました。

職場に多様な人が入ってくると、正直コミュニケーションコストが上がり、面倒なことが増えます。それでも、情報技術を使ってうまく情報共有ができれば、そのコストを下げ、さまざまな人を受け入れやすくなるのではないでしょうか。

情報の共有が「創造性」を加速させる

そして、最後に「育成」の視点です。

新しい育成のあり方は、ただ知識を継承していくだけでなく、多種多様な人たちが生み出してくれる知恵を重ね、アップデートしていくことにありました。これまでの知見に新しい知見を重ねることで、創造性を発揮することが期待されます。

しかし、それはあくまで1人ひとりの知恵や経験が組織のナレッジとして昇華されて初めて意味をなします。いままでになかった知見や考え方・ノウハウがあつまっても、情報として共有されなければ財産にはなりません。

サイボウズで働いていると、経験やノウハウが社内のオープンな場所に次々と書き込まれ、（守秘義務の範囲内で）そのリンクが拡散されて回ってきます。Twitter のようなイメージです。本部によっては、各業界での常識やそこで培った経験を勉強会として開催し、その資料や発表動画をアプリにまとめている（図・上）ところもあります。もちろん、それらは他部署の人たちも見ることができます（例：営業の知らない世界）。

社内の勉強会は、人事が提供している社内勉強会スケジュールアプリ（スケジュールに登録するときに「勉強会」というカテゴリを選択したものが自動で集約されるアプリ）に集約されるようになっており、だれでも社内で開催されて

いる勉強会にアクセスできるようになっています。

また職場ＯＪＴも、情報共有という文化がくわわることによって、より多面的になります。

日々の業務上のコミュニケーションがすべて公開されているということは、あらゆる先輩の仕事のやり方を覗くことができるということです。気になる先輩やプロジェクトのスペースをフォローしておけば、そこでの書き込みがタイムラインに流れてきます（図・上）。プロジェクトマネジメントやスケジュール管理もグループウェア上で行っている人が多いため、段取りや資料のつくり方、コミュニケーションの進め方なども、検索さえすればいくらでもそのノウハウを盗むことができます。

もちろん、新卒のように未経験の仕事に取り組む人にはいちばん距離の近い上司や先輩が仕事の進め方を教えてくれますが、その人とは別に、自分と相性の良さそうな先輩のやり方を真似ることも可能だ、ということです。

もっと言えば、経営会議に起案される資料や、議論の動画もすべて公開されているため、経営層がどういった判断軸や観点で意思決定をしているのか、そのレベルで行われる資料のつくり方もすべて見ることができます。

情報の民主化があって初めて、会社の変革は可能になる

改めて、ぼくの仮説を書いてみます。

サイボウズがいち早く会社の変革を進めることができたのは、情報技術の力を使

った「徹底的な情報共有」があったからではないでしょうか。

　自分で主体的に選択することが早い段階から可能になったのは、選択肢やその選択肢を選んだときのトレードオフ、あるいは、その選択を実際にした人たちの生の情報がすべて共有されていたから。多様な人たちが同じ職場にいても致命的なハレーションが起きずに働き続けることができたのは、必要な情報がすべて平等に共有され、また、互いのことを知る機会に恵まれていたから。そして、多種多様な人たちが自立的に選択しながら持ち込んでくれた知見が惜しげもなく組織に共有されて、新しいアイデアが生まれたり、仕事が効率化されていく、というポジティブな体験を積んできたからこそ、こうした風土をさらに推し進めていくことに、職場としてのコンセンサスが得られやすかったのではないでしょうか。

　思い返してみれば、ぼくは12社の企業取材をした時点で、「情報共有がすべての鍵になる」というヒントをたくさんもらっていました。

　ユニリーバでは、「多様な時間、場所で働いていくうえで、物理的な距離に関係なく円滑にコミュニケーションを進められるデジタルツールは必須」という話を伺っていましたし、ヤフーでは、「しっかりメンバーの状態を知るために1 on 1を活用している」という話がありました。また、味の素では「セルフケアを推し進めていくうえで、デジタルツールを活用した見える化」を促進していました。

そして、経営戦略上に働きがいを重点項目として置くコンカーの話は、思い返してみれば「徹底的な情報共有」そのものでした。オールハンズミーティングによって経営情報も含めて公開する透明性、またフィードバックする文化は、言い換えれば、互いにとって耳の痛い情報でも共有し合う文化でもあります。そして、そうやって情報を共有することは「1人ひとりの主体性ややりがいにつながり、視座の向上や育成にもつながっていく」という話がありました。もちろん、情報を共有し合うことは決して気持ちのよいことばかりではないため、心理的な安全性を確保することにも配慮されている、という話も伺いました。

よくよく考えてみれば、そもそも人事制度というのは、多くの場合、人と人とのコミュニケーションを効率化するために生み出されたものです。

どんな人を採用し、どんな条件（時間・場所・報酬・配置）で合意し、どんなことをすれば健康に働け、どんな知識を習得し（育成）、どんなふうに契約を解除（退職）するのか。もちろん、究極的には1人ひとりすべて個別にやっていくこともできるわけですが、それではあまりにコミュニケーションや情報収集のコストがかかりすぎるために、ルールがつくられることになります。そうだとするならば、その情報をあつめたり、届けたり、つないだりする技術（テクノロジー）が発達したのであれば、人事制度の形が変わっていくのも当然なのではないでしょうか。

情報の民主化が、会社のしくみと風土を変えていく。

それが、サイボウズという会社でいち早く起こったことだったのではないでしょうか。

※ここで紹介した一部アプリや機能は、サイボウズ社内で独自に開発されたものであり、サイボウズ製品の基本機能ではないものが含まれます。

サイボウズのしくみ

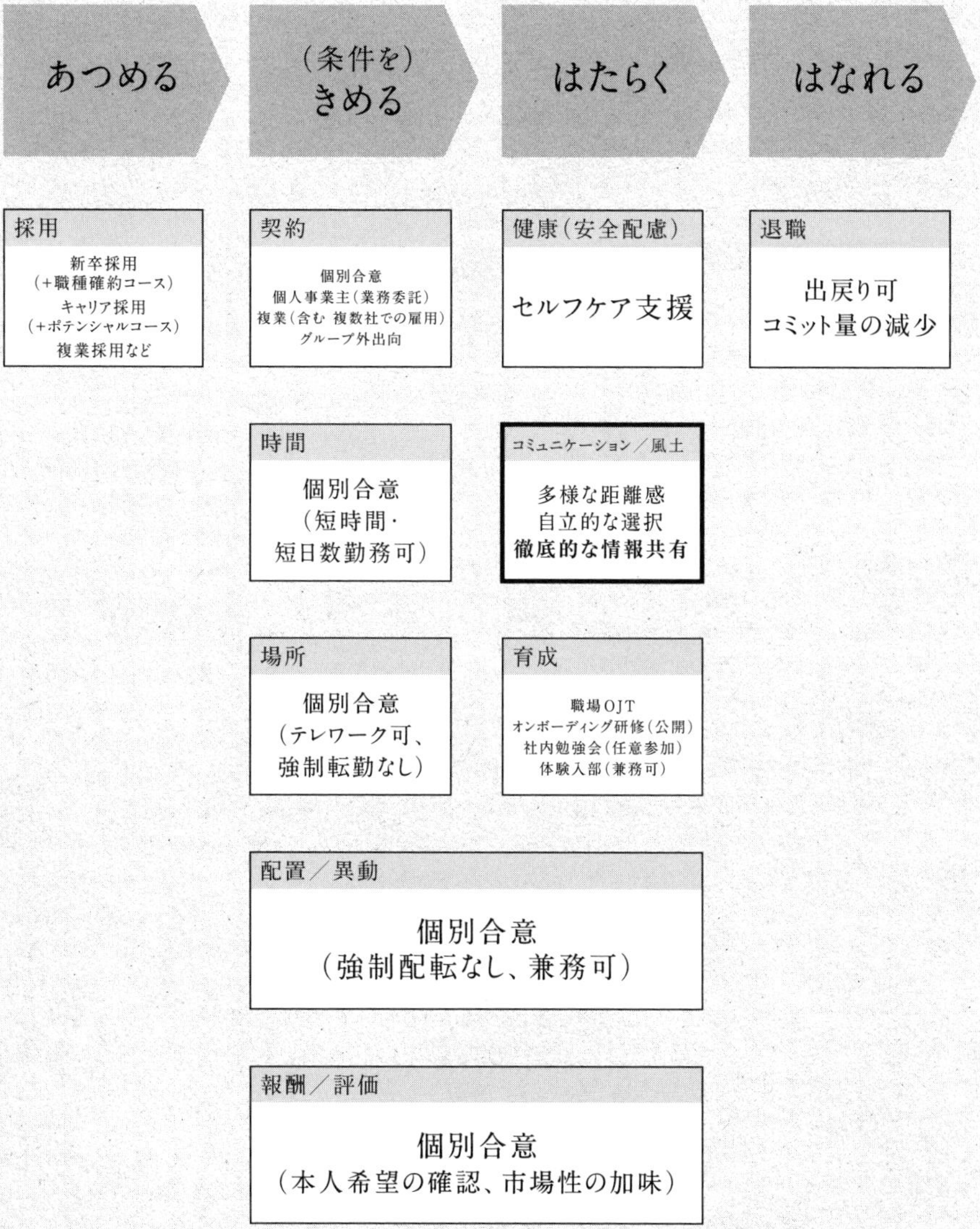

あつめる
(条件を)きめる
はたらく
はなれる
採用
新卒採用
(+職種確約コース)
キャリア採用
(+ポテンシャルコース)
複業採用など
契約
個別合意
個人事業主(業務委託)
複業(含む 複数社での雇用)
グループ外出向
健康(安全配慮)
セルフケア支援
退職
出戻り可
コミット量の減少
時間
個別合意
(短時間・
短日数勤務可)
コミュニケーション／風土
多様な距離感
自立的な選択
徹底的な情報共有
場所
個別合意
(テレワーク可、
強制転勤なし)
育成
職場OJT
オンボーディング研修(公開)
社内勉強会(任意参加)
体験入部(兼務可)
配置／異動
個別合意
(強制配転なし、兼務可)
報酬／評価
個別合意
(本人希望の確認、市場性の加味)

第7章

会社を「インターネット的」にする

デジタルネイティブからの提案

社会はとっくに「インターネット的」なのに、会社は？

歴史を学び、他社と自社を取材しながら繰り返した考察で、ぼくがたどり着いた仮説はこうです。

「1人ひとりの個性を重視するようなしくみをつくり、さらに情報技術を活用しつつ、『多様な距離感』『自立的な選択』『徹底的な情報共有』といった風土をつくることができれば、ぼくが感じていた閉塞感はなくなり、さらにその結果、『個人の幸せ』と『会社の理想実現』も両立することができる」

これからの日本企業が目指すべき、新しい会社のしくみが見えてきたかもしれない。

そう思ったのですが、こうして文字に起こしてしばらく眺めていると、ふとあることに気がつきました。

「これって、ものすごく当たり前のことじゃないの？」

そこで、ぼくはやっと、ぼくがあるいはぼくたち若手がいまの日本の会社の風土に感じている違和感の正体に近づけた気がしました。

なぜぼくは会社で、1人の人間として重視されていると感じにくかったのか。会社に対して、心の底で求めていたことはなんだったのか。

その問いの答えは、どんなに職場の先輩に話を聞いても、どんなに本を読んでも、どんなに他社の人事の方に会っても、だれも教えてくれませんでした。

いまから書くことはある意味、当事者のぼくだからこそお伝えできる、そして、生まれた時代が違う、人生の先輩であるあなたにだからこそ、聞いてほしいことです。

社会はとっくに「インターネット的」になっているのに、会社はほとんどなっていない。

これが、ぼくが日本の会社に感じている最も大きな違和感です。

ぼくが生まれた翌年、Windows95は発売された

ぼくたちは「デジタルネイティブ」と呼ばれ、インターネットという技術がもたらす社会の変化とともに育ってきた世代です。

実際、ぼくが生まれた翌年の1995年にWindows95が発売され、だれでもかんたんにインターネットが楽しめるようになりました。

小学校に入るころには、学校の授業でパソコンの使い方やインターネットについて学び、中学生になるころにはガラケーを片手に、離れていても友達と気軽にコミュニケーションがとれるようになりました。高校に入るころには同級生が開設したブログにみんなで書き込んだり、わからないことがあればとりあえずGoogleで調べるのが当たり前になっていました。さらに、大学に入るころにはだれもがスマートフォンを持ち、それまで以上に直観的な操作でインターネットにアクセスできる

ようになり、Facebook や Twitter、LINE などのSNSは、もはや社会インフラの一部となっていました。

いまでは、検索はテキスト情報ですらなくなり、気になっているお店やスポットに行く前には Instagram の画像で情報を得てから足を運び、なにか勉強したいものがあれば YouTube の動画解説で学ぶことも増えてきています。

だれもが惜しみなく情報共有してくれる社会で、1人ひとりの個性が違うのは当たり前だった

ぼくは高知県の生まれですが、インターネットの世界に一歩踏み込めば、自分の住んでいる土地以外の人たちとも一瞬でつながることができました。それどころか、世界中でなにが起きているのかさえ瞬時に知ることができました。

それらはすべて、だれもが惜しみなく自分が持っている「情報」を、全世界にむ

けて「共有」してくれていたからできたことです。

わからないことがあれば、インターネットで検索をすればたいていのことはわかりますし、それでもわからなければ、それを知っている人を探して、つながることだってできます。よく「情報化社会」というワードを聞きますが、それをもっと噛み砕くと「徹底的な情報共有」がなされた社会、と言えるのかもしれません。

そして、そんな社会で育つぼくたちの生き方や考え方・価値観も、どんどんと「インターネット的」なものになっていきました。

たとえば、この世界がいかに多様な個性に満ちているのかを、ぼくたちは感覚的に経験しながら育ってきました。SDGsで「多様性を大切に」と叫ばれるようになる、ずっとずっと前からです。

それは、人種、国籍、性別といった大きな属性の話だけではありません。個人の興味・嗜好が表現され、それぞれの思想や意見が飛び交うインターネットの世界は、ぼくたち1人ひとりはまったく違う個性を持った人間である、ということを教えてくれました。

インターネット的＝多様な距離感が認められ、自立的な選択ができること

そして、そんな社会で生きていくことは同時に、「つねになにかを選択し続けていく」という感覚をもたらしました。

インターネット上には膨大な情報があふれています。そこから、いまの自分に必要な情報はなんなのか、つねに取捨選択をしていかなければなりません。また日々、自分の目から見えている世界（家庭・学校・地域コミュニティなど）はほんの小さな世界であり、実は世のなかには、「これしかない」と思いこんでいた道以外にも別の生き方がある、ということを知れてしまう環境からは、自分の生きていく道が1つひとつの選択の結果であることを否応なく意識させられました。

インターネットは仲間をあつめたり、自分の居場所を見つけたりすることにも大きく役立ちました。たとえば、ある理想を持った人がいればクラウドファンディン

グを使ってお金をあつめたり、なにかを生み出す人と、その価値を必要としている人をつなぐこともかんたんにできるようになりました。

動画サイトやネット掲示板、SNS、オンラインゲームなど、インターネット上のコミュニティはゆるやかなつながりが多く、ずっとつきっきりでやっている人もいれば、自分の良いタイミングで入ってきて、距離をとりたくなったら離れ、また近づきたくなったら近づくなど「自分の距離感」を大事にすることができます。

さらに、情報を受けとるだけではなく、自分の知識や経験・考えを発信することで自分にメリットが返ってくるという経験も、少なからずぼくたちは積んできました。「インフルエンサー」と呼ばれる人たちが自分の持っている情報を上手にまとめて発信し、その対価としてさまざまな仕事を得ている光景は、もう珍しくありません。

自分のつくりたい理想や問題意識を共有することで、いろんな人たちがたくさんの知識を持ち寄ってきてくれて、到底1人ではつくり得ないアウトプットを生み出すようなケースもたくさん見てきました。調べものをするときにはかならずお世話になるwikipediaも、1人のとんでもない博学な人がつくりあげた事典ではなく、世界中の衆知をあつめてつくられていることを考えれば、そのエネルギーには計り知れないものがあるとわかります。

なのに会社では、当たり前のはずの風土としくみが「邪魔もの扱い」されていた

振り返ってみると、ぼくたちの世代が生きてきたインターネット社会は、「多様な距離感」が認められ、「自立的な選択」ができて、「徹底的な情報共有」によっていろんな個性の人たちが一緒にいるのが当たり前の「風土」だったのです。

それらはまさに、自分がどう生きていきたいかという主体性（モチベーション）、より広い範囲で仲間や居場所をつくること（雇用）、知恵を分かち合うことで創造性を発揮すること（育成）、という成長の活力（競争力の源泉）をもたらしてきました。

それなのに、学校を卒業して飛び込んだ会社は、そうした「インターネット的」な価値観とはまったく異なる世界でした。

全員が「フルコミット」を求められ、選択の余地なく一方的な命令に従うしかない「ヒエラルキー」な雰囲気のなか、一部の人間だけしか入れない「クローズ」な環

境で物事が決められていく。それは、デジタルネイティブ世代が生きてきた環境とは「正反対」とさえ言えます。

社会はこんなにも「インターネット的」になっているのに、会社はまったく「インターネット的」になっていない。自分たちの生きてきた環境で当たり前だったしくみも風土も、会社のなかにはなにひとつ根づいておらず、むしろ、それは邪魔なものとして扱われていました。ぼくが感じていた「1人の人間として重視されている感覚の薄さ」の根底には、いまの若い世代が生きてきた環境と会社内の環境のギャップがあったのではないでしょうか。

少しだけ違うやり方で、守るべきものを守れないか?

ぼくは決して、これまでの過去を否定したいわけではありません。そもそも、インターネットだって過去を否定するものではありません。現実に、インターネットのおかげで「知られていなかった」という理由で失われかけていた伝統的な価値が、それを必要としている人たちの目に触れて再評価されるようなことも起きています。

会社のしくみも、同じなのではないでしょうか。

ぼくは、これまでの会社のしくみを否定したいわけではありません。会社の歴史を知っていくなかで学んだ一番のことは、いつの時代も会社のしくみは、そこで働く人が幸せに、そして、その会社の理想が実現できるようにその姿を最適化してきた、ということです。

いつの時代も、「モチベーション」「雇用」「育成」といった、守らなければならない大切なものを守るために、人事の先輩たちはしくみをつくりあげてきました。ぼくは、先輩たちがこれまで守り抜いてきたものを、これからも同じように守っていきたいと思っています。

ただし、少しだけ違うやり方によって。

「インターネット的」な価値観と技術を会社のなかに持ち込むことによって、よりたくさんの人たちが働きやすく、そしてチームとしてもより高い価値が生み出せるしくみをつくりたい。それがいまのぼくの想いです。

これからのサイボウズの課題＝「インターネット的な会社」が抱える課題

しかしながら、そこに至るまでにはまだまだたくさんの困難があることもわかっています。というのも、サイボウズという会社は、現在1000人程度の規模ですが、この規模でさえ、すでに社内に問題は山積みだからです。

だからこそ、サイボウズの良く見えるところだけではなく、問題となっているところも正直にシェアすることが、ぼくの役割の1つだと思っています。いまのサイボウズが抱えている課題は、これからさまざまな会社がインターネット化していくにあたって問題になることだと思うからです。

今回、サイボウズ社内の人事担当者にヒアリングしてみたところ、出てきた問題意識はすべてコミュニケーションや情報共有に関するものでした。

「多様な距離感」「自立的な選択」といった風土を「徹底的な情報共有」が支える

ことによって、「モチベーション」「雇用」「育成」のメリットを強め、そのデメリットを補完していく。……しかし、人数規模が増えるにしたがって、まさに「情報共有」という部分で、さまざまな歪みが起きはじめており、日々、試行錯誤が続いている状況なのです。

課題①　選択肢や情報が多すぎて、路頭に迷う社員

自分で主体的に選択するためには、そのために必要な情報を共有することがポイントだ、と書きましたが、情報量が増えていくにしたがい、選択に必要な情報をすべての社員にスムーズに届けることが徐々にむずかしくなってきています。

たとえば「配置／異動」においては、どんどん社内の役割が増えていくなか、どんな業務に人が足りていないのかを見える化することがむずかしくなってきました。

そこで、社内で募集中の業務だけを切り出した「ジョブボード」を用意することをはじめとした対策を実施していますが、まだまだ改善の余地があります。

また「働き方（時間・場所）」においても、100人100通りになっているがゆえに、かえってどういう合意の種類があるのか見えづらくなっている、という声が挙がっています。そこで、働き方に関する合意の事例をわかりやすく情報として提供していく、という動きが始まっています。

「報酬／評価」においても、できるだけ客観的な数値をもとに給与を議論したい、という要望がメンバー・マネジャーの双方から出てきました。そこで、今年から外部の調査機関とも連携しながら、客観的な市場価値をさまざまな条件カットで見られるようにしました。

社外向けの情報共有という意味では「採用」にも課題があります。多様な働き方が存在するがゆえに、どのように応募条件や入り口の見せ方を工夫すればミスマッチのない採用ができるのか、試行錯誤が続いています。

課題② 多様性って、やっぱりちょっと「めんどくさい」

多様な距離感の人が増えることによる、職場のコミュニケーションの問題もあります。

まず、その負担が最もダイレクトに反映されるのは職場の人材マネジャーです。サイボウズの場合、チームの理想を達成するにあたってリソース配分をしたり、条件についてコミュニケーションをとったりする役割を担っているのは現場の人材マネジャーになります。そのため、マネジャーの負荷は当然に増えてきています。

12の企業を取材した際にも、多様な距離感の人が増えることはマネジャーにとって非常に大きな試練になるだろう、という話を何度も聞きました。まさにサイボウズのマネジャーはその局面に立ち向かっていると言えるかもしれません。

そのため最近では、人事本部内にマネジメント支援専門のチームを立ち上げ、事例共有の場づくりやマネジャー同士の横のつながり強化、マネジメントオンボーディング教育の立ち上げなどを行っています。

特に、どのようにチームマネジメントをしていくかという点は、かなりチームのノウハウに依存する部分もあるため、実際に社内のマネジメントで困ったケースやその対応として学びが多いケースについては、人事側でケーススタディとしてデータベースに蓄積、マネジャーにのみ公開し、部門を横断してシェアしていく取り組みも始まっています。

さらに、「あらゆる業務上のコミュニケーションが公開されている」がゆえの問題も起こりはじめています。SNSの炎上に近い部分があるかもしれません。

採用面接を受けて入社した社員、つまりは共通の理想を持ったメンバー同士があつまっているため、SNSほどあからさまな誹謗中傷などは起こりませんが、伝え方によっては予期せぬ形で人を傷つけてしまっていたり、あるいは全社に関わるようなプロジェクトの場合、公開の場で大量のフィードバックが来てしまうことで担当者の心的な負荷が高くなってしまう、という事例も発生しはじめています。

このままだとつねに衆人監視にさらされた状態ということになり、コミュニケーションを公開することにハードルが上がっていくのではないか、という懸念もあり、社内で対話の場が持たれたり、フィードバックの仕方やコミュニケーションにあたってのリテラシー向上に向けた試行錯誤が続いています。

課題③
情報の「ジャスト・イン・タイム」を目指して

最後に、育成面についても、企業規模が拡大することで問題が起きはじめています。日々サイボウズ社内には多様な知識・経験のシェアがなされていますが、情報が多くなってくると、本当に自分が知りたいと思った知恵に必要なタイミングでたどり着くことが、とてもむずかしくなってきています。

これについても、たとえば事前に自分の知りたい情報にタグをつけておき（#人事制度、#営業、#一般知識・スキル、#キャリアなど）、勉強会が開催される際に主催者がタグをつけると、そのタグがマッチした人に対して「あなたにおすすめ！」

と通知が飛ぶしくみを用意したり、自分で情報を見つけるスキルを向上させるため、情報検索の仕方をトレーニングとして新人研修で提供したりしています。

また、多様なキャリアパス、バックグラウンドの人が存在しているがゆえに、未経験者がどのようにステップアップしていけばいいのか悩んでしまうという問題意識から、職場ＯＪＴにおいては、各本部ごとにできた組織運営を担うチームによって、ある程度体系的な育成プログラムが提供されたり、スキルマップが整備されたり、オンボーディングのしくみをつくったりと、自主的に問題解決に向けた動きが始まっています。さらに、そうした各本部における自主的な取り組みのなかでも優れたノウハウについて人事がまとめ、本部横断的に共有、連携をサポートしていくことも少しずつ始まっています。

ここで１つ思い出したことがあります。

トヨタで働いていたとき、「ジャスト・イン・タイム」という言葉を叩きこまれました。それは、生産現場の各工程において、「必要なものを、必要なときに、必要なだけ」供給するしくみです。サイボウズは同じように、必要な情報を、必要なときに、必要なだけ供給できるシステムを構築できないかトライ＆エラーを繰り返している、と言えるかもしれません。

なんでもかんでも、デジタルにすればいいわけじゃない

また、デジタルでのコミュニケーションに頼り過ぎたことによる弊害も起きています。コロナ禍の影響でほぼ全員がフルリモートになったこともあり、特に入社したばかりの人たちが人間関係を構築するのがむずかしかったり、すべてがテキストコミュニケーションに移行したことで、相談するハードルが上がったように感じる、という声があがるようになってきました。

そこで「全社横断ざつだんタイム」と呼ばれる、業務時間中に他本部の人と特定のテーマについて話す場を用意したり、（感染症対策には十分気を配りながら）リアルな関係性構築の場づくりも、少しずつ企画されはじめています。

なんでもかんでもデジタルにすればいいというものではない、という教訓は得つつ、使い方を工夫すれば、デジタルが生み出した課題をデジタルによって解消でき

	ステータス	カテゴリ↑	もやもやのオーナー	もやもやのスタンス（複数選択可）	もやもやのタイトル
3	共有・助言もらい済み	オンボーディング研修	[redacted]○○ ○○	とりあえず聞いてほしい 意見・アドバイスがほしい	連絡ツールに時々迷う
3 4	共有・助言もらい済み	オンボーディング研修	[redacted]○○ ○○	意見・アドバイスがほしい	経費の各種申請のルールがまだまだ謎
3	共有・助言もらい済み	オンボーディング研修	[redacted]○○ ○○	とりあえず聞いてほしい 意見・アドバイスがほしい	自分がかかわっている(かかわっていた)レコードやコメントを後から
4	共有・助言もらい済み	オンボーディング研修	[redacted]○○ ○○	とりあえず聞いてほしい	（有期➡無期転換なので）入社したてという気持ちが湧かない。
5	共有・助言もらい済み	オンボーディング研修	[redacted]○○ ○○	とりあえず聞いてほしい	「手を挙げた」人の責任が重すぎるように感じる
8	共有・助言もらい済み	オンボーディング研修	[redacted]○○ ○○	とりあえず聞いてほしい	ときどき、弱音を言える場があったらいいな…と思うことがある
4	共有・助言もらい済み	オンボーディング研修	[redacted]○○ ○○	とりあえず聞いてほしい	社内イベントや勉強会に積極的に参加したいけど、優先順位が難しい
1	共有・助言もらい済み	オンボーディング研修	[redacted]○○ ○○	とりあえず聞いてほしい	メンションを飛ばす宛先が分からない
5	共有・助言もらい済み	オンボーディング研修	[redacted]○○ ○○	とりあえず聞いてほしい	もやもやしないことがもやもや
5 4	もやもや	オンボーディング研修	[redacted]○○ ○○	とりあえず聞いてほしい	時々リアル出社をしたいですが、どうすればいいのか分からない
3	共有・助言もらい済み	オンボーディング研修	[redacted]○○ ○○	とりあえず聞いてほしい	時間のコントロール

ることもあります。

たとえば、新しく入社してくる人たちのオンボーディングプログラムとして「もやもや共有ワークショップ」という、もやもやを人事や同時期入社したメンバーで毎月シェアする場をつくっています。こちらはまず事前にもやもや共有アプリ（図・上）に登録してもらい、ワークショップ当日は、フレームワークにのっとって質問を繰り返しながら、互いのもやもやを言語化していきます。これまで登録された400件近くのもやもやが見えることもあって、「もやもやしているのは自分だけじゃないんだ」という安心感のもと、デジタルツールとリアルなコミュニケーションを組み合わせることで効果的な議論ができていると感じています。

また、ここで出てきたもやもやから人事施策

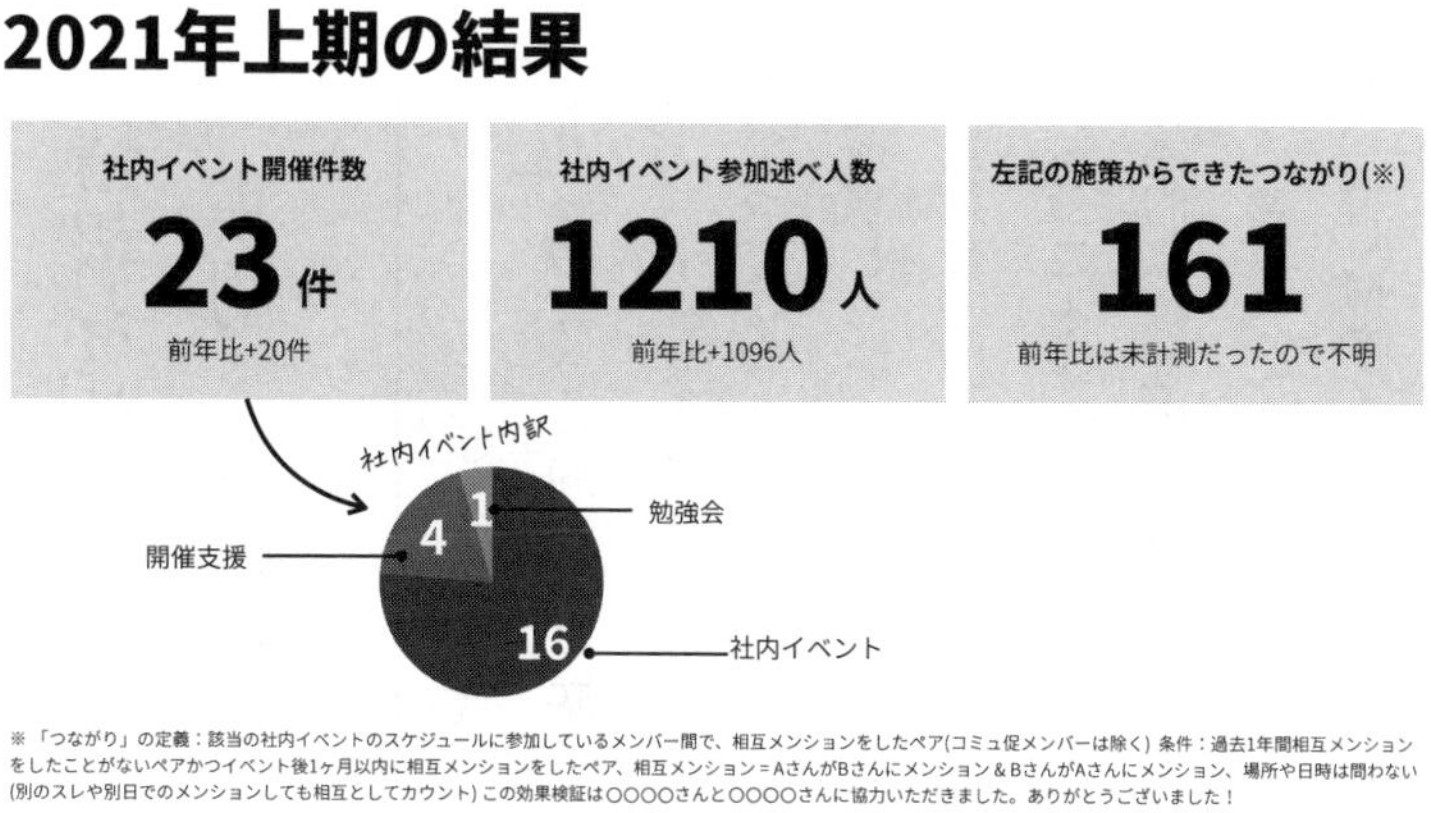
2021年上期の結果
社内イベント開催件数
23件
前年比+20件
社内イベント参加述べ人数
1210人
前年比+1096人
左記の施策からできたつながり(※)
161
前年比は未計測だったので不明
社内イベント内訳
1
勉強会
4
開催支援
16
社内イベント
※「つながり」の定義：該当の社内イベントのスケジュールに参加しているメンバー間で、相互メンションをしたペア(コミュ促メンバーは除く) 条件：過去1年間相互メンションをしたことがないペアかつイベント後1ヶ月以内に相互メンションをしたペア、相互メンション＝AさんがBさんにメンション＆BさんがAさんにメンション、場所や日時は問わない(別のスレや別日でのメンションしても相互としてカウント) この効果検証は○○○○さんと○○○○さんに協力いただきました。ありがとうございました！

に反映することも多く、ある意味でこのアプリは、組織としての宝の山になっています。

さらに、人的なつながりを社内でつくってもらうことで、少しでも精神的な不安を減らしつつ、効率的に仕事が進められるように、コミュニケーションの促進をサポートする専門のチームがさまざまな施策を考えています。最近ではその効果をしっかり振り返れるように社内のつながりを定量的に可視化していく取り組み（図・上）も始まりました。

情報を効率的に「集約・可視化・共有する専門チーム」

これらのように局所的に起きている問題に対する解決策はもちろんのこと、サイボウズでは、中長期的に情報共有を専門で考えていく「情報共有支援チーム」が立ち上がったり、より効率的に質の高い情報共有・意思決定ができるメカニズムを専門で探求していく「組織戦略室」ができたりもしています。

情報共有支援チームは、社内の情報が効率よく効果的にメンバーに伝わるしくみをつくることをミッションとしています。

具体的には社内に散見される情報共有の場を統廃合したり、ホットトピックをとりまとめ、月に1本「サイボウズ・ダイジェスト」と呼ばれる動画を作成・配信したり、「CMタイム」と呼ばれる、全社にアナウンスしたいときに使う情報発信チャネルを構築したりしています。会社のなかにメディアのようなものができている、

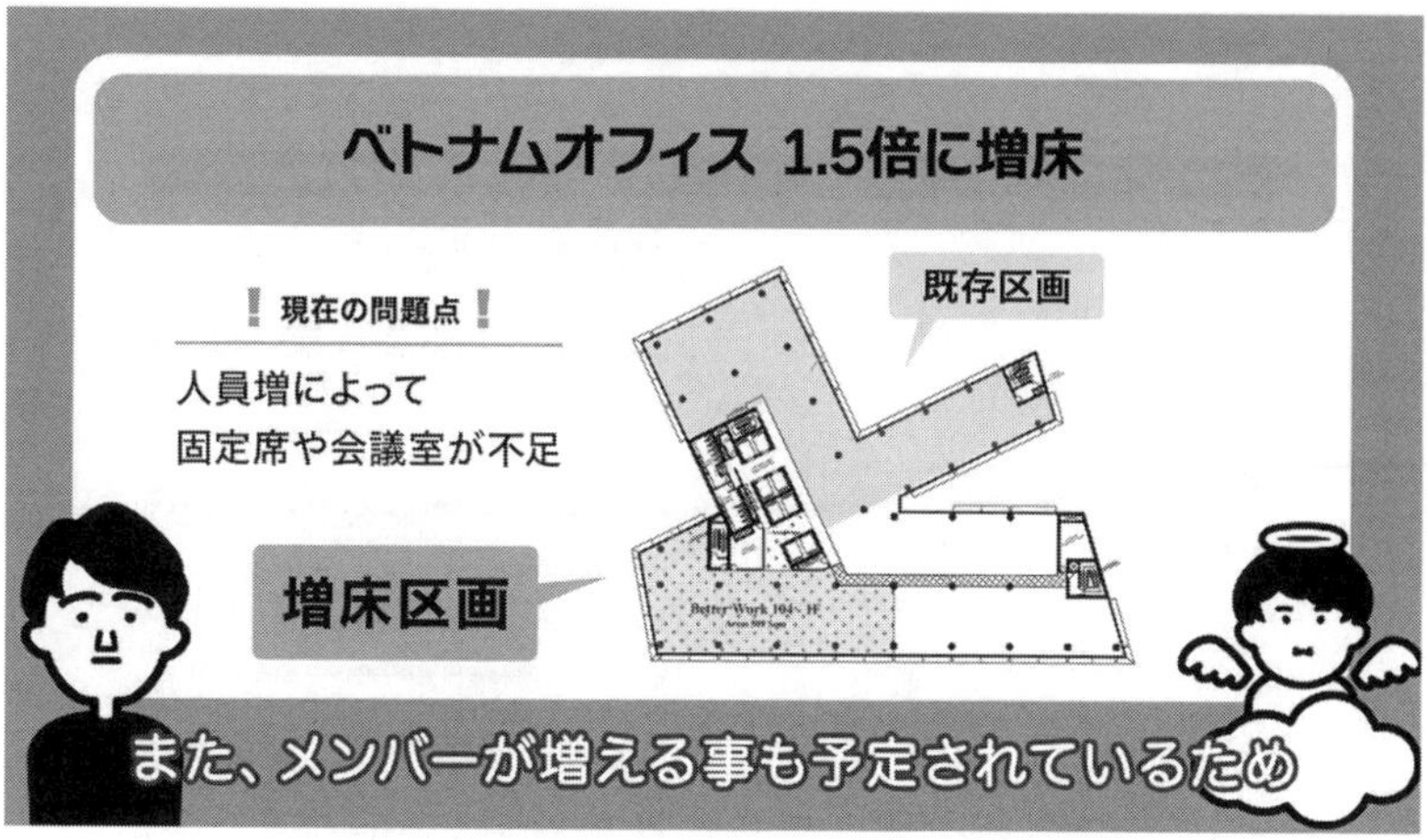
ベトナムオフィス 1.5倍に増床
現在の問題点
人員増によって
固定席や会議室が不足
既存区画
増床区画
また、メンバーが増える事も予定されているため

というイメージです（図・上）。

また「組織戦略室」では、サイボウズの目指す「インターネット型組織（自律分散型組織）」に必要なツール（技術）とメソッド（方法論）を開発していくため、元・副社長の山田がオーナーとなり13のプロジェクトを立ち上げています。

そのなかの1つとして出てきた「助言アプリ（図・次ページ上）」は、意思決定者が周囲からどのような助言をもらっているのかを可視化するアプリで、意思決定がなされる際にステイクホルダー（有識者、影響範囲、興味関心のある人など）がどういう意見を持っていたかを可視化するツールになっています。

これまでも、意思決定に関わるコミュニ

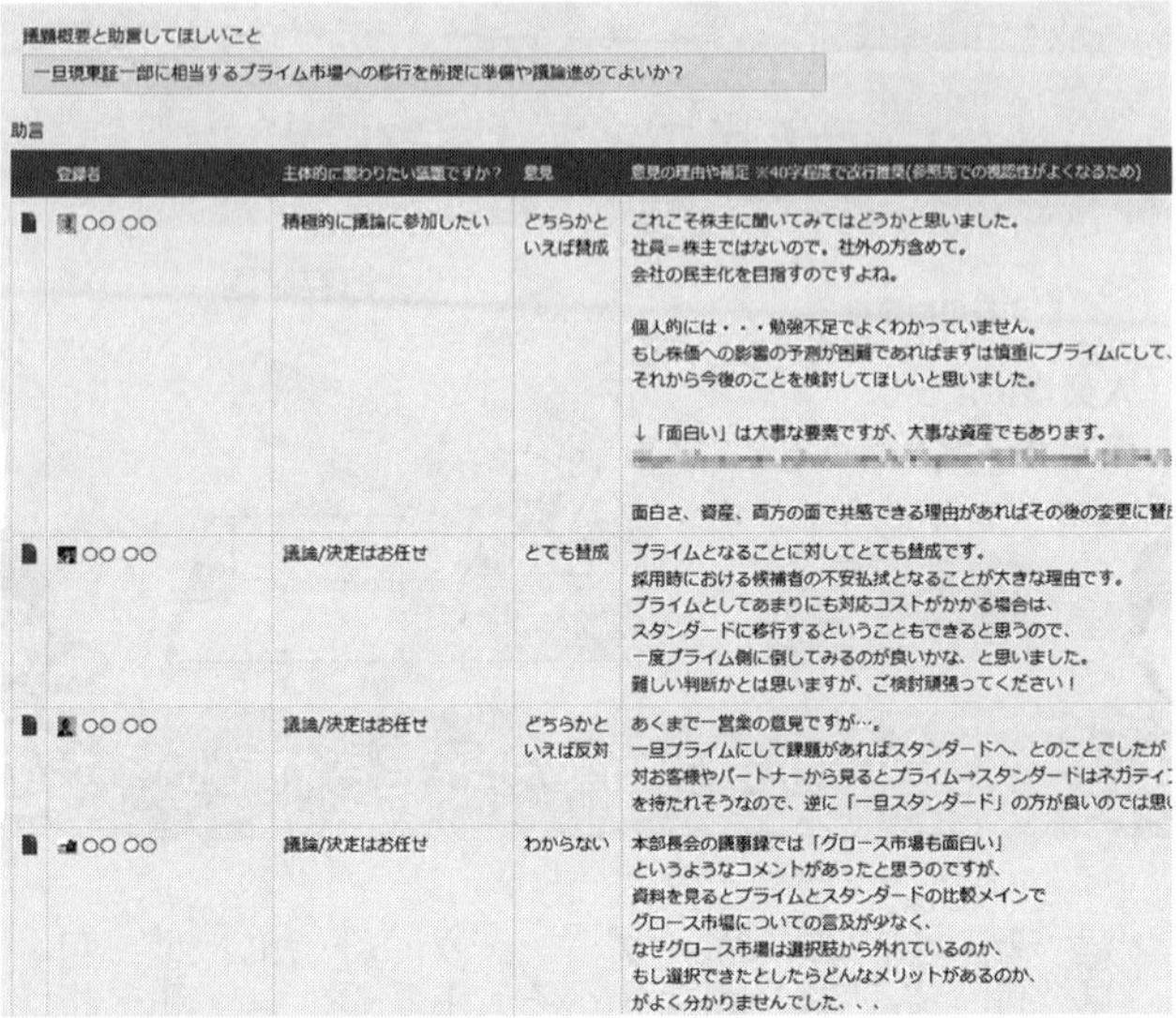

議題概要と助言してほしいこと

一旦現東証一部に相当するプライム市場への移行を前提に準備や議論進めてよいか？

助言

登録者	主体的に関わりたい議題ですか？	意見	意見の理由や補足 ※40字程度で改行推奨(参照先での視認性がよくなるため)
○○ ○○	積極的に議論に参加したい	どちらかといえば賛成	これこそ株主に聞いてみてはどうかと思いました。 社員＝株主ではないので。社外の方含めて。 会社の民主化を目指すのですよね。 個人的には・・・勉強不足でよくわかっていません。 もし株価への影響の予測が困難であればまずは慎重にプライムにして、 それから今後のことを検討してほしいと思いました。 ↓「面白い」は大事な要素ですが、大事な資産でもあります。 [illegible] 面白さ、資産、両方の面で共感できる理由があればその後の変更に賛
○○ ○○	議論/決定はお任せ	とても賛成	プライムとなることに対してとても賛成です。 採用時における候補者の不安払拭となることが大きな理由です。 プライムとしてあまりにも対応コストがかかる場合は、 スタンダードに移行するということもできると思うので、 一度プライム側に倒してみるのが良いかな、と思いました。 難しい判断かとは思いますが、ご検討頑張ってください！
○○ ○○	議論/決定はお任せ	どちらかといえば反対	あくまで一営業の意見ですが…。 一旦プライムにして課題があればスタンダードへ、とのことでしたが 対お客様やパートナーから見るとプライム→スタンダードはネガティ を持たれそうなので、逆に「一旦スタンダード」の方が良いのでは思
○○ ○○	議論/決定はお任せ	わからない	本部長会の議事録では「グロース市場も面白い」 というようなコメントがあったと思うのですが、 資料を見るとプライムとスタンダードの比較メインで グロース市場についての言及が少なく、 なぜグロース市場は選択肢から外れているのか、 もし選択できたとしたらどんなメリットがあるのか、 がよく分かりませんでした、、、

ケーションはプライバシーに関わるもの以外はすべて公開になっていましたが、ある特定の意思決定に対する1人ひとりのスタンスや意見を一覧で見られるようにすることで、一部の人だけの声で物事が進まないようにし、意思決定のクオリティを上げていくことが期待されています。

　これらも、テクノロジーの力を使って情報を効率的に集約・可視化・共有していくための取り組み、と言えるかもしれません。

　こうした社内の問題意識を解決しようとする動きのなかには、コーポレート部門の取り組みだけではなく、社員から自発的に始まった活動もあ

作成者

○○ ○○

テーブル

年	社会人歴	給与月額	備考	想定年収（賞与2ヶ月）
2015	1年目	○○.○○ 万円	今でこそちょっと低そうですが、当時はエンジニアのバブルが始まった直後ぐらいだったので、 他の企業でもそこまで変わらなかった印象です。（他に内定もらった企業からは最大でも月○○万でした。）	○○○ 万円
2016	2年目	○○.○○ 万円	特に交渉しなかったらこの額でした。 この時は9月配属で、開発をやり始めたのも10月、11月か12月に○○さんに希望を聞かれる、とかだったので、準備も何もできなかったです。	○○○ 万円
2017	3年目	○○.○○ 万円	特に交渉してませんでした。 1年目よりは上昇額が上がったので、まあいっかくらいでした。	○○○ 万円

ります。

その1つが社内の有志メンバーによる、給与の公開です。自分の給与を公開してもいいと思った人が過去の給与額も含めてアプリ（図・上）に登録し、だれでも見られるようにしています（公開範囲も任意で決められます）。

サイボウズでは、「業務内容（配置／異動）」と「働き方（時間・場所）」をもとに、1人ひとり個別に給与額を合意しています。そこには市場での給与相場も加味されるため、人事からもさまざまな情報を提供していますが、唯一、情報に非対称性が存在するのが社内の給与額です

（年齢別の社内の給与水準といったものは参考情報として提供していますが、多様な働き方・業務内容の人がいるため、非常にレンジの幅が広いものになっています）。

本当は社内の生の賃金データをだれでも見られるようにしたうえで個別合意できればいいのですが、給与情報は重要なプライバシーになっているため、勝手に公開することもできません。

そんな状況下で、この給与公開の動きは、会社（チーム）側が恣意的な給与を設定していないかどうか互いの給与情報を共有していくことによって、より1人ひとりの納得感を高めていきたい（明らかに不合理な賃金があれば是正していきたい）という動きだと言えます。

インターネットが社会にもたらしたのは恩恵ばかりではないけれど

インターネットが社会に浸透しはじめ、もたらされたのは恩恵ばかりではありません。昔よりも情報があふれすぎているがゆえに、人生に迷うようになってしまった人もいるかもしれませんし、ＳＮＳによって誹謗中傷が加速して心に大きなダメージを負ってしまう人が出てきたり、意図的に嘘の情報を流して世論を操作しようとするフェイクニュースが社会問題になったりしています。

しかし、現実の社会もこれらの問題に対応すべく、新しいルールをつくったり、あるいはＡＩをはじめ情報技術をさらに進化させていくことによって、解決をはかろうとしています。

幸いなことに、「会社」は「社会」とは違って、共通の理想を実現するためにあつまっている集団です。社会よりも対策は打ちやすいはずです。そもそも、会社にインターネット的な技術や文化が持ち込まれはじめたのはごく最近のことですから、まだまだ改善できる伸びしろはあるのではないか。そんなふうにぼくは考えています。

１人ひとりの個性に向き合ったしくみを増やし、情報技術の力も借りつつ、「多様な距離感」「自立的な選択」「徹底的な情報共有」という風土がある「インターネット的な会社」をつくっていくこと。

ぼくはあなたに、この提案を届けたいと思い、手紙を書きました。

インターネット的な会社

あつめる

採用
個性を重視
例）
・新卒採用（+職種約束コース）
・キャリア採用（+ポテンシャルコース）
・複（副）業採用

（条件を）きめる

契約
個性を重視
例）
・無限定雇用コース
・限定雇用コース
・個人事業主（業務委託）コース
・複（副）業　・グループ外出向

時間
個性を重視
例）
・柔軟な時間配分
・時間無限定コース
・時間限定（短時間・短日数勤務）コース

場所
個性を重視
例）
・空間無限定コース
・空間限定（強制転勤なし）コース
・テレワーク可

配置／異動
個性を重視
例）
・職務無限定コース
・職務限定（強制配転なし）コース
・本人希望の重視（配置における配慮、社内公募制など）
・兼務可

報酬／評価
個性を重視
例）
・職能給（年功重視）コース
・職務（市場性）重視コース

はたらく

健康（安全配慮）
個性を重視
例）
セルフケア支援

コミュニケーション／風土
多様な距離感
自立的な選択
徹底的な情報共有

育成
個性を重視
例）
・職場OJT（+デジタルツールを活用した情報共有）
・選択型研修
・社内勉強会支援
・社内就業体験（兼務可）

はなれる

退職
個性を重視
例）
・出戻り可
・コミット量の減少

トヨタを飛び出した若手人事が、どうしてもあなたに届けたい提案

なぜ、ぼくはこんな提案をしたいのか。それはこの提案が会社の閉塞感をなくし、企業の競争力を高めるだけでなく、現在、社会問題にまで発展している日本の会社が抱える3つの問題を解消する糸口になるのではないか、と思っているからです。

ここでもう一度、いまの日本社会が抱えている会社の問題を振り返ってみます。

「無限の忠誠」と「終身の保障」を前提とした日本企業のしくみは、3つの大きな問題を生み出しました。1つ目は、「会社の成長」が止まった企業では人件費の増加や人事の停滞に耐えられなくなり、「経営の圧迫」を引き起こすこと。2つ目は、一部の人しか会社の内側に入れない「企業封鎖性」を生み出していること。そして3つ目は、会社のメンバーシップの内側に「ワークライフバランスの欠如」という状態をつくってしまうことです。

「会社」をとりまく3つの問題

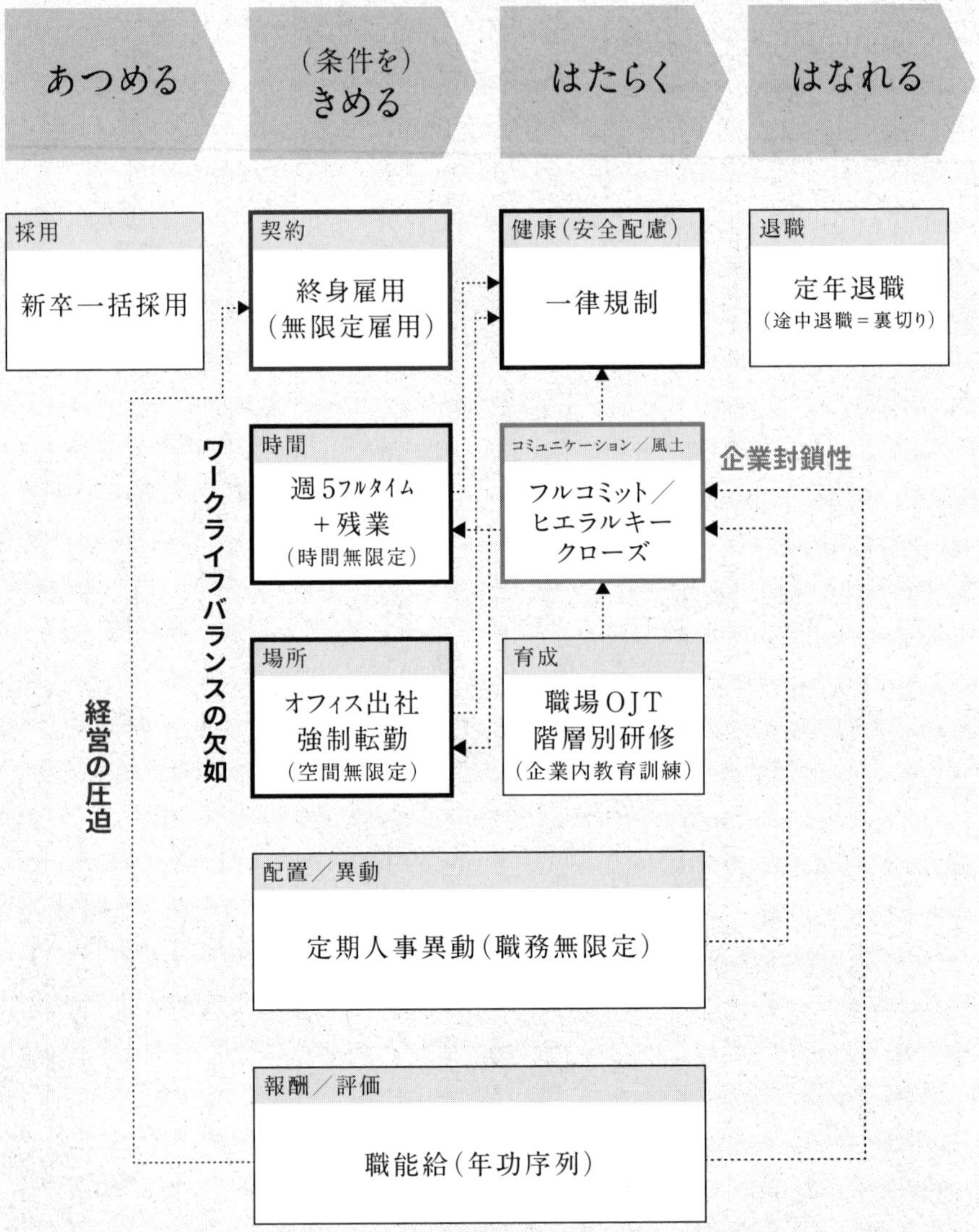

あつめる
（条件を）きめる
はたらく
はなれる
採用
新卒一括採用
契約
終身雇用（無限定雇用）
健康（安全配慮）
一律規制
退職
定年退職
（途中退職＝裏切り）
時間
週5フルタイム
＋残業
（時間無限定）
コミュニケーション／風土
フルコミット／ヒエラルキー
クローズ
企業封鎖性
場所
オフィス出社
強制転勤
（空間無限定）
育成
職場OJT
階層別研修
（企業内教育訓練）
ワークライフバランスの欠如
経営の圧迫
配置／異動
定期人事異動（職務無限定）
報酬／評価
職能給（年功序列）

会社と個人のマッチングを最適化するために選択肢を1つずつ増やしていく

インターネット的な会社の本質は、これまで効率性のために十把一絡げとするしかなかった会社と個人のマッチングを、情報技術の力でより個別に合意できるようにすることにあります。

それは、会社が個人に、すでに守るのがむずかしくなっている（もちろん、いまも判例法理上、日本企業の正社員は整理解雇法理で守られているように見えますが、貢献よりも報酬が高すぎるとみなされた中高年層は不況のたびにリストラが行われていることは周知のとおりです）[1] 終身の保障を約束するというモデルだけではない、個性を重視したしくみを選択肢として1つずつ増やしていくということです。それが可能になっていけば、まず1つ目の問題である「経営の圧迫」は、いまよりも改善されていくのではないでしょうか。

個人との契約そのもののバリエーションを増やしたり、雇用契約のなかでも、時間・場所・業務といった労働条件を個別に限定する余地を広げていくことは、現状、分配すべきでないところに分配されている会社の賃金原資を分配すべきところに分配する、ということです。

たとえば、仕事に関係なく給与が上がっていくのではなく、自分の職務範囲を限定したうえで市場価値を踏まえて評価してもらいたい人。給与を下げてでも仕事へのコミットメントの量を減らしたい人。あるいは1つの会社だけでなく複数の会社からお金をもらいながら生きていきたい人。年功にしたがって給与が上がっていくせいで、無限定なコミットメントを求められて苦しんでいる人。そんな人たちに対して選択肢を増やし、会社と個人のマッチングをより丁寧に推し進めていくことは、会社の重要な資源を適切に分配することにつながるのではないでしょうか。

そして、浮いた賃金原資を使って、非正規の待遇を改善したり、市場価値の高いハイエンド層の人材に相応の高待遇を用意していくことも大切だと思います。

こうしたアイデアは、なにもいまぼくが思いついたような突飛な発想ではありません。2012年に厚生労働省が取りまとめた「多様な形態による正社員に関する研究会報告書」でも、多様な条件合意の選択肢を増やしていくことについて言及されています。

「正社員の働き方の一つとして、雇用が安定しており、かつ、職種、勤務地、労働時間等の制約がない正社員（以下「いわゆる正社員」という。）と処遇面での均等・均衡が図られることを前提に、職種、勤務地、労働時間等が限定的な「多様な形態による正社員」が注目されている」

また、2019年6月に内閣府が公表した「規制改革推進に関する第5次答申」の保育・雇用分野には、「ジョブ型正社員（勤務地限定正社員、職務限定正社員等）の雇用ルールの明確化」という項目が入っており、近年、条件を限定した正社員に対する注目度がさらに高まっていることがわかります。

もちろん、選択肢を増やすにはそれなりの労力がかかりますし、トレードオフも含めた適切な情報を提供する必要があります。

実際、厚生労働省の報告のなかでも、すでに多様な形態による正社員を導入している企業が感じている課題は、「複数の雇用区分の間での棲み分けの明確化」「社員の希望と会社のニーズとのマッチング」の2つであり、これらはどちらも会社と個人のコミュニケーションにまつわるものです。

しかし、ここまで見てきたとおり、選択肢を明示したり、選択にあたって必要な情報を解像度高く提供することは、情報技術の力で補うことが可能です。徹底的な情報共有によって、選択の納得感を高めることができれば、いままで以上に多様な選択肢を導入していくハードルは下がっていくのではないでしょうか。

そして、会社と個人の関わり方に選択肢を増やしていくことは、「企業封鎖性」と「ワークライフバランスの欠如」という問題も打ち壊していくことにはならないでしょうか。

正社員のなかにも、「無限の忠誠」を求められる人とそうでない人が入り混じるようになれば、全員一律に「フルコミット」「ヒエラルキー」を求める風土は緩和されていくでしょうし、市場価値で評価される人が出てくれば、年齢に関係なく会社に入りやすくなるルートが生まれます。また職務範囲が限定された働き方も認められることで、特定領域について専門性が身につきやすくなり、「クローズ」な風土も次第に緩和されていくでしょう。(2) 結果、「年齢」「性別」という2つの壁が低くなっていくため、これまで非正規という道を選ぶしかなかった人たちも、会社の内側に入りやすくなるのではないでしょうか。

もちろん、時間や場所・職務の限定範囲が違う人たちが入り混じることによって、これまで以上に職場におけるコミュニケーションコストがかかってしまうことはあると思います。

しかしこれも、テクノロジーを使って情報共有することができれば、互いの特性を活かしつつ、問題なく働ける世界が来るのではないでしょうか。

そして最後に、個別に時間や場所といった条件を限定できる選択肢が増えていけば、精神的な負担や量的なコミットメントも、過剰なものになる前にセーブが利くようになります。さらに1社だけに縛られず、労働力を柔軟な形でシェアできる選択肢が生まれていけば、会社はもっと多くの、さまざまな個人の力を借りられるようになるはずです。その結果、少数精鋭化されていた正社員も、明らかな過重労働は減り、生活という意味でも健康という意味でも「ワークライフバランス」がいまより守られるようになっていくのではないでしょうか。[3]

もちろん、会社が人を育成しなければならないという構造は残っているため、依然として、上司から仕事を教えてもらいながら働かなければならないという要素は残ってしまいますが、これもあらゆる職場の情報が共有され、いろいろな人から仕事を学ぶことができるようになっていけば、一方的な上下関係や過剰な指導は減っていくのではないでしょうか。

ただ、ここまで「会社をインターネット化することによって既存の問題は解消できる」と書いてきましたが、歴史を学んだぼくは、もう1つの向き合わなければならない巨大な壁の存在をすでに知っています。

それは、日本の会社に依存した社会構造です。

日本社会は「社会保障」「外部労働市場（企業横断の基準）」「教育システム」といった点で、欧米社会とは構造が大きく異なっており、この現実と向き合わないかぎりはどんなに理想論を語ったところで、絵に描いた餅になってしまいます。

そしてある意味で、ここから先が、ぼくがこの手紙を書いた本当の理由になります。中長期的には政府や教育機関とも連携していかなければ、この問題を根本的に解決することには至らないと思います。

しかし、まずは会社がしくみに選択肢を増やし、風土をアップデートし、情報技術の力を活用すること。そして、その動きを「会社内の話」で留めるのではなく「会社同士がチームワークを発揮して実践していく」ことで、日本社会らしい、新しい克服の道が開けてくるのではないか、とぼくは考えています。

1つの会社で、1つの家庭を守る必要はない

長い間、日本企業は社会保障的な役割も担ってきました。「お父さんが一家の大黒柱として家族全員を養う」ために必要なだけのお金を企業の年功賃金で賄ってきたのです。

しかしいまの時代、かならずしも成人男性が1人で家族を養っていく、という家族観は当たり前ではなくなっています。総務省統計局の労働力調査によれば、2000年ごろを境にして、共働き世帯の数は専業主婦世帯の数を上回り、いまではその差はさらに大きなものとなっています。1人の男性が妻と子どもを養っていくというモデルは、社会全体から見ても少数派なのです。

夫婦ともに「無限の忠誠」から外れ、時間や場所・職務といった条件を限定して働ける選択肢を選ぶことができれば、それに合わせて互いの給与が低くなったとし

ても、ダブルインカムという形で家庭生活を維持していく、というモデルは可能ではないでしょうか。(4)

実際、サイボウズで社内結婚しているメンバーのなかには、どちらもが時間や場所・職務を限定した状態で働きながら生計を立てている人がいますし、またサイボウズ以外の企業で副業をしながら収入を稼いでいる人もいます。

1社から1人に対する金銭報酬だけで家庭生活を営んでいく、という以外の選択肢をもっと当たり前にしていくことはできないでしょうか。

またこうしたモデルも、本人のスキルの向上やライフステージ・価値観の変化にともなって柔軟に変化させることができ（会社と個人がマッチすればという話ですが）、一度階段をおりて、ライフステージが変わったところで再びのぼりはじめる、ということも可能にしていけると、なおいいかもしれません。

階段をのぼったり、おりたり、あるいは、踊り場で仕事を分け合ったりしていくこと、そして、そのようなしくみを1つの会社だけでなく、いろんな会社で選べるようにすることで、社会全体でミスマッチを減らし、仕事と家庭生活を両立させていく。そんな未来を想像することはむずかしいでしょうか。

もちろん、職務や時間・場所といった条件を限定した働き方の人が増えていくことなれば、自然と社会保障のあり方も見直していく必要が出てくると思います。
しかし、まずは会社が社内に多様な選択肢を増やしていくことこそが、漸進的で現実的な変革につながっていくのではないでしょうか。

会社と会社のあいだにデジタルの橋をかけよう

ここで忘れてはならないのは、そもそも日本社会には歴史的な背景も相まって企業を横断した基準が十分にできておらず、特に大企業を中心として、外部労働市場が十分に発達していない、ということです。

職務を限定して働ける選択肢ができたとしても、社内にその職務がなくなる、あるいはキャリアアップして給与を上げていきたいのに社内にその職務（ポスト）が空いていない、という状況になったときは、ほかの会社に転職していくことが必要になります。しかし、その際に企業を横断した基準のない日本社会には依然として高いハードルがあります。

しかしこれも、1社だけで取り組んでいくのではなく、たくさんの会社がそうしたキャリアの選択肢を社内につくっていけば、徐々に外部労働市場が形成されてくるのではないでしょうか(5)。

また、転職はもはや、かならずしもゼロヒャクである必要はありません。

実際にサイボウズでは、社内で「やるべきこと」「やりたいこと」「できること」がマッチしなくなってきた場合に、徐々にサイボウズでのコミットメントを減らし、他社での副業割合を増やしていくことでその副業先の企業に転職していく、という事例が存在しています。

サイボウズに長年フルコミットで勤めていた人がコミットの割合を減らし、サイボウズで培った経験・スキルを空いた時間を使って他社で発揮しているケースもあります。サイボウズの営業部長の1人は、サイボウズの業務割合を4割ほど減らしたそうです。業務の内容も変更、雇用契約を結び直し、その分を副業の時間に充てることで、現在5社との業務委託契約を結んで、主にアドバイザーの仕事をしています。収入も以前より上がったそうです。

また最近では、もともと週5で働いていた人が副業で起業し、週4日、週3日と徐々にサイボウズでの勤務割合を減らし、最終的に完全に独立するというケースも出てきました。

このように、仕事の仕方、時間の使い方でグラデーションをつくることができるようになれば、マッチングの機会がいまよりもずっと増え、安全に会社間を移動しやすくなることはないでしょうか。

さらに、特にPCを使うホワイトカラーの仕事の場合、デジタルツールが普及したことによって、会社間を超えて仕事を受けるハードルが低くなってきています。ユニリーバやヤフーを取材したときにも、働く場所の制限がなくなったことによって、よりいろんな人に副業として仕事をお願いしやすくなってきたという話がありました。

会社と会社の間にデジタルの橋をかけることで、仕事が受けやすくなり、安全な形で会社間を移動していくことが可能になっていくことは考えられないでしょうか。

情報共有のコストを下げ、教育の機会を増やす

家庭生活にかかるお金の問題（社会保障）、会社間を移動するときのハードルの問題（外部労働市場）、これらがクリアできたあと最後に残る大きな難問、それは教育システムです。

先に触れたように、欧米などと比較して、日本社会は教育と職業のつなぎこみが十分とは言えず、職業に関する教育訓練は、そのほとんどを企業内での育成に依存しています。

そのような状況で、もし企業が即戦力だけを求めるということになれば、これまで新卒一括採用が機能していたからこそ低かった若者の失業率は上がり、くわえて、公的・私的な教育訓練も発達していないとなれば、日本の若者は就職が困難になってしまいます。

そのため、今後も多かれ少なかれ、企業が人を育成していくしくみは残し続けていく必要があると考えます。

今回取材した企業の多くも、人材育成に力を入れていくことには前向きでした。ただし、これまでの会社の考え方からすれば、これだけの教育コストをかけられるのも、長期に渡ってさまざまな仕事をやってもらう必要があるからであって、職務や時間・場所といった条件を限定し、一生一社に勤めることを前提としていない人たちに対して、企業がどこまでコストをかけて教育するのか、という問題は残ることになります。

しかし、これも情報技術の力を使って、教育のコストを下げていくことはできないでしょうか。「徹底的な情報共有」が進むということは、上司や周りの先輩も含めて仕事のやり方が共有されているということです。デジタルツールを使って、社内の、あるいは職場内のナレッジをだれでも引き出せるようにしておけば、いまより低いコストで人材の育成を進めることができるのではないでしょうか。

もちろん、実際には情報を共有されているだけでスキルを向上させることはむずかしく、業務をやりながら仕事を覚えていくのが本筋だと思います。

しかしそれも、多様な距離感での就労が可能になることで、仕事に従事しながら学べる機会が増えていく可能性はないでしょうか。実際、サイボウズの社内では、いまいる職場での仕事がマッチしなくなってきた場合に、（もちろんチーム側にニーズが存在していればという話ですが）他部署の一部業務だけを体験入部や兼務といった形で経験し、スキルを身につけつつ最終的に異動する、というケースが存在しています。ある意味、一部の業務についてのみ職場ＯＪＴで教えてもらいながら、徐々にリスキル（学び直し）を図っている、と言えるかもしれません。

また、これまで会社の外にいた人たちがメンバーシップの内側に入ることができるようになり、そうした人たちにも平等に情報が共有されていけば、さまざまな学習を受けるチャンスも増えていくのではないでしょうか。

徹底的な情報共有や、多様な距離感を認めていくことで企業内職業訓練のコストを下げ、機会を増やすことで、なんとか企業の育成機能を維持していくことはできないでしょうか。

もちろん、社会保障の話と同じく、条件を限定した働き方の人たちが増え、学生のころから特定の職務についての技能を身につけることに対するニーズが高まっていくのであれば、自然と日本の教育のあり方の見直しにもつながっていくことになると思います。

それでも、まずは会社が人を育てるという機能を可能な範囲で維持しつつ、少しずつ移行していくことが望ましいのではないか、とぼくは考えています。

マイノリティのためのしくみづくりは、会社の競争力を底上げする

ここまでぼくが書いてきたことの多くは、いまある社会全体のリソースをどうすれば最適に配分できるか、という話に終始しており、ややもすれば「それだとみんなが少しずつ貧しくなっていくだけではないのか」という印象を持たれるかもしれません。

しかし、それはまったく、ぼくの本意ではありません。

いちばんの理想は、企業がもっと生産性を向上させ、いままでより高い付加価値を生み出していくことで、社会全体で賃金の底上げをはかっていくことだと思って

います。

「インターネット的な会社」は、これからの時代における会社の競争力を強化するものだとぼくは信じています。働く1人ひとりが、自分が最もパフォーマンスが出せる環境を主体的に選択し、これまで借りることのできなかった多様な仲間たちの力を借りることができ、そして、そんな主体的で多様な人たちが生み出していく知恵を上手く共有し、重ね合わせていくこと。これがインターネット的な会社における競争力だと、ぼくは考えています。

また、インターネット的な会社の最大の強みは、「変化に強い」というところにあります。

今回、サイボウズも含めて13社の企業を取材して、いままで会社のなかでマイノリティだった人たちに選択肢を増やしていく、あるいは、しくみをつくることで「あなたたちの力が必要です」というメッセージを出す事例を数多く見てきました。

正直、ぼくも今回の取材を終えるまでは、マイノリティのために人事制度の選択肢を増やすことがどうして組織の強さにつながるのか、明確に言語化できていたわけではありませんでした。選択肢を増やすことは一部の人のためになるだけではないかと。

しかし、いまのぼくはその考え方を改めました。

現在サイボウズで働いている人のなかで、時間という意味で週5フルタイム以外の働き方をしている人は全体の15%程度です（働く時間帯や残業時間の限定にまで目を配れば、さらに多様な働き方の人が存在していますが）。また、副業をしているメンバーもマジョリティ層だとは言えません。かくいうぼく自身、週5フルタイムで勤務し、副業をしているわけでもありません。

ぼく自身は個性を重視するしくみの直接的な恩恵を受けていないのです。

それでもぼくはいま、マイノリティのために選択肢を増やすことが組織を強くしていくと確信しています。

その確信を得たのは、会社に不測の事態が起きたときのことでした。新型コロナウイルス感染症の流行です。

コロナ禍になる前、サイボウズ社員のオフィス出社率は7割程度でした。しかし、現在は9割がテレワークをしている状況です。このテレワークへの移行にあたっては、すでに2012年に選択肢を増やしていたことで比較的スムーズな移行をすることができました。

これは、社内ではまだマイノリティ層だった、テレワークを希望する人たちがほかの出社する社員と同様に活躍できる環境を構築してきたからこそできたことです。

不測の事態は、言葉どおり、いつ起こるかはわかりません。そして、いまの時代、いつ自分がマイノリティ側になるのかもわかりません。もしかすると、いまはマジョリティになっている人たちがマイノリティになる可能性もあります。たとえば、現在日本社会でマジョリティ（デフォルト）とされている無限定正社員も、もともとは専業主婦のパートナーを持つ男性を前提とした働き方であり、少子高齢化が進み、共働きも当たり前となった現代社会では、業務内容や時間、場所を個別に限定した働き方がマイノリティからマジョリティに変わっていくかもしれません。

そう考えれば、マイノリティのために選択肢を増やしていくことは、決して単なる「やさしさ」ではなく、この不確実な時代において、自分や会社のフェーズが変わったときのことを見据えて安心して働ける環境をつくり、かつ、いち早く変化に対応するためには必要なことだと言えるのではないでしょうか。

「会社」が「社会」の変革をリードしていく

何度も繰り返してきたように、日本の会社のしくみを変革していくためには、「会社」だけではなく、政府や教育機関といった社会全体で協力していく必要があります。しかし、長らくの間、会社が社会を支えてきた日本社会だからこそ、まずは会社から変わっていくことが大事なのではないでしょうか。

「個性を重視」したしくみを用意し、「多様な距離感」「自立的な選択」「徹底的な情報共有」といった風土を多くの会社が推し進めていくことは、社会構造や歴史的背景がまるっきり異なる欧米社会のようなモデルにいきなり変革しようとすることよりも、現実的な形で、会社の抱える問題を解消できるのではないでしょうか。それも、無理に一気に変えていくのではなく、1つずつ選択肢を増やしていく、というやり方で。

もちろん、職務や時間、場所といった条件を限定するという選択肢を大企業のなかに用意していくとなれば、まだなんの専門性も確立されていない新人のころからその選択をしてもらうのは現実的ではないため、若手のころは職能給で、ある程度専門性が確立してきた段階から条件を限定するコースを選択できるようにするなど、選択肢の持たせ方にもさまざまなやり方が存在すると思います。(6)

ポイントは、そうやって選択肢を増やしていくこととセットで、情報技術を使った情報の共有を進めていくことだとぼくは思っています。チームメンバーがどんな選択をしているのか、あるいは社内にどんな選択肢があって、どんな具体的な事例があるのか。

会社と個人の多様な関わり方に共通認識が生まれていけば、きっとその選択にも徐々に納得感が生まれていくのではないかとぼくは思います。

サイボウズの変革も、最初は「DS（ライフ重視）」と「PS（ワーク重視）」という、たった2つのコースを選択できるようにしたところから始まりました。

少しずつでも、そうしたしくみを支える風土が出来上がり、結果、インターネット的な会社が世のなかにあふれた先に、働く「個人」も、理想を実現したい「会社」も、そして、ぼくたちが生きるこの「社会」にとっても、望ましい未来が待っているのではないでしょうか。

終章

ぼくはなぜ、この手紙を書いたのか

会社は、なんのためにあるのか

長い旅の軌跡を、そしていま、ぼくの頭のなかにある仮説をここまで読んでいただき、本当にありがとうございました。最後に、どうしてもあなたに伝えたいことがあります。これをもって、この手紙の結びとさせてください。

大変ありがたいことに、今回ぼくは自社も含めて計13社もの話を聞く機会をいただきました。そのなかで、思いがけず学んだことがあります。

それは、「会社」とは人を幸せにするために存在している、ということです。

さまざまな会社を取材するにあたって、ぼくは事前に、それぞれの企業が掲げている理念を読み返してみました。

『サステナビリティを暮らしの〝あたりまえ〟に』（ユニリーバ）

『T&Eの改革を通じて日本企業の競争力強化に貢献します』（コンカー）

『「人と自然とモノの望ましい関係と心豊かな人間社会」を考えた商品、サービス、店舗、活動を通じて「感じ良いくらしと社会」の実現に貢献する』（良品計画）

『UPDATE JAPAN 情報技術のチカラで、日本をもっと便利に』（ヤフー）

『〈みずほ〉は、日本を代表する、グローバルで開かれた総合金融グループとして、常にフェアでオープンな立場から、時代の先を読む視点とお客さまの未来に貢献できる知見を磨き最高水準の金融サービスをグローバルに提供することで、幅広いお客さまとともに持続的かつ安定的に成長し、内外の経済・社会の健全な発展にグループ一体となって貢献していく。これらを通じ、〈みずほ〉は、いかなる時代にあっても変わることのない価値を創造し、お客さま、経済・社会に〈豊かな実り〉を提供する、かけがえのない存在であり続ける』（みずほフィナンシャルグループ）

『私たちは地球的な視野にたち、〝食〟と〝健康〟、そして、明日のよりよい生活に貢献します』（味の素）

『わたしたちのパーパスは、イノベーションによって社会に信頼をもたらし世界をより持続可能にしていくことです』（富士通）

『NTTデータグループは、情報技術で、新しい「しくみ」や「価値」を創造し、より豊かで調和のとれた社会の実現に貢献する』（NTTデータ）

『クリエイティビティとテクノロジーの力で、世界を感動で満たす』（ソニー）
『安心と信頼を基礎に、世界をつなぐ心の翼で夢にあふれる未来に貢献します』（ＡＮＡ）
『情報革命で人々を幸せに』（ソフトバンク）
『私たちは、新たな視点で様々な領域の健康基準を創造し続けます』（タニタ）
『チームワークあふれる社会を創る』（サイボウズ）

これらの企業理念はすべて、この社会を豊かにし、そこで生きる人の理想を叶える（人を幸せにする）ことにつながっています。

なんらかの事業で顧客の理想を叶えたい（顧客を幸せにしたい）、という理想を持った人たちがあつまっているチームが「会社」なのだ、とぼくは実感することになりました。

そして、だれかを幸せにする価値を持続的に生み出し続けるためには、利益を生み出す必要があり、そのためには、その会社で働く人たちが組織に貢献し続ける必要があります。

人事にできることは、なにか

そう考えたとき、改めて、人事の役割とはなんでしょうか。その答えは、ずいぶんと前に、トヨタの人事部で教わっていました。

ぼくが初めて人事部に配属されたとき、当時の人事部長は「人事の仕事とは『会社の理想の実現』と『社員の幸せ』を両立させることだ」と言いました。

会社は、ヒト・モノ・カネといった資源を元手に、より高い付加価値を生み出していく（だれかを幸せにする）ことによって、その経営を持続させていきます。つまり、その会社の理想を実現することこそが、そして、そのために必要な利益をかせぐことこそが、なににも増して重要視されます。

人事は、そんな会社の理想を実現するための役割の1つです。ヒトという資源の力を最大限引き出し、会社への貢献を高めてもらうことがミッションです。

その会社に必要な人をあつめ、働いてもらううえでの条件を決め、実際に働いて価値を継続的に出してもらい、お互いにマッチしなくなれば会社を離れてもらう。そのために、人事制度を中心としたしくみをつくりあげていきます。

しかし忘れてはいけないのは、人事の仕事の対象となる「ヒト」には、「モノ」や「カネ」とは違って、1人ひとりに個性があり人生がある、ということです。

人を幸せにするために存在するはずの会社が、その理想を実現するために、自社で働く人を不幸にしてしまっては本末転倒です。だからこそ人事は、社員が幸せに働いていけるようにすることにもつねに目を配らなければなりません。

一方、社員の幸せばかりを追い求めすぎることによって、会社の理想が実現できない、あるいは、新しい付加価値を社会になにひとつ提供できないとなれば、その会社は存続することができなくなってしまいますから、こちらも本末転倒です。

だからこそ、つねに両方の視点を持ち、会社と個人双方の理想をバランスさせるためのしくみをつくっていくことこそが、人事の仕事なのだと思います。

そう考えると、理想の人事制度、会社のしくみというのは、会社の数だけあるのかもしれません。会社によって、事業も達成したい理念も違いますし、なによりそこで働く人がどんなときに幸せを感じるのかも違います。

結局のところ大事なのは、その会社の理想とそこで働く人の理想、この2つと向き合ってしくみをつくり、運用していくことなのだと思います。

ただ、時代が変化するなかで、人がなにを幸せに思うか、そして、どんな会社が理想を実現できるのかが変わりつつあるいま、そのやり方を変えなければならない時期に差しかかっている、ということなのだと思います。

個人に求められていることは、なにか

では、会社に、あるいは社会にいまより選択肢が増えてきたとき、働く1人ひとりには、いったい、どんなことが求められるようになるのでしょうか。

今回、さまざまな企業を取材するなかで、「社員自らが自分の働き方をデザインしていく時代」「1人ひとりが自立しながら、ともに働きたい人が惹きつけ合う場として、会社がある。そんな関係性を目指す」など、個人側にも自分にとってベストな距離感・働き方を自分で選択していってほしい、という話を数多く伺いました。

現在ある「会社にすべてを委ねる」という働き方以外の選択肢が増えてきたとき、自分自身がどんな仕事を、働き方をしたいと思っているのか、そして、どんな人生を生きたいと思っているのか。そんな、自分自身の理想を認識することが大切になってくるのではないでしょうか。

もちろん、だれしも「これがやりたい！」という明確な仕事があるわけではないと思いますし、むしろプロとして任された仕事をしっかりと遂行して対価を得たり、だれかに感謝されることに喜びを感じる人の方が多いと思います。ただ、そういった人も、働く時間や場所・報酬などの条件が、自分の人生にとって心地いいものになっているのか、いまの職場環境がベストなのか内省するのは大切なことだと思います。「会社にすべてを委ねる」という選択を続ける人も、自分はその選択をしているのだということに自覚的であることで、もし会社とうまくマッチしていないと感じたら、自分がそこに留まっている以外の選択肢もあることを認識しやすくなります。そして、その選択の結果を受け入れる覚悟を持つことも、必要なのだと思います。

一方で、会社や社会の構造上、そもそも選択肢すらない、あるいは看過できないほど不当に機会が失われているということであれば、社会の方を変えていく必要があります。

今回のぼくの旅の原点も、そこにありました。

会社で働いている人たちは、1人ひとり誠実に日々の仕事に取り組んでいるのに、なぜか晴れない閉塞感がある。しくみを変えれば、いまよりもっと1人ひとりが幸せに働ける方向に歯車が回りだすのではないか。

そんな疑問が、すべてのはじまりでした。

×：1人ではなにも変えられない

○：1人だからなにも変えられない

ぼくはこの手紙の最初に、会社で働くなかで感じた閉塞感を「1人の人間として重視されている感覚の薄さ」と「1人ではなにも変えられないという無力感」に分解しました。

そしてここまで、「1人の人間として重視されている感覚の薄さ」の正体と、どうすればそれをなくせるかについて、ぼくなりの仮説を立ててきました。

しかし結局のところ、閉塞感のもう1つの側面、「1人ではなにも変えられないという無力感」については、いまでも変わらず残っています。

なぜなら、仮説はただの仮説でしかなく、実行されて初めて、会社は、そして社会は変わっていくと思うからです。そして最後の最後でようやく、ぼくは「1人ではなにも変えられないという無力感」の正体に気がつきました。

「1人ではなにも変えられない」のではなく「1人だからなにも変えられなかった」。

あまりに当たり前のことですが、これが、ぼくがたどり着いた結論でした。

トヨタにいたときのことを思い返してみると、ぼくは「自分1人が知識や経験を積み、偉くなること」で、いまのこの状況を変えようと考えていました。

それが大きな間違いでした。

きっと3年前のあのとき、人事の先輩たちは、ぼくの話を聞きながら、ぼくと一緒に閉塞感をなくしたい、と思ってくれていたのではないでしょうか。しかし、ぼくは結局、自分は1人だと思い込んでそのままトヨタを飛び出してしまいました。

その後、ぼくは先輩たちからの質問に導かれるようにして、日本の会社がどんな歴史を歩んできたのか、そして先輩たちがいったいなにと立ち向かってきたのかを学んできました。先輩たちが守り続けてきたものの重さや、しくみを変えることのむずかしさに葛藤していたことも知りました。

結局なにも変えられないのか、と落ち込んでいたとき、ぼくに希望をくれたのは実際に変革を進めはじめている企業でした。

そこでぼくは、いちばん大切なことを学びました。

どの会社でも、同じ部署のメンバーはもちろん、人事内の他部署、人事以外の他部門、社員、労働組合、外部機関、経営層、あるいはほかの会社まで、さまざまな人たちと協力することによって、その変革を進めていました。そしてそれは、ぼくがいま働いているサイボウズも同じでした。すべての社員に議論の過程を公開しながら、会社全体でチームワークを発揮しながら、変革を進めていました。

考えてみれば、あまりにも当たり前のことでした。

会社も、社会も、1人ひとり個性を持った人間があつまってできています。そんな会社を、社会を変えようと思えば、ぼく1人の力ではどうすることもできません。ちゃんと自分の理想を伝え、共感してもらい、協働していく必要があります。

閉塞感を生み出していたのは、すべてを1人でなんとかしようとしていた、ぼく自身だったのかもしれません。

1つの会社だけでがんばっても変革のメリットは生み出せない

「一緒に、インターネット的な会社をつくっていきませんか」

この提案の最大の難関は、インターネット的なしくみが生み出せるメリットは「1つの会社だけでがんばっても効果が得られにくい」ということです。

たとえば、年功賃金をやめる選択肢を社内に増やしたとき、夫婦双方の賃金で家庭生活を成り立たせる道を選ぼうとしても、夫婦の片方が勤める企業に「無限の忠誠」を求められる選択肢しかなければ、結局、もう片方に家事育児の負担が寄ってしまい、場合によっては会社を辞めざるを得なくなります。

副業も同じく、1社だけが認めていたとしても、そもそも副業をしたい先の企業で副業が認められていなければ、その希望は叶いません。

外部労働市場についても、1社だけで限定的な雇用を始めても、結局、ほかの会社がすべて無限定な雇用形態だけを志向するのであれば、企業横断的な労働市場が活性化していくには時間がかかるでしょう。

そしてなにより、インターネット的なしくみがうまく回るには、日本中の会社のなかに、もっともっと情報技術の活用が進んでいく必要があります。

さまざまな選択肢のなかで社員が納得感を持って選択できるのは、社内で情報が共有されているからです。時間・場所・職務の限定の仕方、経歴もバラバラな人たちがコミュニケーションをとれるのも、デジタル技術を活用することで互いのことをよりよく知れたり、職場での情報格差がなくなったり、物理的な距離をショートカットできるからです。距離感を柔軟に変化させることができるのは、情報を共有することで、引き継ぎや管理のコストを減らせるからです。パソコンを使う仕事であれば会社と会社がつながりやすくなるといっても、片方の会社に情報技術を使える環境が整備されていなければ、そもそもデジタルの橋はかかりません。企業が社員の育成に力をかけ続けるには、テクノロジーによって教育コストを抑えることが不可欠です。

インターネット的なしくみがうまく機能していくには、たくさんの会社でデジタル化が進んでいく必要があるのです。

あなたが抱えている重圧を少しでも一緒に背負うことができたら

だからぼくは、日本を代表する大企業の人事部長であるあなたに、……いえ、本当のことを言えば、日本中の人事部長に向けて、この手紙を書きました。

当初、この手紙は、ぼくの古巣であるトヨタの人事部長であるあなたと、お世話になった先輩たちに向けて書きはじめました。

しかし、書いている途中で、この手紙を届けたい相手はあなただけではない、という結論に至り、この手紙の表題から「トヨタ」の文字を抜きました。

それは、あなたが立ち向かっているものの大きさと複雑さを認識したうえで、それを解決するためにはトヨタだけではなく、日本中の会社がチームワークを発揮する必要があることに気づいたからです。

あなたが背負ってきたものの重圧を、（もちろん、完全にとは言えませんが）昔よりは理解できるようになったと思うからです。

あなた方先輩がこれまで背負ってきた重圧を、そしていまも抱えている悩みを、ぼくにも一緒に背負わせてほしいと思ったからです。

改めまして、

拝啓　人事部長殿

みなさんは、ぼくの提案について、どう思われたでしょうか。

ぼくは、この手紙に書いた提案が絶対的な正解とは、これっぽっちも思っていません。まだ人事として6年ほどしか経験がなく、狭い世界しか見えておらず、欠けている視点や誤った解釈をしている部分も多くあると思います。

しかし、この提案をたたき台に、同じ理想に共感してもらえる方々と一緒に知恵を出し合っていけば、もっと良い答えが見つかるんじゃないかと思っています。

役割や責任、立場、そしてなにより会社も違う、そんなぼくと一緒に知恵を出し合っていくこと自体、「意味がわからない」という方もいらっしゃるかと思います。たしかにぼくは、サイボウズというＩＴ企業に勤めるイチ人事担当者でしかありません。

しかし少なくとも、会社の理想実現と、社員の幸せを両立させ、いまを生きる人たちとこれから生まれてくる人たちのために、より良い日本社会をつくっていきたい、という理想はみなさんと同じなのではないかと、勝手ながらに思っています。

今回、この手紙を書くにあたって、12社もの企業に取材をさせていただきましたが、正直なことを言えば、最初はどの企業にも門前払いされてしまうんじゃないかと思っていました。一介の若手人事担当者が取材を申し込んだところで、日々の業務で忙しいなか受けようと思ってくださる人は少ないのではないか、と。

しかし、ぼくの意に反して、依頼書を送ったほぼすべての企業に取材を快諾していただけました。最初に取材を依頼した担当部署が間違っていても、なんとかして、ぼくと担当者の方をつないでくれました。取材が終わったあとには、みなさん口を揃えて「一緒に良い社会をつくっていきましょう」と声をかけてくださりました。

この場を借りて、改めて心より御礼申し上げます。

ぼくは今回、会社の歴史を学ぶ途中、日本は「企業のメンバーシップ」が、欧米は「職種のメンバーシップ」が強い傾向にあるということを知りました。

しかし、ぼくは思うのです。

共通の理想を持っていれば、その人たちは同じ「メンバー」と呼んでいいのではないでしょうか。会社でもなく仕事でもない、同じ理想を持った仲間たちと、メンバーシップを持ってチームワークを発揮することができたとき、ぼくたちが抱いている閉塞感は本当に消えてなくなるのではないか。そんな気がしています。

この手紙をきっかけに、あなたの会社のなかで、あるいは会社を超えて、社会全体で世代をも超えた対話が始まっていくことを切に願っています。

お返事、心よりお待ちしております。

敬具

cybozushikibooks@cybozu.co.jp

3章

（1）『日本の労働市場改革―OECDアクティベーション政策レビュー：日本』OECD、経済協力開発機構著、濱口 桂一郎訳、明石書店、2011、P46
（2）『ジョブ型雇用社会とは何か：正社員体制の矛盾と転機』濱口桂一郎著、岩波書店、2021、P13～14
（3）『生活協同組合研究』2018年11月号「日本型雇用システムの根本問題」濱口桂一郎著、2018、生協総合研究所
（4）『日本の雇用と労働法』濱口桂一郎著、日本経済新聞出版、2011、P16
（5）『人事の組み立て～脱日本型雇用のトリセツ～欧米のモノマネをしようとして全く違うものになり続けた日本の人事制度』海老原嗣生著、日経BP、2021、P21～29
（6）『日本の雇用と労働法』濱口桂一郎著、日本経済新聞出版、2011、P16
（7）『日本の雇用と労働法』濱口桂一郎著、日本経済新聞出版、2011、P17
（8）『ジョブ型雇用社会とは何か：正社員体制の矛盾と転機』濱口桂一郎著、岩波書店、2021、P24～25
（9）『日本の雇用終了ー労働局あっせん事例から』労働政策研究研修機構編、2012、労働政策研究研修機構、P2
(10)『ジョブ型雇用社会とは何か：正社員体制の矛盾と転機』濱口桂一郎著、岩波書店、2021、P110
(11)『人事の組み立て～脱日本型雇用のトリセツ～欧米のモノマネをしようとして全く違うものになり続けた日本の人事制度』海老原嗣生著、日経BP、2021、P57
(12)『ジョブ型雇用社会とは何か：正社員体制の矛盾と転機』濱口桂一郎著、岩波書店、2021、P121
(13)『日本の雇用と労働法』濱口桂一郎著、日本経済新聞出版、2011、P17～18
(14)「HRmics」2012 APR-JLY vol.12、リクルートエージェント、P19～20
(15)『ジョブ型雇用社会とは何か：正社員体制の矛盾と転機』濱口桂一郎著、岩波書店、2021、P34～35
(16)『若者と労働「入社」の仕組みから解きほぐす』濱口桂一郎著、中央公論新社、2013、P88
(17)『日本の雇用と労働法』濱口桂一郎著、日本経済新聞出版、2011、P118
(18)『ジョブ型雇用社会とは何か：正社員体制の矛盾と転機』濱口桂一郎著、岩波書店、2021、P35
(19)『ジョブ型雇用社会とは何か：正社員体制の矛盾と転機』濱口桂一郎著、岩波書店、2021、P36
『日本の雇用と労働法』濱口桂一郎著、日本経済新聞出版、2011、P118～119
(20)「HRmics」2012 APR-JLY vol.12、リクルートエージェント、P20
(21)『人事の組み立て～脱日本型雇用のトリセツ～欧米のモノマネをしようとして全く違うものになり続けた日本の人事制度』海老原嗣生著、日経BP、2021、P64～65、79
(22)『ジョブ型雇用社会とは何か：正社員体制の矛盾と転機』濱口桂一郎著、岩波書店、2021、P50
(23)『名著17冊の著者との往復書簡で読み解く 人事の成り立ち：「誰もが階段を上れる社会」の希望と葛藤』海老原嗣生、荻野進介著、白桃書房、2018、P24～25
(24)『お祈りメール来た、日本死ね「日本型一括採用」を考える』海老原嗣生、文藝春秋、2016、P114～116
(25)『名著17冊の著者との往復書簡で読み解く　人事の成り立ち：「誰もが階段を上れる社会」の希望と葛藤』海老原嗣生、荻野進介著、白桃書房、2018、P24～25
(26)『ジョブ型雇用社会とは何か：正社員体制の矛盾と転機』濱口桂一郎著、岩波書店、2021、P102
(27)『新しい労働社会：雇用システムの再構築へ』濱口桂一郎著、岩波書店、2009、P10
(28)『ジョブ型雇用社会とは何か：正社員体制の矛盾と転機』濱口桂一郎著、岩波書店、2021、P69

参考文献

2章

（1）『名著17冊の著者との往復書簡で読み解く 人事の成り立ち：「誰もが階段を上れる社会」の希望と葛藤』海老原嗣生、荻野進介著、白桃書房、2018、P34～35

（2）『日本社会のしくみ 雇用・教育・福祉の歴史社会学』小熊英二著、講談社、2019、P259～260

（3）『名著17冊の著者との往復書簡で読み解く 人事の成り立ち：「誰もが階段を上れる社会」の希望と葛藤』海老原嗣生、荻野進介著、白桃書房、2018、P35

『日本社会のしくみ 雇用・教育・福祉の歴史社会学』小熊英二著、講談社、2019、P260～261

（4）『名著17冊の著者との往復書簡で読み解く 人事の成り立ち：「誰もが階段を上れる社会」の希望と葛藤』海老原嗣生、荻野進介著、白桃書房、2018、P35

（5）『名著17冊の著者との往復書簡で読み解く 人事の成り立ち：「誰もが階段を上れる社会」の希望と葛藤』海老原嗣生、荻野進介著、白桃書房、2018、P36

（6）『日本社会のしくみ 雇用・教育・福祉の歴史社会学』小熊英二著、講談社、2019、P350～355

（7）『日本社会のしくみ 雇用・教育・福祉の歴史社会学』小熊英二著、講談社、2019、P355

（8）労働組合法第二条、厚生労働省

（9）『日本の雇用と労働法』濱口桂一郎著、日本経済新聞出版、2011、P154

（10）『日本社会のしくみ 雇用・教育・福祉の歴史社会学』小熊英二著、講談社、2019、P356

（11）『日本の労働法政策』濱口桂一郎著、労働政策研究研修機構、2018、P907

（12）『日本社会のしくみ 雇用・教育・福祉の歴史社会学』小熊英二著、講談社、2019、P355

（13）『人事の組み立て～脱日本型雇用のトリセツ～欧米のモノマネをしようとして全く違うものになり続けた日本の人事制度』海老原嗣生著、日経BP、2021、P171～172

（14）『名著17冊の著者との往復書簡で読み解く 人事の成り立ち：「誰もが階段を上れる社会」の希望と葛藤』海老原嗣生、荻野進介著、白桃書房、2018、P35～36

（15）『日本社会のしくみ 雇用・教育・福祉の歴史社会学』小熊英二著、講談社、2019、P356

（16）『日本の雇用と労働法』濱口桂一郎著、日本経済新聞出版、2011、P152

（17）『日本社会のしくみ 雇用・教育・福祉の歴史社会学』小熊英二著、講談社、2019、P356

（18）『日本社会のしくみ 雇用・教育・福祉の歴史社会学』小熊英二著、講談社、2019、P352～356

（19）『日本社会のしくみ 雇用・教育・福祉の歴史社会学』小熊英二著、講談社、2019、P358

（20）『日本社会のしくみ 雇用・教育・福祉の歴史社会学』小熊英二著、講談社、2019、P358～359

（21）『日本社会のしくみ 雇用・教育・福祉の歴史社会学』小熊英二著、講談社、2019、P384

（22）『名著17冊の著者との往復書簡で読み解く 人事の成り立ち：「誰もが階段を上れる社会」の希望と葛藤』海老原嗣生、荻野進介著、白桃書房、2018、P39

（23）『名著17冊の著者との往復書簡で読み解く 人事の成り立ち：「誰もが階段を上れる社会」の希望と葛藤』海老原嗣生、荻野進介著、白桃書房、2018、P39

（24）『日本社会のしくみ 雇用・教育・福祉の歴史社会学』小熊英二著、講談社、2019、P200

(18)『新しい労働社会:雇用システムの再構築へ』濱口桂一郎著、岩波書店、2009、P10 ～ 11
(19)『ジョブ型雇用社会とは何か:正社員体制の矛盾と転機』濱口桂一郎著、岩波書店、2021、P86
(20)『ジョブ型雇用社会とは何か:正社員体制の矛盾と転機』濱口桂一郎著、岩波書店、2021、P207
(21)『ジョブ型雇用社会とは何か:正社員体制の矛盾と転機』濱口桂一郎著、岩波書店、2021、P212
(22)『日本の雇用と労働法』濱口桂一郎著、日本経済新聞出版、2011、P138 ～ 140
(23)『若者と労働「入社」の仕組みから解きほぐす』濱口桂一郎著、中央公論新社、2013、P230 ～ 231
(24)『ジョブ型雇用社会とは何か:正社員体制の矛盾と転機』濱口桂一郎著、岩波書店、2021、P200
(25)『新しい労働社会:雇用システムの再構築へ』濱口桂一郎著、岩波書店、2009、P154
(26)『日本の雇用と中高年』濱口桂一郎著、筑摩書房、2014 、P230
(27)『ジョブ型雇用社会とは何か：正社員体制の矛盾と転機』濱口桂一郎著、岩波書店、2021、P149
(28)『新しい労働社会：雇用システムの再構築へ』濱口桂一郎著、岩波書店、2009、P123
(29)『日本社会のしくみ 雇用・教育・福祉の歴史社会学』小熊英二著、講談社、2019、P200
(30)『日本の雇用と中高年』濱口桂一郎著、筑摩書房、2014、P32
(31)『日本社会のしくみ 雇用・教育・福祉の歴史社会学』小熊英二著、講談社、2019、P412 ～ 413
(32)『お祈りメール来た、日本死ね「日本型新卒一括採用」を考える』海老原嗣生、文藝春秋、2016、P132 ～ 135
(33)『お祈りメール来た、日本死ね「日本型新卒一括採用」を考える』海老原嗣生、文藝春秋、2016、P205
(34)『新しい労働社会:雇用システムの再構築へ』濱口桂一郎著、岩波書店、2009、P135
(35)『新しい労働社会:雇用システムの再構築へ』濱口桂一郎著、岩波書店、2009、P146
(36)『ジョブ型雇用社会とは何か:正社員体制の矛盾と転機』濱口桂一郎著、岩波書店、2021、P81
(37)『新しい労働社会:雇用システムの再構築へ』濱口桂一郎著、岩波書店、2009、P136
(38)『新しい労働社会:雇用システムの再構築へ』濱口桂一郎著、岩波書店、2009、P138 ～ 139
『日本の雇用と労働法』濱口桂一郎著、日本経済新聞出版、2011、P102 ～ 103
(39)『若者と労働「入社」の仕組みから解きほぐす』濱口桂一郎著、中央公論新社、2013、P243
(40)『ジョブ型雇用社会とは何か:正社員体制の矛盾と転機』濱口桂一郎著、岩波書店、2021、P85

7章

(1)『日本の雇用と中高年』濱口桂一郎著、筑摩書房、2014、P205
(2)『人事の組み立て～脱日本型雇用のトリセツ～欧米のモノマネをしようとして全く違うものになり続けた日本の人事制度』海老原嗣生著、日経 BP、2021、P242
(3)『若者と労働「入社」の仕組みから解きほぐす』濱口桂一郎著、中央公論新社、2013、P262
(4)『人事の組み立て～脱日本型雇用のトリセツ～欧米のモノマネをしようとして全く違うものになり続けた日本の人事制度』海老原嗣生著、日経 BP、2021、P242
(5)『人事の組み立て～脱日本型雇用のトリセツ～欧米のモノマネをしようとして全く違うものになり続けた日本の人事制度』海老原嗣生著、日経 BP、2021、P242 ～ 243
(6)『人事の組み立て～脱日本型雇用のトリセツ～欧米のモノマネをしようとして全く違うものになり続けた日本の人事制度』海老原嗣生著、日経 BP、2021、P241

(29)『経営者が知っておくべきジョブ型雇用のすべて』白井正人著、ダイヤモンド社、2021、P98
(30)『ジョブ型雇用社会とは何か：正社員体制の矛盾と転機』濱口桂一郎著、岩波書店、2021、P69
(31)『お祈りメール来た、日本死ね「日本型新卒一括採用」を考える』海老原嗣生、文藝春秋、2016、P117 ～ 118
(32)『名著 17 冊の著者との往復書簡で読み解く 人事の成り立ち：「誰もが階段を上れる社会」の希望と葛藤』海老原嗣生、荻野進介著、白桃書房、2018、P19
(33)『お祈りメール来た、日本死ね「日本型一括採用」を考える』海老原嗣生、文藝春秋、2016、P117 ～ 118
(34)『ジョブ型雇用社会とは何か：正社員体制の矛盾と転機』濱口桂一郎著、岩波書店、2021、P70
(35)『名著 17 冊の著者との往復書簡で読み解く 人事の成り立ち：「誰もが階段を上れる社会」の希望と葛藤』海老原嗣生、荻野進介著、白桃書房、2018、P17
(36)『人事の組み立て～脱日本型雇用のトリセツ～欧米のモノマネをしようとして全く違うものになり続けた日本の人事制度』海老原嗣生著、日経 BP、2021、P61

4 章

(1)『日本の雇用と労働法』濱口桂一郎著、日本経済新聞出版、2011、P62
(2)『名著 17 冊の著者との往復書簡で読み解く 人事の成り立ち：「誰もが階段を上れる社会」の希望と葛藤』海老原嗣生、荻野進介著、白桃書房、2018、P178 ～ 179
(3)『若者と労働「入社」の仕組みから解きほぐす』濱口桂一郎著、中央公論新社、2013、P145 ～ 146
(4)『日本の雇用と労働法』濱口桂一郎著、日本経済新聞出版、2011、P62
(5)『若者と労働「入社」の仕組みから解きほぐす』濱口桂一郎著、中央公論新社、2013、P156
(6)『日本の雇用と労働法』濱口桂一郎著、日本経済新聞出版、2011、P119 ～ 120
『ジョブ型雇用社会とは何か：正社員体制の矛盾と転機』濱口桂一郎著、岩波書店、2021、P154
(7)『人事の組み立て～脱日本型雇用のトリセツ～欧米のモノマネをしようとして全く違うものになり続けた日本の人事制度』海老原嗣生著、日経 BP、2021、P121
(8)『人事の組み立て～脱日本型雇用のトリセツ～欧米のモノマネをしようとして全く違うものになり続けた日本の人事制度』海老原嗣生著、日経 BP、2021、P122
(9)『人事の組み立て～脱日本型雇用のトリセツ～欧米のモノマネをしようとして全く違うものになり続けた日本の人事制度』海老原嗣生著、日経 BP、2021、P149 ～ 150
(10)『日本の雇用と労働法』濱口桂一郎著、日本経済新聞出版、2011、P140
(11)『ジョブ型雇用社会とは何か：正社員体制の矛盾と転機』濱口桂一郎著、岩波書店、2021、P208
(12)『日本の雇用と労働法』濱口桂一郎著、日本経済新聞出版、2011 、P131、133
(13)『ジョブ型雇用社会とは何か：正社員体制の矛盾と転機』濱口桂一郎著、岩波書店、2021、P226
(14)『人事の組み立て～脱日本型雇用のトリセツ～欧米のモノマネをしようとして全く違うものになり続けた日本の人事制度』海老原嗣生著、日経 BP、2021、P91
(15)『ジョブ型雇用社会とは何か：正社員体制の矛盾と転機』濱口桂一郎著、岩波書店、2021、P33
(16)『働く女子の運命』濱口桂一郎著、文藝春秋、P205、224
(17)『人事の組み立て～脱日本型雇用のトリセツ～欧米のモノマネをしようとして全く違うものになり続けた日本の人事制度』海老原嗣生著、日経 BP、2021、P90

拝啓　人事部長殿

2022年 6月17日　第1刷発行
2022年10月31日　第4刷発行

著者　高木一史
発行者　青野慶久
発行所　サイボウズ株式会社
東京都中央区日本橋2−7−1 東京日本橋タワー 27階
発売　株式会社ライツ社
兵庫県明石市桜町2−22
TEL 078−915−1818
FAX 078−915−1819

企画　大槻幸夫・高部哲男・明石悠佳・高橋団
構成　大矢幸世
編集　大塚啓志郎・有佐和也・感応嘉奈子
営業　高野翔・秋下カンナ
営業事務　吉澤由樹子
ブックデザイン　杉山健太郎
DTP　有限会社エヴリ・シンク
校正　鷗来堂
印刷・製本　光邦
special thanks　企業取材にご協力いただいたみなさま
サイボウズのみなさま
執筆協力　高木奏

乱丁・落丁本はお取り替えします。

ISBN 978-4-909044-37-2

乱丁・落丁本または書店さまからのお問い合わせ
ライツ社　http://wrl.co.jp
そのほかのご感想・取材依頼・お問い合わせ
サイボウズ式ブックス　http://cybozushiki.cybozu.co.jp/books/